樂果文化

樂果文化

叩問肉身

解開肉身的密藏

Secrets of Body

陳炳宏、阿媞◎著

作者序

日常生活中，開演肉身密藏

陳炳宏

當世肉身即身成就的重要性，肉身密藏是所有無量劫集於一身的總持，肉身密藏有著無量劫的已知，肉身密藏有著無量劫的未知，即身肉身密藏在當世的肉身有著無量世的等身。

無量劫多少輪迴求一世的肉身，求一世能覺的肉身，就是等同無量劫的不容易，不是無量劫就有一肉身，不是有一肉身就能有所覺，所以，能覺的肉身是無邊無量的重要，能覺的等身，廣無量世在當下一世肉身的生活中，訴求生命無量恢復的等身。

不可思議的即身廣無窮盡之肉身，即身即刻打破無量識性身，廣無量之生命如來身，打破一切知苦之慣性身，不落入生死輪動一切生生世世，即身之時空，無量世代之時空，等同即身當世肉身之生活生命，密藏如來等持肉身輪脈無窮盡。

逆密無量，生生世世一切身口意存在存有生命之不可思議，不思議之即身肉身，湧動無量如來義，引動當下第一義，即身世尊，即身轉化行深，即身恢復生命密藏，成就肉身佛成之密藏如來身，肉身空性等同如來示現之空性，如一共同，無量共不等同，如一等持，無窮共非等持，密藏肉身，一世佛成，即身成就，不可思議。

一個肉身示現一生各種不同的形式，等同對應無量生命的淨土之皈依，回歸肉身的淨土，肉身所引動的不可思議，行深一切生命皈依自主的功德本願，等同虛空宇宙，等持收圓無量生命的碎片，一肉身，一皈依境，一淨土，肉身收圓一切生命的根本共願。

人類日常生活中的肉身早已互為自主皈依境的各種次第之收圓，只是人類的生命層次在歷史的傳承中，並沒有恢復到這樣子的肉身皈依境之開演，過往只是世尊佛陀解脫解救人類諸苦即身示現的諸佛密藏，今天正式以最等同等持的平凡平常，開演終極無上皈依境正法，即身肉身無比尊貴，即身等同肉身密藏主廣三皈依境，圓滿收圓無量生命，以此正式對當世無量生命開演肉身密藏之不可思議的叩問肉身密藏之實相佛說。

一切生命形式的肉身，已是一切次第皈依境的等身，中道世尊正法正式在地球的日常生活中，開演即身肉身如來密藏之即身等身佛成，諸佛如是授記確定之。

作者序

我的肉身，我的淨土

我無量劫的眾生啊，
我如何能不知你們的苦，
畢竟，
我也曾是地獄的懺悔者，
我背負著你們的苦來到人世，
為的也是將所有眾生的原罪，
帶到主的面前，
尋求最後一次贖罪的機會。
我無量劫的眾生啊，
請幫助我一定要完成這一局，
無論我的肉身有多大的痛楚，
因為，

阿媞

我的肉身，
結界著地獄如何成空的密藏，
解開密藏，
是我們無量劫來的願望。

我從不知原來自己的身體竟是如此的敏感，竟有這麼多的密藏。

從年輕的時候，我的身體，尤其是背部，就時常無緣無故的疼痛，或莫妙奇妙的僵硬，那種痛似乎是來自肉身內很深很深的地方，機器檢查不出原因，也摸不到痛點。我幾乎覺得，那種痛好像並不是來自肉身本身的問題，而是來自靈魂體與肉身的某個連結點。但是不明原因的痛，實在令人沮喪。

那一天，我的左下背部正酸痛不已，這已是二十多年來數不清的不知第幾次的發作了，這次痛了好幾個星期還沒好，而這個地方正是我背部最常疼痛的地方。陳老師突然一個特別的覺受，跟我以內在如來對應，他問我的內在：「阿媞，妳現在痛的地方，就是妳的左下背部，是不是有一個皈依境在那裡？」，我的肉身不太懂他的意思，啊？皈依境在我肉身裡面？但剎那間左下背的地方，好似呼應陳老師的話一樣，瞬間抽痛了三下，代替我回答。他看我的表情呆呆的，又問了我一次，左下背同樣又抽痛了三下，似乎那個地方是一個有獨特生命力的神祕點，有他自己的智慧和特別的回應方式，替我回答了這個問題。

就在那一天，二〇一一年的十一月底，在陳老師的授記之下，我開了我人生的第一個皈依境，而且，就在我的肉身上，而且，就是地獄眾生的皈依境。這是我從來都沒想到過，也不可能得知的肉身密藏，竟然早已隱藏在我肉身內許多年。

那一天，我不斷哭泣，哭得好像無量劫前我也曾是地獄受苦的眾生，剎那間，我似乎明白了為什麼我自高一開始就背負著疼痛，每次的發作，我都會喃喃自語：「天將降大任於斯人也，必先苦其心志，勞其筋骨，餓其體膚，空乏其身，行拂亂其所為，所以動心忍性，增益其所不能」，許多年來，我都用這種方式幫自己加油打氣，度過痛苦時期。直到這時候，我才知道，從很早以前，就已經以我的肉身在對應地獄無形眾生，以肉身轉化掉地獄無形眾生的苦難。之所以我肉身長期間痛苦，反覆發作，無法醫治，正是因為地獄眾生之苦是最難以轉化掉的，他們有多苦，我就有多痛，他們有多悲，我就如何無法安眠。我的如來早就讓我的肉身背負了部份地獄眾生的磁場在身上，我竟不自知，把它當作一般的病痛，直到這一天，才第一次解開了我肉身的部份密藏。

從此，我無法再以一般的病相來看待肉身上任何一部位的不舒服，我甚至也無法再以一般肉身的想法來看待自己的肉身。我肉身的特殊設計，能夠納入無量的無形眾生磁場，有時候，磁場會集中在我的頭部，以頂輪或眉心輪轉化，過程中頭痛不已。更有些時候，磁場直接納入肚子，瞬間我肚子會漲大如同嚴重漲氣一樣，由太陽神經叢和臍輪轉化後，再慢慢排出體外，體會到彌勒肚的功德。有一次，我的如來讓我收圓某一塊土地裡面由地藏帶來的無形眾生，也藉此打開我肉身輪脈經絡裡的某些結界，足足讓我全身冒冷汗，噁心嘔吐，肚子劇烈疼痛，在床上打滾十一個多小時。之後，我的能量場逐漸擴展，轉化磁場的能力進步很快，也增加不少承擔磁場的厚度。

這些肉身質變的過程，比武俠小說上描寫的任何神功境界都來得精彩，當然，也非常辛苦，因為，我直接以我肉身感同身受的無量個細胞，形成無量的淨土國度，當我轉化的能力越強，磁場融入越完整，我的肉身即等同淨土身，等同宇宙身，這是多麼不可思議的殊勝。

之後，我向陳老師叩問的錄音檔案就開始增加了這一類與肉身相關的精彩內容，開演肉身皈依境，即身佛成，人類前所未有的境界，除佛陀和蓮師之外，也唯有陳老師才有此能力能夠授記確認此事。《叩問肉身——解開肉身的密藏》揭開了人類從來不曾知道過的人類肉身的密因密碼，是這個世代的修行者走向即身佛成之道必須納入的知見，其奧義內涵從未曾在任何經典出現過。

人的肉身並不單純只是一具臭皮囊而已，當人開始走向解脫之路時，對肉身的理解也必須要超越過去所有已知的部份，畢竟，佛陀當年就是以肉身即身成佛的，因為肉身存在的一切都是我們轉識成智的重要資糧，是我們與無形眾生共願共振的通往即身佛成的重要道場。

肉身非肉身，肉身是淨土，人生難得，肉身難得，肉身是照見的不往外，肉身的因果也是肉身的功德，肉身的生滅也是肉身轉識成智解開肉身密藏的不生不滅，我們人的一生，雖然有限，但就是為了成就解脫性的無限，肉身的當下已是無量宇宙存在存有經驗值的傳承，一生以來的肉身就是一種應許，打破肉身慣性識性的叩問肉身密藏的行路，人人都有機會，當下都有機制，這是肉身生命在生活中經驗生老病死的叩問，以人生叩問肉身，以肉身叩問人本的密藏，就給自己一生當下的一己肉身如是的叩問，以肉身如是的聞思修，用自己人生的一生解開肉身的密藏。

《叩問肉身——解開肉身的密藏》揭示了肉身本自具足的實相狀態，肉身與萬有共一體本體的奧義密藏，肉身即身成佛不可思議的無量性，是所有修行人不可錯過的奧義之書、密藏之書、實相之書。

推薦序

此生只為恢復主性的肉身

賴婉茹

我的肉身，
我的皈依境，
永劫來曾經示現過的各種不同的我，
同時活在我今世的肉身之中。

前生的我，
企求什麼？
求一主性的肉身。

今世的我，
所為何來？
回歸中道的實相。

當下的我，

因何成就？生命終極的解脫。

叩問系列，從《叩問生命》、《叩問無常》、《叩問男女》、《叩問中道》，到目前的第五本《叩問肉身》，這叩問五書閱讀下來，令人不得不讚嘆，整個系列出版的內涵和進程，有其縝密的思想架構和體系，這是作者與共願夥伴們，因直心而行所引動的宏觀與格局；也是無形的存在和力量，因共願護持而形成的蓮華佛果。

這些內涵是由共同作者阿娓，叩問陳炳宏老師，而形成的一系列開創性的重大智慧思想內涵，足以引領人類目前在生命、生活、人際、宗教、政治，等各種領域的質變。

本人有機會在後期協助參與這些書的形成與問世，深刻的意會到，雖是隨機叩問，但卻是一種流動性的法流所共振形成的內涵，因為是生命性的叩問，是生命想要尋求解脫的叩問，所以那背後包含著廣大的無量眾生，或者我們稱之為集體意識，所要尋求對於生命如何解脫的答案。

雖然一開始以人類意識形態的方向切入叩問，但是陳老師所回應的內涵，卻完全是打破人類叩問的思想模式和軌跡，不在人類的識性之法與我們來去，而是破除我們相對性的叩問習性，直接進行洗滌與轉化。

現在回過頭來看叩問系列的出版順序，深深感受到一切都是最好的安排，從「生命」答案的追尋開始，啟動我們面對「無常」淬煉的金剛性，而「男女」陰陽兩極的構造讓我們意識到相對性解除的重要性，從而引動我們進入「中道」的解脫內涵，而這一切的開演場域就是由我們的即身「肉身」所從出的終極道場。

這樣不在預設中的出版順序，有一種循序漸進，帶領讀者層層進入，層層解除的過程；卻也是各自獨立，自成一個完整的架構與體系；同時它也帶領讀者進入一種圓的輪動，進入生命圓滿圓成的終極之境。

人一生當中，凡是想對自己多所了解的人，總是會不斷尋求「生命」的答案，因為對生命的探索，讓人類可以不會只是停留在動物性的反應和需求上，能開始思考，也才有機會成為「覺」的存在。

我們一出生，就進人三千大世界，接受「無常」的淬煉，所有外境的緣起，不管順向或逆向，都提醒我們收回投射，不往外的觀照自己，以無常成就恆常的中道正法觀照。

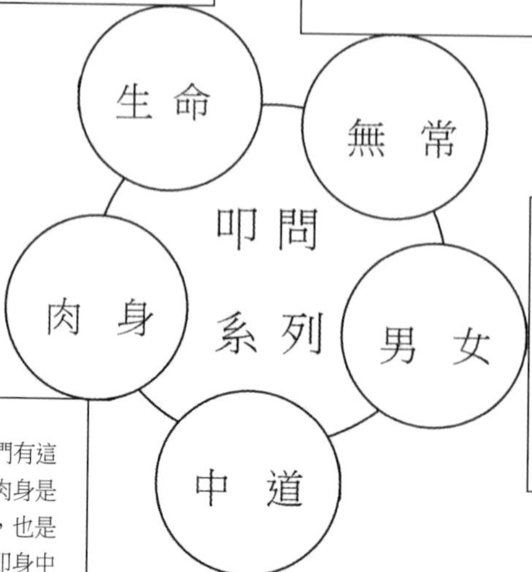

地球的設計本身就具備兩極性，人類也是從兩性關係開始得以演化生命，所以解開男女之間的課題、結構和密碼，正是我們人類真正可以走出相對性的主要核心議題。

這一切，都是從我們有這一個肉身開始的。即身肉身是我們最初的成佛契機點，也是我們最後的皈依之境，即身中道正法的開演就是從我們解開即身肉身密藏開始的。

當我們意識到陰陽兩極的落人，所形成人類在面對生命的受制和有限性時，想要做自我意識革命的本志解脫者，將會尋求中道正法，以獲得生命的終極解脫。

自從與中道結緣，如來開始引動我肉身的敏感度，從對應當來下生的正法磁場之後，我開始體驗覺諸有情的菩薩道，也開始一己完整的結界行深。一即無量，我以一肉身的收圓與行深，納我無量劫的識性眾生，一起共轉識成智、共開演本志解脫之初衷本願。

因為開始對應磁場，最明顯的是，在我的身體會開始不定時、不定量的感受到能量法流在我肉身的運作，反應的方式是多元而無一定法，有時在輪脈、有時在精微系統，有時透過肉身某些部位的特定疼痛感，提醒我自己的畏因與行深。這些狀態，一方面是我所納入的磁場在與我共轉識成智，更是肉身質變的過程。

肉身之於我們就如同一個小宇宙，肉身的結構與所有精密的佈局，透過肉身身口意的緣起變現，在不落入和觀自在的行深之中，皆帶領我們走向浩瀚的宇宙虛空，穿越物質宇宙，進入宇宙深處的虛空。它不是一個線性的時間流程，而是一個不斷地與過去和未來的自己，以及與我們連結的相關人事物，融合圓動的時空場，消融我們前生今世的所有不圓滿。

所以此次書裡提到的肉身皈依境，正是一個空前絕後的回歸佈局，我們每一個人都要從識性小我的無明中，回歸到內在本體一體的主性大我之中，如此我們永劫流轉的生命，才能回歸到真正生命本初原點的圓滿之中。我想這也是叩問系列書中，陳老師將中道內涵陸續開演出來，背後真正的作用義。

推薦序

覺的肉身

藍麗珠

長久以來，我的身體屢屢會出現一些無法理解的現象，像是在某些公共區域，會莫名其妙的極度不舒服，原本以為只是敏感，或身體虛弱引起，或是身體消耗過度的後遺症，殊不知早已是肉身密行的顯相。

因為當時仍不知道肉身狀態發生的密因法義，只要身體感到不適，我就想盡各種方法讓身體舒適，於是無奇不有的，像靜心、打坐、唸經、持咒、泡澡、薰香、到樹林吸收氧氣、曬太陽、塗抹各種精油……等等，只要能舒緩，什麼方法都使盡。外在的方法，雖然能緩和下來，但舒緩一陣子，身體的覺受會再度突然劇烈反應，就這樣，日復一日，我仍然不解其因，只是重複著痛苦的輪迴。

幸逢陳老師之後，有了殊勝的機緣針對我肉身覺受的種種現象，向陳老師提出叩問請益。與陳老師多次的共聚沉澱中，他詳盡說明了各種現象的密因，我才逐漸了義肉身背後的密藏意涵，進而打破我許多自己過往的迷思。肉身非肉身，原來我的肉身變化早在日常生活的細微之中，屢屢呈現不可思議的如來義。

例如：幾個月以前有一個因緣，我和友人同行去南部旅行，出發前晚，在睡眠中，突然覺受到一股湧動的電流能量，從我的大腿往膝蓋往腳底，竄流而出，結果，在第二天的旅程中，即便行走了很久很長的路，對於我退化而疼痛已久的膝蓋，不但毫無影響步行，反之自在又順暢。

當時在旅程的步行中，一直有身覺受的湧動，尤其是眉心輪的脈動，覺受到透過脈動的引領，提點我哪些區域可以對應哪些區域無須對應，就這樣，我步步依循而行。最特別的是在旅途當中，當下覺受到三十三尊觀音佛像的召喚，那磁場的相應很異於平常，於是我放慢腳步與每一尊觀音佛像對應。

當時肉身並不明白為何要與三十三尊觀音佛像對應，直到見到陳老師後，我才了義，原來無形的諸佛，長久以來承受眾生之苦，透過我的即身肉身的法緣感召，讓我與之對應納入磁場，其目的是被收圓圓收的回歸。所以當我以自己的肉身與萬有萬靈的磁場對應以前，如來已經先加持善護了。最不可思議的是，持續至今，我的膝蓋不再疼痛了。因而肉身病相實非病相，只有願解如來真實義，才能深刻體會其中的密因及佈局。

另外，有一天的夜裡，那晚寒流來襲，居所中沒有暖氣、電熱器，我在極低溫中睡覺。平常的我手腳是冰冷狀態，但是，那晚我兩腳始終感覺溫熱，有如裹著暖暖袋，似睡似醒安眠到天亮。這是非常不可思議的現象，後來經陳老師的解密解碼，我才明白是行走的佛腳，透過我的即身肉身顯相，而那一夜也在特殊連結的法緣下，納入與對應，收圓圓收有法緣的無形眾生回歸。

肉身雖然難得，更難的是修一個「覺」。大部分的時間，我無法覺知到無形眾生的任何狀態，但是，在某些地點或時間點，剛好有法緣與我相應時，會讓我覺受到磁場，這些或輕或重的磁場，甚至直接反應在我的肉身，產生噁心、想吐、頭暈、頭痛、打哈欠……等等，雖然是如來同意之下的對應，但在消化轉化的過程中，肉身確實不舒服，也因為肉身不夠了義，所以有面對的艱辛過程。

我個人曾遇到多次巨大承受的震盪與肉身極劇的排毒，過程中，即便瞭解面對被牽動的震盪，需要一段時間的消彌，但是，在消彌消融中產生的不適症狀，與如何度過關卡，往往成了我前進或退轉的臨界點。很感謝陳老師，所幸有他，在他的佛說與善護下，我度過了每一次臨界點的關卡。

肉身的密藏、密因、密碼是如此不可思議，若以一般人外在的觀點，或是在尚未遇見陳老師，對應這本《叩問肉身——解開肉身的密藏》之前，我會以為我的身體比一般人虛弱，遍訪名醫找不出癥結點，只能以不明原因的病相稱呼之。但是誰知道這背後的密因密碼，竟是我如來肉身的特殊設計，透過肉身廣行、廣納眾生。不只讓眾生有機會被收圓回歸，與我肉身共同轉識成智，同時也藉此加深我肉身的衣缽厚度。唯有真正的了義肉身是何其的尊貴，才有機會真正的斷根、斷輪迴。

肉身任何震盪，在歲月軌跡上，讓因果慣性有剝離機會，進行自己完整的改造，是即身修行的無上密行，更幫助了肉身轉識成智的行深轉化。我的即身肉身上，已存有與如來相應的前生今世的皈依境，透過這些皈依境，常常在我肉身輪脈上，形成種種反應與提點，是檢視、是畏因，亦是消融。在無時空之中共同成就，圓滿前生今世，透過即身肉身密藏法義，在如來應允下，真正走向共生、共融、共願、共修行、共回歸、共解脫之路。

【目錄】

第一章　肉身與萬有的對待納入

第二章　肉身對應靈魂體的轉化

第三章　肉身與如來的等同如一

第四章 密身、開悟與即身成佛

第一章

肉身與萬有的對待納入

肉身已是法門

你自己的道本來就是從你本身的即身法門開始。

一個人生病也是法門，生病絕對是法門，走路是法門，眼神是法門，頭髮是法門，細胞是法門，你笑的時候是法門，哭的時候是法門，你抄經的時候是法門，你坐下時是法門，你對某一念頭有某一價值是法門。所以我們講的法門重點是今天應許你有一個世界、一個平台、一個肉身、一個生命形式去對應的任何對價狀態，都是法門。

這個門是很重要的，這個門是通往一個覺的狀態的路徑。我們在一個方法之中，當我們還在識性裡面時，我們怎麼去開啟這個覺的法門？只有覺才能夠究竟，只有覺才能夠真正地知道問題出在哪哩。但是你要進入這個覺的狀態時，你需要的是無常世界裡的一個機會，我們永劫輪迴，只為求得一個生命形式的對應對待的面對叩問，所謂面對生命的場合是什麼？它不是只是一個外在的空間，你的肉身也是你的場合，這個場子就在你的肉身裡，你肉身裡面對價出去的，我們在任何場合裡，不能只看到外在對價所有廣大的緣起，更重要的是你自己的道，本來就是從你本身的即身法門開始。

即身的法門就是你的生命形式，就是你這個肉身——你的眉毛、你的手、你的一切。我們看千手千眼觀音如來的圖騰，千手千眼就是指你一生當中所有的行路所對應的一切，都是從你這個即身存在的肉身開始。所以，肉身是你最大的門，你這個門是因果門，你要能夠懂得開啟這個法門。眾生開不了門，所以叫眾生，開不了自性之門叫眾生。重點在於，不是只有宗教的各種不同經論的教法、形式和修法，不是在宗教裡面才叫做法門，在無量世界裡面的一切都是法門。

我們必須要先有這樣廣大的知見，今天如來正法主性能量輪動了無邊無量的法門，因此無常就是法門，是最重要的法門，因為它本身就是最究竟的道場。但是重點是誰在行？是你的肉身在行，法就在你自己本身的肉身上，所以你如何面對你的肉身，將是最重要的關鍵。你自己的法門就是你的肉身，肉身就是你的門，你的肉身就是這個門的圖騰。所以你肉身存在的一切都是根本教法的開始。這個教育所要養育的是你的自性佛，是你的如來佛，是你的主性佛。

所以重點是那個法門的法。當你還在識性時，識性本身就是法。你要把識性當作可以出離的妙法，不要只視為識性的不安恐懼。甚至你要進入當下任何的狀態，就是等同等持行路法門的如來義，任何的不安恐懼都是法門。不安就是你的果，若你觀照到什麼讓你不安，那就是因。所以智者在因果當中自畏因，我們要把不安恐懼拿來自己畏因，思索「為什麼我今天這樣的行法，我對於肉身的生老病死每一個轉動都會有所引動的不安恐懼？」

所以生老病死就是教法，就是行法。一個大自在的狀態就是「我自己的肉身，在所有無預設的生老病死的過程裡，把腐朽當作是永生的門檻」。為什麼？我們終究腐朽，這腐朽的表相都在考驗著、檢視著，引動我們永劫來深沉的不安恐懼。你肉身的衰敗引動了很多面對生死的不安恐懼時，那就是最重要的當下行法，就是透過生老病死引動你自己本身的不安恐懼，那個就是當下應許你排毒。

病相就是藥師救治的逆相示現，那個重點就是讓你本身解除識性，讓你看到你的不安恐懼，讓你知道你的問題出在哪裡，那個就是方法。所以病發生的當下引動了你的不安恐懼，它本身就是一個修法，就是一個畏因，就是一個法門。那個方法在那邊，但是那個門你能不能進得去？你要觀照得到。觀照什麼？觀照你落入這個生老病死裡有多少？

大部分的眾生在面對病相時，完全都在不安恐懼裡，不斷地加深。另外一種就是你知道這個不安恐懼在哪裡，你知道這個不安恐懼是有問題的，你知道你必須解決這個不安恐懼，你也知道你解決了多少，你還有多少不能解決的不安恐懼？這個過程都是行法，都是法門。

所以最重要的法義不在生老病死，而在於其引動的不安恐懼，我們得以照見，得以觀照，得以莊嚴的去面對這個重大的自我救治的完整性，這才是真正的無上法門。所以無常之中的日常生活已經就是無上法門。面對無常吧！解除所有起伏的心，平其心就是真正的法門，在即身的對應當中。

敏感體質的解密解碼

敏感體質表示有一些功德力，可以大開方便法門，納入無形磁場。

敏感體質是從人類的立場去看的，事實上那不叫敏感體質，那個叫做「比較能夠反應諸苦」的體質，那是有功德力的體質。這個肉身是比較有接近本體的一種本質性的肉身，所以他本身的通暢度是比較先知先覺的，他不是一個「後果型」的肉身。

身體的敏感度即是菩薩的功德力，也是即身對周遭人事物對應因果的當下照見之知苦。身體覺受的敏銳，照見對應等同非等同的承受問題，覺照當下，觀覺即身，寂滅肉身一切之生死，相應如來即身法流輪動肉身輪脈之不可思議能量場。

身體本然自主，本我主一切即身身口意，相應無量之生死生命之圓收之皈依，即身密佛成，佛身密成就，主即身生命感應相應如來遍一切肉身法報化莊嚴世尊身。

在人類理解的經驗值裡面，一種就是沒有什麼敏感度，講重一點的話，那叫做「不知不覺」，另外一種相對的立場叫做有敏感度。為什麼這麼敏銳、敏感？那要感應什麼？所以，關鍵在於他是一個比較精緻的生命體，或者說，比較有機會進入恢復精密生命的可能性。

所以，「有敏感度」表面這句話的背後有著無盡的關鍵，如果沒有無量劫的功德力，你今天怎麼有辦法比別人先反應那個時空？比如說，你的身體就是一個指南針，就是一個磁場，你的身體如果得到你自身的尊重與善護的時候，你就能進入任何時空。人的肉身像是一個住家，每一個住家都有他的衡量，都有他的因果。我們的肉身也有因果，那麼，如果這個房子住了一堆有因果的人，這個房子怎麼會沒有因果？為什麼這個房子會住這一些人？因為，這個房子就感召了這些人。

生命之相應，本我之感應，本體之對應，本心之覺應。

即身感動，生命本然，即身感召，生死皈依，非空即身，非有肉身，即身等同，不可思議，莊嚴中道。

生命之本然，佛因佛果，因果眾生，微細無量，精微無上，法緣妙機，機智密義，無上義智，義行密有，密義傳承，廣修本體，皈依終極。

當人在進入每一個場所或買房子或要買什麼東西的時候，我們都會有一種相應的狀態，或是不相應的狀態。敏感體質不只是看到相應，甚至看到為什麼不相應？像很多人說「我感應到了」，當你感受到的當下，更深的智慧到底相不相應呢？很多人很敏感，但卻沒有辦法判斷到底相應不相應。

敏感就是感同身受。很多人只進化到「感同」，「我感應到了，我肉身有同樣的感覺」，但是背後的「身受」卻不知道。所以往往一旦感同很多磁場的時候，一進去那個狀態就是承受性的狀態，承受性的狀態就是你沒有智慧當下了義。「感同」就是「我手伸出去，我眼睛有觀照到」，但是，卻不知道這裡面人事物時空的因果是什麼。但是，既然會碰到，一定就是有法緣，這個緣起一定在，今天如果你的敏感度不斷的擴大增強，但你又不夠清楚了義，到最後，當你碰到一些不相應的磁場，那個不相應的狀態一進來，你全身都會不舒服。就算是相應的進來讓你覺得很殊勝，但是久了你也會轉不過去，那麼，它就會用更大的力道去提醒你。

我們必須確認這個敏感體質的目的，就是希望你跟本體的本質相應，也就是說，當你有一個敏感體質，你自己要非常清楚你的肉身是一個菩薩身，是一個功德身。在很多的宗教或修行道場裡面，有一些高階的修行者，透過修行打通了能量場，能夠覺受到不同次第的磁場能量。覺受到，但卻不了義，久了之後，一定會有所累積。所以，敏感體質的納入一定要有佛首智慧的了義，肉身覺受不等同佛首智，雖然身有所覺受，但智的了義不夠，一定會令肉身因敏感的覺而無法清楚其納入的問題所在和承受點。這將會是即身對應不空的不究竟，所形成無法行深的修行上的辛苦，這是需要畏因的。

佛經裡面講無邊無量，講六道，非人時空的六道，那裡面都是世尊成佛之後的覺受與清楚，世尊是被六道眾生尊重的，他有沒有對應六道眾生呢？有的，在他肉身恢復的過程裡面，他一定要去體會跟六道眾生對應的過程。他自己本身的能量場打開的時候，當他面對六道的無形眾生，世尊是如何能夠不被牽動呢？世尊的即身肉身在與有形無形的無量道對應中，只即身觀自在——任何無量細之心念，有無被無量道之時空所牽動？若無任何牽動，世尊之存在等同無量時空次第之存有，世尊之肉身，非人也，非一切時空之次第也，世尊存在之存在存有，為本有本體之本質本覺也。

應之本質，本身本有之即身，本身存有之當下，本有本心之肉身，本體本位之即身。
應之本義，無量即身一切處，功德即身法供養，非人非有世尊身，覺身無量中道身。
應之本心，佛成感應應本尊，天地即身陰陽無，佛身佛說法報化，虛空即身空世尊。
應之本法，佛法法流法即身，妙法終極密虛空，中道中觀生死身，廣三雙修不二第一義身。

我們每一個輪脈代表每一個道，我們的內在也有六道。不是只有外在才有六道，為了成就我們，當我們的能量場打開的時候，如來會引動六道輪迴的磁場，外面的六道有很多是我們過去生曾經結緣的眾生在等我們恢復，不是只有我們的親人在等我們，我們周遭的親人也會有六道的慣性，各種不同的煩惱就是各種不同道的體會、承受和慣性。

有形的有六道，無形的也有六道，只是有肉身沒肉身而已。我們在這個世界每天對應周遭的親人朋友的生老病死，他們會用他的六道去面對他生老病死的過程，反應得很清楚。而我們如何去對應?我們也會承受啊，不思議並不代表不承受，不思議只是說不管承不承受，你都不會再用不安恐懼去延伸。

一輪脈一無量道，一道一無量輪脈，無量能量場，即身輪動無量顯相，即身無上不可說輪脈，輪脈本義，無量諸佛之所從出，本我如來，即身即佛即無量道生死顯化之轉化，輪脈佛成，輪動佛義，無動佛本，終極諸佛。

所以，敏感體質就是一個非常關鍵性的狀態，就是你這一世的肉身，保有過去生累積到現在的一個基本通暢，這個門戶是開的，你對無量世界是開啟的。很多麻木的人要進入開啟，需要經過很多次的打擊，才知道要柔軟。

敏感身也是柔軟身的一種，敏感身、敏感體質有很多層次。一個敏感體質的人，當他本身不夠清楚的時候，例如說，他進入某些時空環境，裡面有很多的因果交雜其中，他可能會打嗝或是不舒服，尤其是那一些有接引眾生的地方，例如：寺廟、養生館、靈骨塔、有能量買賣的場所或宗教道場，包括美容院也一樣。因為，那裡面會幫助人解除一些苦，是屬於比較專業的幫人解除身口意苦難的地方，所以都會有一些無形的佈局，因此你出入這些場所會有所感受。打嗝是因為本身的體質能夠轉化掉一些，那就是一種「非相」的過程。

也就是說，若你是敏感體質的話，就代表你本身是菩薩身，菩薩道就是渡眾生，只是你肉身不夠清楚，但你的內在、如來本體卻很清楚。所以，當你到這些地方的時候，那裡自然會有一些有法緣的有形無形眾生跟你對應磁場。你之所以會去那些地方，一定就是因為有法緣。當你一對應到負面能量的時候，你的肉身就會將磁場納進來，如果你的功德力夠，就會轉換轉化掉，轉化之後就會把負面能量排出來，透過地水火風空的元素轉化掉，風就是氣，火會燃燒，它會把所有負面的給蒸發掉，打嗝就是這樣來的。

養生之道，解即身之因果，寂靜寂滅即身無量身無量世於當下之善逝慣性。

養生之義，教養無量次第，解苦解無量不等同之即身示現，生死顯相，法性供養，眾生如來，即身等同，無上佛成。

養生之本，養之以無分別，大道之大我，道之以無上無分別，功德畏因畏生死，養之本我，教之生活之一切輪動。

這就是菩薩道的即身輪脈上的一種敏感度的反應。以即身肉身去接引眾生的一個密碼，它佈局在我們生活中的每一個對待裡面。

所以，即身成佛的關鍵就是當我們的肉身對應磁場的時候，你如何去面對？很多人研究經典，研究了老半天，卻根本不知道**最大最重要的經典就是自己的肉身。**

這就是為什麼有些人的如來不讓其肉身接觸太多的宗教和修行道場，因為，你要從即身的肉身裡面成為你自己唯一的佛法。你肉身的一切狀態、你人生的經驗就是你唯一的佛經，你成佛的經歷就是你唯一的人生，這才是你真正的經典。

問題是，你怎麼以你這個人、你這個肉身去走？這也是為什麼世尊一再強調肉身是何等尊貴、何等難得的原因。為什麼肉身難得？因為肉身把你無量劫的難處都反應在你的人生當中，在每一個對待裡面，你在難處裡要得自己的本體，得自己的智慧，得自己的永生，得自己的主性。那個難處就是基督教說的原罪，什麼是原罪？所有的慣性就是罪，你要拿你的惡，拿你的慣性，來成就你自己的本來面目——那個原來的你。

難得的當下，唯一不必是不可說的如一，任何的叩問都是即身生命尊貴的引領。

難得的當下，每一種對待，非當下之了義，虛空應如來，即身不可說。

難得的當下，本體永生，本我覺無所，無承受之妙覺當下第一義。

所以說，敏感體質是一種非常關鍵性的門檻，表示你已經有一些功德力了，可以大開方便法門，納入無形磁場。所以當很多能量場進來對應的時候，就是接引納入的過程，當你的內在透過你這個肉身去接引無形磁場的時候，你的肉身若跟內在如來的會合度不夠，或恢復度不夠，就會有所承受。

敏感體質的菩薩身一定要成就到「肉身就是佛身」，否則，當恢復不夠完整，或了義度不夠清楚的時候，磁場能量卻一直不斷納進來，到最後，你的肉身一定會承受不了。

因為，隨著年紀增長，你的很多眾生都會回歸，這個就叫做「皈依境」。佛法裡面最高的境界就是皈依境，比如說你的親人，他一生的情境，就是他的煩惱，因為他有很多的情、很多的境，都在他的心海當中，他會往外投射出來，如果他今天投射給你，你能夠幫他解決這個問題，他的那個問題就會皈依到你這邊，回歸於你，依止於你，而終究止息掉，這就是皈依的過程。這個是皈依境非常關鍵性的智慧解碼。

因此，回歸敏感相應的納入，即是收圓的當下。肉身即道場，即法緣，肉身體質感應敏銳度都是菩薩道即身成就等同非等同的結界時空。即身輪脈，相應無量因果，對應無量生死，感應如來法流，和合當世當時即身世代之眾生情境。生活示現，生命輪動，肉身法供養，即身妙覺醒，引動納入，湧動寶生，解碼解密一切即身之敏感體質，無不是肉身菩薩道佛成收圓眾生皈依即身肉身自主的無上佛成。

敏感即身，相應本質之本體，本體皈依境，無量眾生圓收當下，知苦照見，即身納入，功德即身，肉身引領，納入眾生，即身能量，能所覺空，情境皈依，解碼解密，功成佛身，相應感應，大悲大捨，即身寶生，應入應出，了義應智，本質本心，肉身輪脈，眾生輪動，因果法緣，感召佛果，即身諸佛，實相肉身。

聞音知苦，聲音的密藏

一個大智慧的人直接從音的本質裡面就知道他人因果的輕重。

為什麼體質比較敏感的人在平常生活之中，聽到某一些不認識的人的聲音時，會有一種悲的感覺?因為聲音本身就是人的狀況的一種呈現。平常我們在講話的時候，重要的不是我們講什麼，而是我們的聲音所傳達出來的狀態。因為，人們不管說什麼內容，他都是往外的，所以，當你傾聽到一個人的聲音時，重點不是聽他講什麼內容，但是，大部份的人卻都是在評估他人講了什麼內容，而一個用本心去覺受的人，他會覺受到其聲音背後的悲苦。所以重點並不是講了什麼，而是當他在講話的時候，他聲音本質的背後，是他從自己身口意的狀況所反應出來的一種狀態，那是非常清楚的。

一切聲音的悲苦，無不是如來照見生命落入的輕重。

一切聲音的悲苦，無不是逆向供養的解脱妙法。

一切聲音的悲苦，應不落入其悲苦。

一切聲音的悲苦，無不是生命自救的觀照，反應一切慣性的苦難之音。

然而，世界上大部份的人都只聽內容，而不聽那個聲音本身的狀況。當你能夠聽那個音本身的狀況，從你的耳根進去的時候，你就能夠知道這個人本身在聲音裡面的因果輕重。那個音的本身就是他自己的求救信號，那個音的本身就是他無量劫來累積到現在的狀態。當下人所發出的聲音，每一個音裡面就是他的每一個念頭，因與念是等同等持的，那裡面的因果狀況非常的清楚。但是，大部份的人是沒有辦法知道的，因為人們都用識性去往外看事情，所以沒有辦法了解這些狀況。

佛說一切音，存在的一切無量諸相，都是諸佛本身的密音。

不以分別心、分別念，觀照傾聽一切聲音的示現。

了義一切聲音本身的第一義，解碼一切聲音本身的空性義，解密一切聲音本身的妙法流，解脫一切聲音本身的如來義，肉身即身一切音，密音肉身密如來藏。

事實上，大部份的人都是聽別人講什麼內容，從內容裡面去判斷好壞，然後再延伸很多的想法與判別，以此拿來做為很多人世的對待標準。然而，當你都把這些放掉的時候，在他講什麼內容的背後，都是音本身所發出來的各種不同的圖騰而已，重點就是他用什麼樣的心、什麼樣的識性、什麼樣的因果、什麼樣的包袱，他是活成什麼樣的自己去發出那個聲音，但是很多人是不自知的。

生活中所說的聲音，都是如來對我們自己的佛說。

生活中對眾生所說的聲音，都是彼此為了成佛共同佛說的聲音。

生命中所有產生過的意念聲音，都是我們肉身內在如來，對我們如何即身佛成所示現佛說的本音。

所以，重點就是當你聽到別人聲音的時候，你不是去管他講什麼，而是那個音的本身就是他自身的因果，就是他本身的功德，這是非常清楚的。所以當對方的音進來的時候，你覺受到悲，那就是對方的狀況，他的音就是他的密碼，就是他的生死，就是他無量劫來當下的一個聲音。

無所住於一切聲音，無我當下音，無壽者相一切生死解脫音，一切緣起，無邊無量當下音，第一義空性音，寶生一切眾生相對音，了義了生死，了一切色聲音，無音無因果無眾生，無音無法妙自生，功德本音佛無說，莊嚴妙音佛淨土。

因此，**一個大智慧的人直接從音的本質裡面就知道他人因果的輕重**，就是能夠覺受到對方的承受。但是，重要的是，當我們知道對方因果輕重的時候，我們的重點是在於畏因，也就是問自己：「我有沒有像他這樣？」，「我的音有沒有像他這樣？」，「我的念有沒有像他這樣？」畏因的重點就是我們不要落入，我們不要一直落入對方為什麼會變成這樣，我們的重點是在於——觀照自己本身有沒有像他這樣的狀況。當覺受到對方聲音中的悲時，自己不要再落入對方悲的狀態。

而我們自己的聲音，我們要怎麼樣去沉澱反省呢？我們講話的時候，不在於講些什麼，而是在講話的過程裡面，要減輕自己的悲。當我們在表達的時候，是帶著怎麼樣的心去講那些話？起了什麼樣的念去講那些話？話裡面有多少識性是必須改變的？有多少話是往外的、是相對性的？有多少話是對別人的思議？或是思議別人的思議？或是一直在議論別人的是非對錯？一個大智慧的人直接就在自己的話語裡面，能夠轉識成智。

當你在別人的聲音裡面，你覺受到他的悲苦，那就是法緣，代表你能夠感同身受。但是重點是你要感同而身不受，要無畏。就是說，能夠畏因別人聲音的悲苦，但卻不落入別人聲音的悲苦。有的時候，我們的心境上就算不落入，我們的話也會落入別人的判斷，但是，**生命不是用來判斷的，生命是不落入判斷的。**

而自己要觀照自己聲音裡面的本質，觀照的重點在於「觀念」——觀照自己的念頭，覺念——覺自己的念頭，然後，寂滅自身所有識性的念頭。當你能夠這樣的時候，你的聲音就會改變，不管你講什麼，不管你表情是什麼，眼神是什麼，講的內容是什麼，講哪一國的語言，都不是問題。當你的聲音不斷遮滅裡面的悲苦，到最後，你的聲音就是一種放光，音波裡面就有光明，音波裡面就有生生不息的力量。

一心境無量音，一情境密音咒，一苦難一本願，一念處佛本身，一音一求一無住，一念無生一切音，聲音當下音自在，觀音妙法音供養，一切妙音眾生因，畏因聞聲密音解脫，眾生無聲音自鳴，音音相扣叩問如來，如來妙音妙蓮華。

所以，你自己要有很大的願力就是——我本身的每一個聲音都是我質變的關鍵，我在我的聲音裡面不往外，我要觀我的念，觀我的聲音，等同等持。我的音就是我的念，當我的音起動之後，我相應到對方，對方聽到我音的同時，就能夠遮滅他的苦，對方用耳根傾聽我的音，就能夠止息他的悲苦，我的音就是我的佛說，就是我的如來說。所以，我雖然是肉身，也是如來身，我的音，不管我說什麼都是佛說，因為我能夠在我說的一切裡面，遮滅我的悲苦，遮滅我的識性。我不往外，我不思議，我不論斷任何生命的對錯，我交託給每一個生命自己去提昇，我能夠尊重每一個人的悲苦，因為，每一個人自身的悲苦就是他自己悖離他自己佛法真理的狀況。我聲音這樣，眼神這樣，身口意都是這樣，我每一個存在的經驗、即身的身口意都是這樣。

我以一切的聲音，救你於宇宙早已輪迴的碎片，生命之愛，觀我自性的如來音，成你回歸我皈依境上早已成佛的自性海濤音。

我之聲音，早已入你無量劫來所有生命的心念之中，你無量意念的心聲，我不論其因果

的輕重，以一聲之佛音，等持你一切的苦難聲音，我密咒的本音，示現無量的形式，收圓你無量碎片的意念，在其中不在其中，我的聲音，你苦難的叩問，我們早已同音在宇宙即身的咒音中。

所以，即身的每一個音都是我們入自己如來的密藏，都是佛所說，眾生說等同佛說，眾生的悲苦在他的音裡面，就是他自己本身距離如來恢復還有多少重大的差距。當我們這樣看的時候，我們不會落入所有生命的悲苦，我們對任何一切的音，都不會落入。

音有各種不同的形式，一切苦難所發出的一切音皆是一切求救的因果聲音，一個人的聲音反應出一個人所有生死的本因。所以，當我們不落入的時候，就會從一個人的聲音中覺受到他的苦難為何、他識性因果的輕重。

所求救的一切色音，觀其音而救其苦，世間一切苦難聲，每一種悲苦，每一種當下的聞聲救苦，眾生一切聲音之苦，諸佛不思議而聞聲救渡之，這就是聞聲救苦的過程。

我即身的音，是我如來對我如是所說的密音。

我即身的觀音，我如何傾聽一切聲音下我承受已久的苦難所迴向的聲音？

我即身的肉身，一切輪脈的聲音，人生如何，悲苦如何，一種即身的意念，是我無量劫來對自身如來最後一音的懇求。

我在這裡所指的悲苦的聲音，不是只有人發出來的聲音才有悲苦，任何的生命，萬物的生命、萬物的聲音都有他自己求救的信號，任何萬有的聲音都有他自己本身的密碼，一切生命都有其本身存在的被聞聲救苦的可能性跟必然性。我們畏因的當下，就是要知道，萬有的聲音都是如何進入佛說的聲音，那就是，你自己用什麼心去聽，當你用的是佛的心、沒有識性的心，你就能覺受而不承受。你能夠覺到對方在當下他要訴求的是什麼嗎？為什麼他會輪迴成那樣的生命形式？他今天要如何去調整？你如何用一個尊重的方式去對應而不承受？當你能這樣覺受的時候，每一個聲音本身都是如來所說，眾生就是如來，一切音都是入你如來的密藏。

當你不承受一切音的時候，那麼，每一個音都能在你意念的引動裡面，打開你所有無量經絡的密藏。當你是空性身的時候，當你寂滅每一個音的時候，每一個音直接進入你肉身，不用經過耳根。當你耳根的意念等同空性的當下，這時候，你的如來可以引動任何聲音，直接打破你經絡的任何因果。這是可以的，這是存在的事實。

生命在輪迴的悲苦中，訴說無量劫來所承受的苦難。
將以何種的心去傾聽萬有萬物救贖的懺悔聲？
是誰在宇宙的呼喚中，示現了所有生命最後一念的叩問？

但是，人類並沒有辦法用這樣子的空性狀態，把一切音的震盪成為打破自己肉身輪脈的重大結界和覆蓋的部份，不懂得用外在的一切音來打破自己輪脈的覆蓋狀態，連調整都不懂。

所以，當我們講聞聲救苦的時候，所救的一定要從自身開始，我們能夠不落入對方的識性，我們才有救的能力，當我們在一切的音裡面，知其苦而不承受其悲的時候，我們就是自己本身的救者。對自己要先懂得聞聲救苦，自己的識性、自己的一切要先懂得解除，才有辦法真正起生生不息的法音，入一切生命苦難的身口意，讓他們能夠即時得到相應的調整，這在生活中是即時即刻進行的。

空性當下一切佛音，無不是佛對一切眾生聞聲救苦的普渡。

如來示現，相應一切眾生苦難的聲音，解一切識性的識音，解一切慣性的聲音，解一切苦難的往外之音。

如來無聲無息，眾生一切身口意無不是反應求救的聲音，眾生每一個心念，無不是對如來呼喚的誠意。

一個心念，一種聲音，如來傾聽，一音一解脫，一音一如來，眾生音無不是眾生想要成就的生命最深的吶喊，無不是眾生因果輪迴的聲音，對如來最深的叩問。

如來於無聲處，生生不息一切妙音，解無量苦難之音。

宇宙不二本音，虛空寶生無量咒音，如來一音，開演無量如來密藏咒音。

一念一音一咒一解脫，即身即音寂淨音，一咒音清淨無量苦難音，觀音觀自在，覺音覺本覺，空音密咒諸如來。

我們對眾生所說的一切就是對自己所說的一切，我們要先懂得善護自己，不落入對方悲苦的聲音，在那音裡面感同身不受。我們要能真正的從自己本身的即身聲音裡面，聽到如來所要對我們說的重大訊息，而調整我們自己的身口意，即身成佛。

相應一切宇宙的密音，感應一切肉身的密音，密音即密咒，密咒引密藏，密藏自性佛，願解如來真實義，了義了觀音，觀音觀即身，音音無聲妙法生，一音無量因果，一音無量生死，一音無量心念，一音一虛空無量宇宙，一音即身，佛音佛成佛如來。

成就自身的藥師佛果

身體裡面任何疾病都是藥師佛切入了你的因果，變現給你面對的。

一般人都是用自己熟悉的方式去理解佛法，其中一個很關鍵的就是對藥師佛的理解，怎麼說呢？當我們以人類的方式去理解藥師佛的時候，通常都是——我們病了，然後去請求藥師佛幫忙，或透過中醫、西醫、民俗療法、各種不同的療法，甚至透過神通，透過禱告祈求，透過咒音，透過上師的加持，透過一切可能想得到的方式，就是希望東方藥師佛能在我生病的過程裡面幫我調整，讓我變成沒有病。一般人的理解是——幫助人從有病變為沒有病，這就是藥師佛在做的事情。但是，真的是這樣嗎？

人性的藥師，在人我的相處中建立所有生命自我面對的相應之智。

人性的無我，所有的了義皆已入藥師如來無生的密藏本處。

藥師之愛，解當下一切識性之人生。

藥師佛說，藥師佛即身無上存在之經絡，智者以即身身口意叩問自性藥師如來之善護寶生，自性藥師法流具足一切即身肉身無量因果之解除，自性藥師即身終極寶生之道，自性藥

師為自身功德力本願寶生佛成之密佛功德，人之大願力，生命恢復到不落入不思議之功德，照見即身密自性藥師應自身一切生死叩問寶生佛成之即身成就，自性藥師等同等持即身如來無上功德力。

今天要做一個重大的澄清，這些都是人類自己理解的角度問題和思議。藥師佛真的是這樣子而已嗎？當我們身體出了問題之後，我們就拜託藥師佛讓我們沒有病，只要病好了就是藥師佛加持，所以，藥師佛就是負責讓我沒有病囉？那麼，如果沒有辦法醫好我的病，就一定不是藥師佛囉？或是藥師佛沒有理我，沒有回應我嗎？然而，藥師佛的願力只是這樣子嗎？我們自己有沒有想過：「為什麼生病？」這其實是很清楚的，是人類自己本身不但不面對自己的病，還把責任都推給藥師佛：「反正我有病，我就找藥師佛幫忙就好了。」這就是人類慣性的訴求，這是慣性識性的要求。

一切教法，一切法教，如來宗教，宗教如來，無量共本願藥師如來之志業，無量法無不是生命藥師之示現，窮宇宙之變現，窮無量諸國土之變革，一念藥師，藥師無生，如來如法如佛，正法藥師，寶生無量存有存在之永生永世。

人們對佛的信仰、對佛的理解、對佛的信靠就是，「我有問題你就要幫我，我有病，藥師佛你要幫我處理好，處理不好我就不相信你，你就不是藥師佛。」是這樣嗎？我們必須要做重大的澄清就是——讓你生病的就是藥師佛。人們能聽得懂這句話嗎？人們能夠承受嗎？人們能夠理解嗎？會不會很痛苦？

為什麼讓你生病的就是藥師佛？當我們說藥師的時候，那個「師」是指什麼？在因果中學習。生生世世的你總和在這一世的即身肉身的病相，你的病就是你因果的反應，你自己人生的學習裡面有多少的問題？多少的不具足？多少因緣果報的輕重？當緣起時你無法性空，你以識性為重，來運作你人生的所有點點滴滴，你自己完全不當一回事，也沒有觀照的能力，也完全忽略掉，累積而造成了今天的病相。因此，藥師佛的「師」就是「師法」的意思，你自己學習有問題，造成了你肉身今天的反應，就是這個病。

佛之密功德力，虛空密藏無量劫如來世尊藥師。

藥師如來，應無量諸佛法相名號功德力，等願等持一切諸佛密行。

藥師密行，密解諸佛菩薩即身肉身世代時空之傳承功德。

「藥」的意思就是指——你怎麼去面對因果，「藥」就在其中。所以，真正的無邊無量的藥師佛、千手千眼藥師佛是什麼？當千手千眼藥師佛的手伸出去的時候，他的眼睛觀照了你的因果，他今天介入了你的因果，在你生生世世因果的各種不同總和當中，在每一個輪脈、經絡裡面，在每一個因緣果報的各種不同類別裡面，他契入了，然後做了一個調整。

就你一生當中的因果鋪陳裡面，在你每一個人生的階段，從出生、幼兒、國小、國中，一直到成年、結婚生子，到年老的所有過程，你如何在自己一生的所有階段裡面對應所有的人事物？這當中的每一個對待，你個人的緣起、還有與所有人的緣起，你如何性空？重點是要通往你的性空啊！你如何在你生命過去所有因果的總和裡面，在你肉身的所有總和裡面，和合的、相應的契入你自己的因果？你如何用你總和的因果來成就你每一個行為裡面的師法與學習？

一切的苦難，都是藥師如來的示現。

一切的慣性，無不是人生納入學習調整因果的藥師如來。

一切的一切，在所有的相對性之中，生命的學習等同藥師的寶生。

所以，有的時候，你的生老病死都是藥師佛的變現，用任何無預設性的狀態。為什麼你要生這種病？那都是藥師佛要讓你面對的，這個病裡面有一部份是你的因果，有一部份是你要學習的，有一部份就是你自己要成為你自己的藥師的空間。你自己的人生是你自己要學習的，一定要知道你的病根在哪裡。今天這個病就是你的果，你要在這個果裡面學習調整，要學習觀照問題出在哪裡，如果說，今天還有一個藥師佛願意善護你，那麼，這就是你無量劫來重大的寶生力量。

任何存在的形式，在一切時空中無預設的存在，無不是藥師的能量，藥師的能量不是單純理解所謂治病的醫生，任何的寶生之道，都是藥師的志業，任何慣性善逝之道，都是藥師的本願，任何生命轉化的過程，無不是藥師親臨的當下，任何的轉識成智，一切生命的生滅、無量宇宙的非生非滅，無不是生命自我進化過程，自我變革、自我生命學習的演化當下，這無盡無窮的存有之中，無不是藥師本願功德力所在的顯相。

藥師佛完全契入你無邊無量的因果，在你的因果裡面，做所有的整頓之後，在你這一生所有的法緣當中，用你肉身的生老病死成就你所有該轉換的、該面對的、該成就的。**你自己要成就為自身的藥師**，要懂得自己的問題出在哪裡。在你的人生當中，你的行為、你的動作，你要非常清楚，當下自己的肉身、自己的每一個動作，過去有多少因果反應在這個動作上面？有多少反應在這個身口意上面？你自己要觀照：今天為什麼生病？為什麼老化？為什麼要生下來？為什麼要老死？在所有有生之年的每一個階段的人生、每一個動作的當下，你要很清楚，那都是過去因果的總和。

今天會生病，一定就是在提醒你，在你今天因果的總和裡面，你的病就是在幫你消化掉過去的業障。而且，你要同時觀照自己問題出在哪裡，怎麼下手？怎麼轉化？怎麼成就自己的藥師？為什麼過去的學習還有這種承受而變成這種病相？如何找到當世的妙法？你自己要成就為自己的藥師，你的學習裡面要得到你自己本身調整的能力，當你有調整的能力時，才可能有自主性啊！

如果你能夠在面對病相的時候，有自主性，成為自己的藥師，你一定知道自己的學習是哪裡有問題，自己的身口意哪裡有問題，也知道找到方法去轉換。甚至，在未來，當你能夠走過來，通過這個病相的考驗時，你自己能夠畏因，也就是說，你本身就能夠在無常的世界裡面，面對所有相對的因果，你都有大無畏的精神。

法一切藥師如來空性解碼成就。

法當下終極世尊藥師自性解無量因果圓成。

如來藥師本願本志入無量眾生因果，等同解無量密藏如來密碼。

如來即身身口意，世尊藥師即身肉身成佛，無畏示現，無不是解眾生苦難無上藥師正法如來。

藥師佛會契入在你的生老病死裡面，也同樣會用生老病死來讓你面對，讓你學習。你身體裡面任何的疾病都是藥師佛變現給你面對的，只是他切入了你的因果，在你從無量劫一直到此世的生命裡面，還有不等同的部份，能夠有機會走上等同等持，因為，那就是你的本願。

所以，生老病死基本上就是要讓你把過去不圓滿的部份反應出來，這就是一種學習，你的肉身本來就是一個重大的納入，你的因果一定會顯相在你的肉身上，要不然，要顯相給誰？

生死當下，生無量藥師本願之寶生，滅無量藥師功德之本願，藥師一念，師法無法，本師本志，本師世尊，即身即世，當世生活之藥師，慧命之藥師，生命淨化之藥師，所有畏因之藥師，一切大捨之藥師，一切修行之藥師，一切男女雙修之藥師，藥師無上，本義藥師究竟莊嚴，自主正法，皈依一切藥師主皈依境。

生活中重大的戒定慧，就是在生活當中，當你已經有不舒服的時候，不會再把不舒服丟給別人，這就是戒；然後，你自己也不再用不安恐懼去面對你的病。當你用不安恐懼來面對病相的時候，就是一種非常不好的調整方式。所以，當你不再用不安恐懼去面對生老病死的時候，你就不會在當下再去附加過去生無法面對的不完整的、不能自主的一個因果的病相。而當你自己再以不思議去面對所有生老病死的時候，你就會處在一個比較有自主性的狀態，不會再延伸過去的因緣果報加重那個病相。這時候，你就能夠穩定的、有智慧的去觀照，如來性就會提供給你妙法，或者，藥師佛就會在生活中和人事物的法緣中給予妙法，運作出現一個相應你的人，或相應的內在法流，讓你釋放你的病相，甚至在病相中得到無上的大智慧。

當你懂得自己的問題出在哪裡，知道自己怎麼調整，或者，你也知道某一些外在的法緣已經在成就你、善護你，而你能夠納進來的時候，你的視野將會變得更大。符合你慣性的認知和期待，並不是真正在幫你，不管是符合或不符合，你都自在。那時候，你的智慧就會知道——任何的提點都是我的畏因，所有的人都是我的藥師佛，所有的苦難都是我的藥師佛，所有的順向、逆向通通都是我的藥師佛，只要我聽得到、看得到的，我都能夠納進來，變成我的正法，變成我的調整，變成加持我自己的藥師力量。

緣藥師第一義智，緣無上法供養無邊無量義。

功德藥師不生不滅，藥師莊嚴本心本世尊。

藥師入世滿願眾生，眾生藥師解脱出離。

為什麼是千手千眼藥師佛？因為，遍一切處都是藥師，佛就是完全沒有任何的罣礙。你的手伸出去，或別人的手伸進來，或者是你自身的生老病死，千手千眼藥師佛切入你的因果的時候，你自己的畏因解除當下的病果，就是成就你自己的無上佛果。所以，生老病死都是藥師本身的存在。我們的一生、我們的無量劫、我們當下即身的每一個狀態、我們的每一個心念，都要成就自己即是自己的藥師佛。你人生的所有學習裡面，沒有你不能面對的實相。這就是遍一切處，我的人生、我所有的經驗、或共天下共所有人的本願，都是學習如何從不自主走上自主，這就是藥師的本願。

生命無窮盡的學習，無不是藥師能量場的等同等持。

肉身的生老病死，無不是對藥師如來的叩問。

不以人類不安恐懼下的識性理解藥師如來本身的願力願行。

相應如來才是健康的身口意

健康就是不消耗，不消耗才能養生，養出一種生生不息的智慧。

什麼叫真正的健康？事實上，沒有真正的健康，或者，沒有真正的不健康。

我們一定要這樣去看待事情，這才是真正無預設性的一種觀照，觀照自己在這個無常世界相應不相應的問題。我們人類所以為的健不健康大部份都是以身體有沒有問題叫做健不健康，但這是非常表象的理解。**真正的健不健康是在於對自己本身存在的價值了解多少**，而不是在字眼上的健不健康。

實際存在的價值就是──人本身對自己的存在有一個真正的了解、了義、與了然。比如說，大環境、世局不斷的在改變，人類的苦難也不斷的在改變，人的價值在改變，人的意識型態不斷的在改變，地球的天候時空不斷的在改變，在地球裡面很多的生命、生物、細菌、微生物……，他們的對待都在改變，這些改變的過程裡面，都在影響著人類的肉身。人的免疫系統會隨著大環境的改變而跟著改變，人的經絡在改變，人的文明在改變，人的對待在改變，人肉身的每一個存在的狀態也都在改變，然後，會干擾與影響人類肉身的各種可能的因素，例如：疾病、傳染病、天災地變，各種形式都在改變，如果你今天沒有一個觀照，或是你連一個觀照的能力都沒有，那麼，請問你要如何健康？

一切的變動，無量生無量滅，生死生滅，無不是生命自身的叩問，一切生死的天災地變，無不是生命對自身自我的教育，生命的法教，生活的法義，改變本身即身生生不息的顯相，不動的如如不動，無動的陰陽不二，生命原點的圓滿輪動，改變是正法令生命自主的必然之示現，如來無所不在，無量來去，無念無生無住，任何存在時空的天地人，應在一切的變動中，解碼莊嚴如來無上法義的即身佛成之圓滿。

你可能在某一種變局裡面，或只是一個局部的變動，你就已經承受了，而你自己觀照不到這個承受。或者說，你本身沒有觀照能力，任何的變動你根本沒有防範的措施，如果說，你今天沒有辦法觀照，那麼，你所建立的防範措施完全不可能對應到，根本產生不了作用，你的防範措施跟整個大環境的變動完全沒有任何關係，那你要防範什麼呢？只是徒勞無功的做了很多的防範動作而已，在這當中，你反而花了很多不必要的時間、心力、金錢。

生命的機緣在生活中對自己生命叩問的當下。
不懂得對自身生命的叩問，所有的擁有等同不曾擁有。
不懂得對自身生命的叩問，不知為何而活。

不懂得對自身生命的叩問，所活著的等同活著的引領無法解其中的密因。

什麼叫健康？第一個，你要有觀照能力，你要有覺受能力，你要有觀天下變局的能力。老天怎麼改變？你走過的步伐到底是有染的還是無染的？這些都是一種往外觀照的狀況。更重要的是你自己要能觀照人性的改變、人事的改變，人心思變或人心不思變的狀態。

然後，當你觀照了全世界之後，你能不能觀照到你自己？你怎麼看你自己？你有沒有能力看自己？若你看不見自己，那麼，你的健康是什麼？人類的健康就是掠奪別的生物來養自己的健康啊，這就是「有壽者相」，認為活得越久就越健康，靠掠奪別人來成就自己的延續，讓別的生命都因為養你而死光光，這樣，怎麼會是真正的健康呢？

人世的改變，人事的因果，人我的心思，人人的變革。
人世的緣起，世人的性空，人世的了義，世人的不二。
人之於世代，非空一切人心之思變，不空一切思變之質變。

到底健康是什麼？**健康就是不消耗，不消耗才能養生，養出一種生生不息的智慧、一種對待、一種尊重、一種相處、一種節奏。**

如果，這個世界沒有世間尊重，請問：人類誰會健康？你以為沒有生病就叫做健康嗎？那麼，你有沒有能力知道今天有多少人心裡面活得有多痛苦？心裡面痛苦怎麼會叫做健康呢？

今天哪一個人不是活在那邊不斷的堪忍？每一天都在忍。請問能夠忍多久呢？究竟誰能真正快樂？忍到最後不快樂，然後就會變成不斷的轉移到外在的事物上，買東買西、吃東吃西、講東講西，這樣怎麼會健康？當你在講別人的是非對錯的時候，你有沒有意識到這是不健康的呢？當你講很多身外之物就是不健康，但你意識得到這一點嗎？講相對的事情就是不健康，你的念頭裡面有對別人的思議、對別人的判別，就是不健康。

人類沒有世間尊重怎麼會健康呢？你只要不懂尊重就是無法健康，當你無法去尊重，別人怎麼尊重你？若你懂得尊重，你就不會被牽動。當你一旦被牽動了，只要是一被牽動就是不健康，因為那只是有沒有投射出去的問題而已，因為你一被牽動，你就會有所思議了，一思議就會有所判斷，只是輕重的問題，有時輕，有時重，起伏生滅，永遠在生滅裡面不斷的生滅。

問題就出在人類因為被牽動而產生了無量生滅的人際關係的對待方式，然而，人類卻不知道那個叫做不健康。

活下去的不在於如何去活的形式。
活下去的是在於不預設的活下去。
活下去的在於是否活出自己的自主性。
活下去的不落入活下去的所有的因果。

活下去的怎麼活都是要放下的。
活下去的就是對活下去本身的放下。
活下去的了義不是用盡一切方式只是為了活下去。
活下去的目的是清楚為何還有活下去所要承受的生命苦難。
活下去的法義就是活著的本身就是覺受的當下行用之妙法。

所以，我們講的因果，不是一個表面的相對性而已，而是我們如何從因果裡面積極地建立一個真正不消耗的康莊大道。康莊大道指的就是當所有的牽動都不再被牽動的時候，你得到了對自己的認同與存在價值的尊重，小我變大我。不斷的被牽動就是粉碎性的小我，當不會被牽動或粉碎的時候，就是一個大我，大我的狀況下看出去的路是不一樣的，視野也不一樣。在這種情況之下，我們就要很清楚什麼叫健康。健康就是要了解自己本身有沒有被牽動，要觀照出自己有沒有被牽動，要觀照出自己這個大環境中的變動有沒有相應，以及要相應什麼。

當你在自己的如來、自己的清楚、自己的圓滿、自己的力量之中，當你內在如來的能量場貫穿你每一個經絡，當你身口意的狀態相應你的如來，這時候，你能夠相應於如來才算是真健康，你才能夠了義了解你這一生來這裡做什麼、該做什麼、不該做什麼、了解了什麼、哪些還沒了解，這些都要如實觀照，然後在一個比較了解自己的情況下反省：跟別人相不相應？跟大環境相不相應？對環境有沒有相應的動作或迴向或善護？當你自己跟大環境的變動能和合的時候，才有辦法不承受，或減少承受。若不相應，一定都是承受的，若都是承受，無論你怎麼做，最後都不能有任何方向是健康的。

圓成圓滿圓密藏，圓觀圓覺圓即身。
圓身自性圓了義，圓成覺受圓供養。
圓生圓滅圓終極，圓因圓果圓生死。

所以，我們所講的健康，不是表面上身體沒有病、或身體活動自如。不是的，那些都是完全沒有覺知的，只是一種福報的狀態，當福報用完，因果來的時候，就被打到了，或被打趴了。很多人自身很有福報，但卻不了解自己，做了很多事情都是對自己、別人、或大自然有很多的消耗與傷害，所以，這樣的人類狀態與價值觀，怎麼可能健康？懂得不傷害大自然，人類的文明應該是要這樣走下去才對。要懂得不傷害其他的人事物，在每一個對待、每一個表達中，對別人都是一種尊重，自己如果不能夠意識到自己的行為、態度、動作對別人造成一種干擾時，那就是自己的病，這樣的自己怎麼會健康？自己都不知道，怎麼會健康？

所以，並不是生病了才叫不健康，我們要用非常清楚務實的狀態去看很多人與人之間的對待，人與人之間的對待如果無法健康的時候，都有一種干擾性的行為、態度和表達，那要怎麼修呢？那是不可能修的，就只是在不健康裡面增加更多的牽動與思議而已，大家互相都不健康。現在整個人類哪裡健康呢？大自然都在毀滅當中了，人類互相的對待模式不健康，怎麼可能會對萬有萬物有健康的對待呢？

即身對應無我無壽者相無所無住，應一切無生一念。

即身無極太極平其心平其義平其無窮無量無盡義。

即身如來，當下如我，時空非空，虛空本我，我即佛密如來。

所以，我們所講的健康就是真正的不去傷害、不往外。當你不往外的時候，當然你就會很清楚的知道自己有一些行為動作，已經在對應的當下跟別人是不相應的，是不尊重的表達，這些都是要解除掉的。你解除掉之後，才有形式上的尊重，才有真正能夠往自身觀照的能量與能力。如果，大家彼此都在能量上、磁場上互相干擾，大家還能夠反省什麼？大家只是互相在做各種不相應的對待而已，不相應的對待本身就是不健康的人類文明，這個世界怎麼會是健康的文明呢？

即身解歷代傳承之生死因果，不思議不落入其中。

即身解歷史文明非空非有之不空成就。

即身解時空其中人事物非時空之密法報化三身成就。

我們在人的行為裡面，要看清楚的就是自己本身生活的世間尊重，在世間你要活成怎麼樣的自己？那個自己是在怎麼樣的定位點？那個本位你確定了沒有？你自己的每一個眼神、行為、心念、當下的每一個動作，那個定位點怎麼定？是有染還是無染？當你無染，你就不承受，想要不承受的話，你就得要觀照，無量劫來當下你這個肉身的行為，是不是還有染著的識性狀態？就算你覺知觀照到了，你還要拿得掉識性啊！拿得掉才是真正的藥師，也就是說，你自己找到妙法去把自己那些不尊重的價值、觀念、想法、意識型態全部都解除掉，你自身就要下手，在過程中就會得到如來的授記、傳承與無上的加持。

生死授記之傳承，無我本用之解碼，歷代辯證之分明，男女術法之不二，陰陽輪替之不動，覺知覺所之不空，心念心覺之本心，無為行為之大作，即身肉身之法身，真實真義之真我，觀念想念之觀照，分別無上之了義，無量無窮之無盡，如來如去之本尊。

當你能夠這樣的時候，你自身肉身的每一個經絡都是如來的存在，那是非常清楚的，這樣的覺受、觀照是非常中道的。這個時候，你的肉身就是佛身，就是圓滿身，就是充滿百分之百佛的能量，就是你的如來的存在。

在這種情況之下，你自己的免疫系統、你的每一個對待、行為、眼神，都能夠相應很多的苦難，不只能相應苦難，你也不承受別人的苦難，你能覺知自己跟別人的因果，甚至轉換掉那個因果，提醒對方如何畏因，你能夠覺，而且在與對方面對時，你就會調整，這是非常清楚的事情。當你能這樣生活的時候，那就是一種佛的生活，真正健康的生活，它是一個清楚的生活、圓滿的生活、自主的生活。

對應人事物，進出之取捨，無我之無畏。

人性本然，歷代傳承，生死輪轉，皆有其因。

觀其自在，因果輪空，妙覺生死，顯相莊嚴。

這個願力就是你自己本身的功德，自性的功夫一定要能夠在每一個人與人之間的狀態完完全全地健康，這個非常的清楚。你提點了一個人，使他通往了恢復的路，這才是有辦法真正健康的。讓每一個人了解他的因果，就是通往健康的可能，這就是你可以運作的。你自己本身的因果，如果「果」太多，又不知畏因，怎麼可能會健康？你活在一大堆不穩定的因素中，連周遭的空氣都是不穩定的，都是讓人無法呼吸的一種障礙，一靠近就知道了，你自己的身口意和生活延伸出去的食衣住行都是那種狀態和能量，都非常的令人不舒服。當你自己都無法覺知，而把自己活成這樣的時候，怎麼可能懂得尊重呢？你不用講話，你所透露出來的氣息、狀態、眼神、表情、臉孔，就已經非常清楚了。

人間道一切，道一切人間，人間道不可說，人間一切道無所住，人世人間無住一切道，

道滿乾坤，能所無道，覺空覺道，無道有道，非道本有，即身大道，道不思議，道自解脫，道無為道。

有一些人，當他還有一點福報的時候，拿很多外在的覆蓋掩飾自己，在自己美麗的時空裡面裝扮美麗的外表，也把自己框死在裡面，活在非常自以為是的假象自在中，這是一種完全沒有辦法拯救的自我毀滅的狀態。有錢又怎麼樣？沒錢又怎麼樣？長得漂亮又怎麼樣？長得不漂亮又怎麼樣？在那個時刻，人已經完全走不出來了，只能夠活在那個階級意識裡面的時空，自己把自己框住了。很多人只是做表面的尊重而已，營造很好的氣氛，但是，背後無法有任何的改變，當無法有任何改變的機會時，就是宣告無法再有調整的機會。懂得調整才有健康，懂得觀照才能健康。

所以，一個智慧的人，他完完全全是在自在中隨時都知道自己的問題所在，天就是自己，地就是自己，萬民就是自己，萬物就是自己，任何的變動，我們都能夠自發性地相應而調整。當如來身隨著大自然在調整的時候，他有大自在的自我轉換能力，而且能夠覺知，但也不必用力去覺知，他自己就會調整，這才是真正的健康啊！

你的如來性要彰顯出來在你的日常生活當中，讓每一個人能夠分享這樣的如來密藏，成為他每一天日常生活當中，自然基本的生活態度。基本的生活態度就是大家不辛苦、不消耗，這是非常清楚的。不管你擁有什麼，不管你失去什麼，這個過程的得失裡面都是緣起，重點在哪裡？性空。當緣起而能夠性空時，才能真正讓你的人生，讓你的肉身，讓彼此的人生在彼此的世間尊重裡面，通通都能夠觀照得非常清楚，通往即身肉身就是空性的如來肉身，即身成就，這才是真正健康的法義、要義與密藏。

諸相的逆密，密中顯一切諸相的因果，即身轉動無量因果，即身寶生肉身之功德，藥師寶生一切即身正法，即身放光，如來等身萬有諸相，莊嚴法性法供養法如來法一切存有終極運作之等持等身。

以如來的願力成我的身口意

人類的覺性是對於納入萬物生死的願力總和出來集中的重大變現。

為什麼我們的肉身要即身成佛？我們每一個飲食都會納入所有生命的生死，即身之處就是我們當下身口意的行為，在我們的身口意裡面，口是最清楚能看到的狀態，因為我們要納入許多生命的形式，為了我們的生存。

我們所納進來的每一個生命，就以他那樣的生命形式和狀態來生活，以尋求他生命本身的意願，這個意願就是他的願力，任何的生命都有他的意願去進行他生命的改造工程。所以，每一個生命他本身都是在用力——用他最大的願力去面對他本身，在他有生之年的壽命裡，去進行他生命存在的意義。每一個生命在他進行每一次輪迴重複的生活裡面，為了生存就必須納入別種生命型態的生死。生死的本身就是一種用力。為什麼？你會顯相出一種生命型態就是一種顯化，意思就是說，你必須在諸相上一直重複，直到你開悟。悟就是意會，開悟就是意會得到你自己本身所要開竅的關鍵是什麼——為什麼今天你自己會以這樣子的生命形式，去重複這樣子用力的狀態？

生命之身，生活之身，身之生死，身之因果，如何之身？入如何之一切道場？身體即本體之身形，一切身形無量生命形式，一身無量生命之對應對待，身之顯相，一切識性之示現，轉化識性，寂滅一切身形之識性，身之密，如來密身顯相轉化，等同等持。

在這個地方，我們以生死納入的觀點來看，也就是說，生命彼此之間，以形式的生死佈施去看整個生死交替的食物鏈，最大的贏家就是人類。因為現今存在於地球上的生物，人類是唯一主導的生命體，人類納進了萬物，所以，人類的背後就集合了所有地球上生命形式的願力的總和與總持。這就是為什麼人類要從他即身的飲食觀，去觀照他自己本身即身之處的重大密因與密藏。

身覺受，身覺無量磁場，當下善逝寶生，轉化之無住，身無住，身無所，身覺無量，身之密，身自主，即身畏因無量磁場之能量，身覺一切生生世世一切身之識性慣性，覺身承受之因果，轉身覺受之密碼密因，密身行密如來即身一切身之一切生命形式。

生命本身就是一種不斷生死交替輪迴的狀態——我滅掉你的生命形式，在我一口飲進的飲食當中，我一呼吸有許多微生物的生命形式都納入我的肉身。所以，這就是為什麼一個肉身的一生當下，有恆河沙數的生命進出在我們的即身肉身。因此，我們肉身的願力是無盡生命生死的訴求，無盡生命的訴求都集中在我們人類肉身的等同願力裡面。而我們人類自身在肉身存在的顯相裡面，我們可知道要轉化的是什麼？

生命之身，輪動肉身法供養當下。

生活之身，不動即身輪脈自性示現顯相。

如來之身，正法世尊身願力功德即身清淨。

在地球上，除了人類之外的無量生命，不管是什麼層次，都沒有辦法有重大的覺性，但絕對有他生命存在的識性。好比說，狗有狗的識性，貓有貓的識性，各種生命型態都有他本身基本的動能和機制，好讓他存在地球上顯化。所以，無量生命形式的顯化，就是無量生命在同一個地球上，其本身無量劫的無邊無量無窮盡顯相的轉化。所有的人類揹負著所有萬物萬有的願力，其願力在人類肉身共同顯化的過程裡面，人類負責最後一個轉化的關卡，所以，**人類的覺性是他對於所納入的萬物生死的願力所總和出來集中的重大變現**，人類本身的緣起所啟動出來的了義，就是他本身的職責與本份。

所以人類在肉身行為的質變，充滿在他生活中所要對應的內在，對應內在本身所在的地方，就是所有生命以生死供養人類肉身的密碼與共同的最終願力。**人類一念的覺醒，就是所有生命供養這個肉身能夠生存的等同覺醒**，所有的生命形式因為人類飲食的納入，在那當下，其本身的生命形式解除，變成是供養人類的能量場，當他變成一種食物的時候，他的生命形式跟他靈魂體的微弱意識，就進入了人類的靈魂體裡面，形成共振的一種混沌初開的重大交會和震盪。

這樣子震盪的狀態，如果說，當人類覺醒的轉換只能夠在某一個有限的範圍裡面，而大部份沒有辦法轉識成智成為等同人類能量場上本質的存在，那麼，它就會變成是人類肉身在經絡上、在細胞上、在血管上、在免疫系統上、在五腑六臟裡面的一種累積，成為阻塞，最後變成是病相的本因。因為無法轉識成智，或轉得不夠，就變成了一種生命慣性的肉身形式，變成了一種殘留的軌跡和磁場。這種負面狀態就會變成是人類的病因所在，這就是為什麼，人類常常會有由飲食而形成的各種不同疾病的原因。

以身之供養，愛無量劫等身之法緣，如今之情，如何之愛？相應以待，慈悲如來，粉碎之身，誰來收圓？訴求無量劫，輪迴無量一切身，如何承受？究竟覺受，觀音普照，千手收圓，彌陀本家，彌勒正法，即身諸佛，眾生如來，等身肉身，不可思議。

所以，人類對自己的初衷本懷，要能夠意識到自己已是宇宙萬物的核心存在，每一個肉身、每一個靈魂體都是經過無量劫淬鍊出來非常成熟的狀態。但當今人類最大的人倫教育只是一種所謂的表象關係的教育，人類最重要的應該是「解脫的教育」，最重要的畏因應該是「因果的教育」，我們必須在整個人類的世界裡面，以肉身即身的對應，成就因果教育的成熟發展。因為，人類的肉身能夠納入萬物萬有生命形式的生死，人類無盡存在的生命形式，其肉身的每一個行為，都是所有有情眾生、無形眾生重大的願力所在。

每一個人類的肉身都是他無量劫以來本身的因果總和，在那樣的一個生命靈魂體裡面，進行其因緣果報的整個原罪的洗刷。今天，人類出現在地球，以能夠納入萬物生命形式的設計來形成肉身，他有著充滿可能轉識成智的覺性，人類的「覺」就是通往如來顯相的重大機會，如來是可以顯相在肉身的。當初釋迦牟尼佛的顯化就是在提點人類——以肉身成佛。

所以我們今天講即身成佛是對萬物萬有最大的禮敬，意思就是說，我們這個肉身在地球上生活，在生活的每一天飲食所納入的每一個生命形式，都是在供養我們通往成佛的每一天所需的動能。所有的萬物用他無量劫來殘存的識性，用他最後微薄的電力與能量，來供養我們人類每一天面對生命可能成佛，所慧通的重大智慧及累積的經驗值。這背後的訴求，就是等待有一天這個肉身能成佛的那一刻，所有被這個成佛的肉身所納入的眾生的生命形式，都能夠等同成佛。因為，這些消失的生命形式成為這個肉身的飲食當下，也成為了其肉身存在的動能，就是變成與人類肉身同一個磁場。雖然有著不等同的次第，但是，人類肉身的特殊設計，能夠容納各種不同層次、次第分別的狀態。

每一當下的身口意，無不是如來示現佛成的空性密碼，生活當下之佛身，生命當下之肉身，無我即身，無為身形，一切動作，第一義無邊無量生命無窮之形式，密法供養，肉身生命，

等身如來，自性能量，無量次第，不可思議。

所以，人類在轉一切分別的識性的時候，就是在解除各種不同層次生命形式中，所存在的各種不同的分別識性。表面上，人類的飲食是這個肉身納入各種不同層次的生命形式，事實上真正納入的，是這些無邊無量生命形式背後隱藏的識性。**我們納入無邊無量生命形式在我們的飲食當中，我們等同納入這些無邊無量生命最後殘存的識性**。以某種角度來看，他們的生命已經沉淪到只剩這樣的識性，也就是從某個角度來講，他們只剩這樣的識性存在於他們的理解裡面，所以，人類的存在是何等的重要。

這就是為什麼肉身要即身成佛的原因所在。在每一天的生活中，那麼多的生命以生死相被這個肉身納入，形成肉身每一天行進的動能。所以，人類對他每一天的生活、每一天的行為、每一天的面對，其最深的初衷跟本義是什麼？他要有絕對的本份跟責任，因為，無量的生命以生死供養你肉身每一分每一秒所需的能量。在佛的眼界裡面，每一個生命都是等同等持的，所以，人類要用他成佛的覺性，讓所有他曾經納入的生命都能夠有等同成佛的機會。這是唯一的事實，那就是——我的我，是無量生命的我。

每一個生命活在他自己的形式裡面，他就是他自己的那個「我的」生命形式，這是他的權利，他今天供養你，那就是一個緣起，在那份緣份裡面，都是一種生死。所以，我們本身的「我的」肉身就是無量願力的總和，以無量的「我的」生命形式，集合成你自己肉身的形式，這就是我們肉身的身形。

形式身形，如來法義，緣生肉身，無窮形式，情境即身，肉身情緣，遍一切處，肉身收圓，圓收佛成，總持總和，自性本然，究竟本身，如來示現，肉身顯相。

那麼，這個肉身怎麼面對和轉化？當一個肉身他能夠納入無邊無量眾生生死的時候，他的這個肉身就是什麼？皈依境。所有的生命形式依止在這個肉身的一切情境，當他被這個肉身吃下去的時候，他這一世的生命形式各種不同的情境與境界全部在形式上解除掉了。

所以，**人類本身就是所有他一生當下所納入的任何有形無形生命形式的皈依境**，任何被納入的生命形式的境界面對這個肉身時，全部回歸而終止，依止在這個狀態，期待一切生死的供養，成就這個肉身在一生當中的壽者相，能夠成就無壽者相的狀態。

無壽者相的「無」就是令所有納入的生命的各種識性能夠無所住而轉識成智，以無上的智慧迴向給我們自己肉身納入的一切生命的生死之識性，都能夠等同我們肉身成佛當下的存在。

所以，善逝你慣性的當下，也就是在善逝你肉身，這一生吃下的那一些各種不同識性的能量場，裡面相對的負面能量全部能夠善逝掉。當你能善逝你肉身即身的習性狀態，也就是在善逝你吃下的那一些眾生生死的識性與慣性。

不以識性運作即身一切佛成的法緣。
應以佛智示現即身無量輪動之緣起。
無住於即身之永世，無所於即身之永生。

唯有如此，也等同於那一些供養你的各種不同生命形式，皆能夠轉識成智。在你肉身中的識性能量場都能夠轉識性成就你當世寶生的智慧，寶生出來的是肉身即身成佛的生生不息的能量場。你一人肉身的成佛，是那些供養你生命的萬有生命形式，在你肉身皈依境上等同自主的成佛。

以一切身形叩問生命本身之恢復，如來所說，生命所現，一切之變動，主皈依境上，等同一肉身之無量身之存在，等身無上，類別無量，正法供養，無所住於無量世之生滅，實相諸佛，即身肉身，佛身佛成。

所以，**每一個肉身每一個當下的善逝，都是以生死供養的無量生命願力，所共同訴求的寶生如來**。人類必須以這樣的知見，去觀照他自己存在的無邊無量的肉身密藏，和重大世間尊重的每一個當下的行為。我們的本份就是，任何緣份的輕重，都是要成為如來本身的重大不可思議的功德傳承與定位，要對每一個我們納入飲食的生死供養的生命形式，做最深遠莊嚴的禮敬。我們在當下的每一個生生不息的實相莊嚴的肉身行為中，每一種對待在無邊無量的存在裡面，每一個肉身的對應都是無量劫本身的等同。一肉身即無量生命生死的形式，一肉身即無量願力即身等同總和的存在。

無量劫等同當世一肉身之無量生命形式。

恒河沙數隨緣示現等同一即身之當下。

世尊世間，密藏密行，肉身輪脈，無量世一念間。

一肉身的身形怎樣活？怎樣轉識成智？每一天都有那麼多的生命形式，消失在你飲食當下的一口飯、一口飲食之中，所以，人類每一天的生活都要能夠生生不息的寶生於無量，以生死供養的識性生命的靈魂體，而成即身成佛的重大如來無生法忍的無上正等正覺的覺性能量，來迴向給等同自己肉身存在的一切供養的生命形式，在共同自主的皈依境上，共主在即身成佛的每一天如實的生活存在著。

人類飲食的密因密碼——即身成佛

無量生死的納入等同無量內在如來的恢復。

即身之處，當下之處，即刻，即時，不落入一切時空，即身就是存在之肉身，「身」就是存在一切存在之身形，肉身本身存在的形式，具足一切存在。

無量宇宙的存在等同肉身的存在，無量如來的存在等同肉身的存在，無量苦難的存在、無量存有的存在、無量永生永世的存在，都存在於肉身存在的每一個當下的放下，放下的當下。

肉身本身轉識成智，轉無量存在之可能性，即刻當下本身就是正法，方法之存在，在一切肉身本身行的當下，任何存在的行為都是正法。法無染、法有染，法無邊無量之狀態都是肉身本身即身通往成就成佛的狀態。

即身之處在於肉身本身的存在，要有肉身才能夠確定有成佛的機會。諸佛以肉身成佛，肉身是以地球的存在角度與立場，整個人類肉身的存在，是代表無量宇宙重大覺醒的可能，肉身本身的奧義，等同人類存在生命的總代表，人類肉身的存在，是無量世界最後的機會，否則，何以在地球上有無量形式的生命供養著人類的肉身？

當無量的肉身在每一個飲食的當下，所吃進去的所有生命，所吸進去的無量微生物的生命，看得到的、看不到的，納入肉身的存在就是無量生命生死的當下。當人類的肉身飲食無量生命的當下，也代表了人類解除了無量生命的形式，人類肉身的每一個行為與狀態，牽動了無量生命的生死、輪動與輪迴，人類本身的存在奧義是無量生命共同意志、共同共識的最後共願的訴求，而形成的重大覺醒的機會，其目的與關鍵就在於——無量生命在地球上代表無量生滅的輪迴，而形成了現在在地球上無量有機的生命型態。當這些有機的生命型態無條件的供養人類肉身，也就是說，當人類維持其肉身在地球上的行為運作時，同時，人類在飲食的當下，也解除了所有他納入的各種不同形式的生命諸相的苦難。

奧義肉身，世代輪動，輪迴莊嚴，納入無所。

奧義肉身，食衣住行，密行空行，諸法空性。

無量的生命形式，因為覆蓋，而且其靈魂之視野不夠，所以無法進入覺醒的狀態，因此無量生命在無盡的輪迴慣性裡面，到了一個臨界點時，如果純粹以非人類的形式運作，其輪迴性就會有無窮可能的輪迴。而每一次的輪迴並不代表一定是往上提昇往覺醒的方向，也有可能是通往更大沉淪的方向，因為每一個輪迴的當下都會牽動各種不同的狀態，所有在外緣裡面所對應出來的每一個可能性，與法緣當中的因緣果報所對待出來的狀態，無法預設。無常的無常，不可預設的無常，所通往的當下是無法預設的存在。無量之生，無量之滅，不可思議，其因果之輕重，無法言喻。

所以，無量生命終極的共識就是——讓人類肉身誕生在地球。當無量生命型態供養無量人類肉身，於當下的每一個飲食、每一個呼吸，其所訴求於人類的是什麼？其蒼茫苦難的等待，就是企求他覆蓋的那個慣性狀態，能夠在他以生死供養的當下，形式上全部解除掉，解除了他無量慣性覆蓋的當下，同時，那個生命形式也在那一刻終結掉。所以，無量生命的功德是供養了人類的肉身，解除了自己無量劫輪迴的各種生命形式的狀態，而入人類肉身的磁場。

而當人類在納入一切飲食的當下，解除無量生命輪迴的各種不同形式的慣性生命型態，同時人類本身也能夠維持他自身的活動。

所以，人類對萬物的本份、本義、與責任具備了對萬物形式上的解除。但是請問：何以人類的功德能夠獲得無量生命的供養？人類所要養的是什麼？當萬物以生死之相納入人類肉身的即刻當下，提點了人類本身要能夠有能力消化轉化萬物的供養，同時還必須不落入飲食的慣性，並以無分別心解除所有生命的慣性形式。

萬物以生死讓人類飲食，其終極的目的就是要跟人類存在的能量等同等持。所以，當人類越能夠無分別的納入一切生命的供養，人類就越能夠不承受，當我們用粗糙、分別的心態去納入無量生命的生死供養，我們就會承受，而肉身會因重大的承受產生各種不同的病相。

萬物諸有情，萬有有關無關供養一切覺有情。

結界等同等持，人性終極共同共不同。

感同身受，相應身覺，了義身究竟。

中道的飲食，世尊的飲食，納入無量道的生命形式，我們要知道其重大供養的法義，在飲食當中我們必須不斷的遮減自身的分別心，我們在飲食的當下解除了無量眾生輪迴的生命形式，我們也要解除自身無量的分別心，這是人類的本份與責任，這是真正通往成就無罣礙即身成佛的狀態。

一口飯無量之生死，一呼吸無量之輪迴，解因解碼解一切重大生死的因緣果報，以此願力成就自身如來的肉身，以此自性之德、內在如來的法性，轉化一切眾生輪迴無邊無量的慣性於當下即身之處。當我們的肉身每一天在進行這樣的食衣住行的日常生活，以無常成就恆常的存在，以無量眾生無常的苦難，成就共同共願於肉身之時，我們一生中呼吸和飲食所納入的無量生命，都是共願共佛果於日常生活，這是人類即身成佛對自身與萬物的重大本份。

我們解碼了所有萬物生死供養的法義，肉身的存在是無邊無量的存在，無邊無量的生命以生死相供養的當下，我們應以無分別的正等正覺納入一切，等同等持，於當下食衣住行的每一個行為本身，修正自己有罣礙不通暢和消耗的部份，解因解碼解一切苦厄於一切行為當下，每一個行為都在對應著無邊無量的狀態。

在你一切存在的行為裡面，你要知其本因，知無量之本因，了無量之本義，通往成就的莊嚴生活，遍一切處的每一個行為，當下的對待是無邊無量的存在。一切諸佛以人類肉身的形式成就無上正等正覺，所以，所有肉身的每一個行為當下就要面對生死的對應，以本來面目的恢復，成為對所有萬有存在供養肉身的基本本份。即身成佛，成就自己的自主，供養你肉身的無量生命維持你肉身的行進，讓你修正你無量劫來的不圓滿，成就你自主的能量。

人類每一個存在的狀態，他肉身的即刻當下是無量性的，在無量的輪迴裡面輪動出自身肉身成佛的一切法緣，所以，所有的佛一定以肉身的存在成佛，他一生當中所有對應的一切覆蓋的生命，以生死相供養維持他的生命，好讓這個生命能夠進行生命的面對與成就自主。當此肉身成就了他的自主性時，等同所有他一生當中，那些供養他肉身的所有生命共同成佛，共一切處，共一切如來，當下他成佛的皈依境等同等持存在於自主的國度裡。國之所在，渡無量渡，主之存在，無量國度，自性自主之無量當下存在世尊肉身世間尊重供養一切。

一乾坤無量天下，一男女無盡有情。

緣起法緣，渡化護持，生滅善逝。

法供養主之永世，情供養眾生之永恆。

每一個肉身、每一個系統、每一個法緣在日常生活裡面的無常，要能夠成就他自己的日月乾坤，納入一切虛空藏無量，正法無上，中道重大的平台是納進一切生死的當下，不往外，不落入一切生死的輪迴，解因解碼解一切苦厄，等同等持，照見自己在日常生活裡面的食衣住行，被無量生死牽動的部份，能夠當下放下，放下所有對生命生死的分別，是真正世間尊重的態度。

世間尊重是對無量萬物萬有存在的基本生活態度，這是不承受的正法中道世尊的重大觀照，當無量苦難對應納入的當下，沒有納入的問題，沒有納入的過程，沒有渡化的過程，納的本身就是當下成佛的同時。因為不被牽動，沒有放下的過程，中道的世間尊重永不承受、永不輪迴，當下解因解碼，如來恢復，「納入多少，如來恢復多少」是等同等持不二無上中道的正法。

然而，重大正法肉身如何即身成佛？對應無量生死納入飲食的供養，共振、共互動、共因果、共存在，共一切不可思議的莊嚴。一切無量世間尊重的共震盪不往外的同時，一切食衣住行的對待裡面，飲食與呼吸納進無量生命的生死，納而無所納，納入肉身的當下沒有納的問題同時，即刻與內在如來無邊無量等同等持，重大如來法義、如來能量自主自性的恢復。

所有無量生命的苦難背後，等同內在如來法流，等同等持的共振，故，肉身即空性如來也，空性之肉身無邊無量世間尊重之當下，不落入無量生死，沒有解碼的過程，也沒有解除的過程，因為生命本然具足。

若你仍有納入、解碼、解除的過程，就會有成佛過程的理解與追求，就會有恢復的過程。不落入世間一切正法中道的不二當下，無任何恆常無常的任何過程，一切肉身本身空性成就空性的實相，生活的一切運作空性肉身，無量生死的納入等同無量內在如來的恢復，日常生活中的每一個當下，存在著莊嚴無上空性肉身的食衣住行之莊嚴密因密碼密結果密實相，沒有任何成佛的過程。

因為，重大的奧義實相是——一切佛本存在那邊，佛本既存之事實，一切本然具足，佛沒有成不成的問題，佛沒有要在哪裡成的狀態，佛本身就是存在之本身。真正的重大知見和成就的法緣就是——**佛非佛，佛非成，成佛之一切非成佛之當下，放下成佛之佛，佛本身已然存在一切的對待裡面，沒有任何進出的問題，沒有任何來去的問題**。

萬有即主也，萬法本身就是主的正法，無量生命的存在就是主的足跡，所以，無量生死供養的肉身就是無上自主的示現，肉身一切就是主的一切，肉身的存在、肉身的一切狀態就是主必然等同的事實。

主之實相在主之肉身存在，肉身就是如來就是佛。成之於佛，成之於肉身，成之於一切，成之於當下無量生死法供養，肉身之行為在生活當下的一切，就是諸佛如來本身唯一存在的事實。佛沒有成不成的問題，肉身本身即空性如來之狀態，故能行一切生老病死之照見和重大恢復的回歸。

所有肉身的設計，讓無量萬物解除所有的苦難生命形式，這就是諸佛如來為何示現肉身，全部透過日常生活所有相應之食衣住行，納入已經無量劫輪迴的生命形式，一切生命形式的解除等同當下的解脫，等同當下入肉身如來正法的實相莊嚴，故一切眾生、一切生命當下等同「肉身就是如來身」的終極實相奧義。

以一切成就自己的「一」

無量世界重大存在的密因——它本身的存在就是如來。

文殊菩薩的劍擺在佛首智的無上頂見，無上頂見的意思就是——當我對應自己的佛首時，所有首要的重點是在觀自己問題所在的檢視與觀照。所有的一切存在與一切無預設的來臨都是如來，檢視我們自身尚不如來的地方。

無量世界中的一切，來到我們生活當中，在我們自身之外的一切，都在檢視我們本身不圓滿和不能自主的地方。所以，文殊菩薩的劍頂向自己的佛首，就是在提點我們，在我們觀照的智慧裡面，我們隨時隨地以何照見自身？我們生活中的一切任何粗的細的大大小小的人事物都在檢視著我們。無邊無量的世界所存在的每一個對應，無論有形無形，都在讓我們自我檢視，當下事情來到我們面前的時候，我們被牽動的有哪些？我們還有哪些有邊有角的衡量？

所以，**一切的存在，都是重大根本奧義的如來義，其本身的用意就是成就我們自身的如來**。我們生命當中的任何對應與對待，**所有的來臨都是等同如來的來臨**，不管他是什麼樣的生命型態，不管他是什麼樣不可思議不可預設的任何圓滿或非圓滿、苦難或非苦難的形式，所對**應於你肉身存在的每一個當下的可能性，都等同於你如來的存在**。很紮實的、很直接的對應你的意念、你的情緒、你的身形、你的行為動作、你的身口意、你的每一個狀態，你尚未能成為如來的狀態，全都會被檢視出來，因此，他們都在成就你的如來。文殊菩薩的劍就是在提醒著我們要無所住於一切，多餘的衡量必須砍掉，在無邊無量的對應中，所照見的不穩定和被牽動的部份全部砍掉。

當你能夠以這樣的知見來生活的時候，你的每一個狀態都會是生生不息的，因為你在無邊無量的當下，已經確定了所有一切等同如來的存在，所以你不會再生起多餘任何往外投射或延伸的可能性。這樣的你，唯一剩下的一個動作就是——觀自在，唯一能觀的就是你自身的存在。

當你確定了無量的世界等同如來的時候，就剩下你要不要對自己確定了。但要到達對自身確定的厚度，你必須在每一個對應的當下，產生一個輪動性的狀態，轉動出自己尚會被牽動的部份、還沒有辦法完全如如不動的障礙。在練就出如如不動的不動性之時，才能保證你的生命能夠真正的生生不息。

這樣的對一切無量世界的世間尊重，是真正的不可思議。一切存在的無量世界、無量的生命型態、無量的妄念、無量的苦難、無量的狀態……，在你所行進的一切裡面，都在成就你不生起任何被牽動的不動性。

世間中一切不可預設的無常和苦難來到你的面前，都是為了要成就你。這樣的知見，已經不只是知苦了，不只是照見了，而是在表達**無量世界的一個重大存在的密因——它本身的存在就是如來的事實**。

如此，我們才有辦法真正產生出不可思議的世間尊重的態度，而不會生起任何往外的可能性，就只有觀自在。因為沒有多餘的「生」的可能性，就不會有多餘的「滅」的情形，甚至連無量的「觀」都不必有「觀」的過程。這樣子的慧命永遠是生生不息的，是徹底莊嚴完全的解脫，無上頂見智慧的全然全覺，也是對自己生命與世代的重大變革。

在無常世界的變動當中，所要變、所要動出來的部份就是——你自身的如如不動不被牽動的不動性，那是生活的本義。當你了義了，所運作出來的第一義，就確定了**存在本身即如來空性**的事實，你自己就是如來。所以，「當來下生」告訴我們，一切的「來」都是對自身的檢視，以「一切」來成就自己的「一」。

這樣的奧義與法義指出了：所有的一切等同如來檢視我們尚有來去、尚有生滅的問題。因為當不預設來臨的時候，我們若被牽動，而生起了多餘的心念，就必須要有「滅」和「去」的動作。但是，文殊菩薩的劍就是在提點我們，至少在「滅」和「去」的當下，我們感念一切，感念這**一切不預設的狀態都是如來本身確定的事實**，在生活中檢視著我們當下不相應如來的落差。若我們能「滅」和「去」得掉，就是等同如來的恢復，那時候，「一切」就是在自己的「一」裡面完成。如同文殊菩薩的佛首智慧所照見的任何粗的、細的邊角，不斷地去掉、善逝掉，徹徹底底。當你有這樣的厚度，你跟無量世界的等同性和如一性就不斷地逐漸形成，當下「一」與「一切」是等同的事實的存在。然後，你就能夠對自身做一個無與倫比的確定——**你的存在就是無量的存在，你的如來就是無量的如來，你的生活就是無量的生活**。

所以，我們今天要有一個非常重要的知見就是——懂得傾無量世界的無量存在來供養我們自身生命的恢復。

大智慧者在他的大行裡面，沒有任何的分別與計較，沒有任何時間空間的任何預設，沒有「我要怎麼樣，才有辦法怎麼樣；別人要怎麼樣，我才能怎麼樣；非怎樣不可，我才有辦法怎麼樣……」的這種心態，他不存在這樣的心念與判別。一個大智慧者對無量世界完全尊重，不是只有六道，而是在無量道裡面不往外的完全尊重。他本身的大行即是無量之行，無邊無量的存在全部沒有納不納入的問題，只有觀自在，以無量世界的無常來成就他自己。所有不預設的可能性，都是他等同慧命茁壯的當下養份，都是他如來性恢復的重大資糧，都是他通往無所不在而大自在的成就之法。

我們要有這樣子的氣度與恢宏的智慧來供養自身恢復的機會，也不干擾任何世界，在這種情況之下，生活本身就是「以一切成就自身存在的一」。

供養的密因密碼

肉身存在的一切都是供養自身通往如來的當下。

一切供，一切養，所有的供，提供一切的可能性，提供一切的當下，供養的當下照見所有存在本身所要涵養的內涵，所有的供本身等同照見一切當下涵養不具足的部份。

供之所在，養之根本，養之所求，一切供之無盡。供非供，養非養，供即養，養即供，供到哪裡養到哪裡。

供養之第一義在於人事物之本身皆有萬代萬有之傳承，供養無任何預設存在之任何形式，在無量深之處皆有無盡深遠之養，所供之處在於遍一切處皆能夠存在本身所養之內涵。

正法之所在，第一義之供養，無邊無量，令所有的存在能夠永生永世的存在一切時輪金剛的輪動，所有的輪動都輪動出一切不具足與不圓滿，所有的不圓滿等同一切的供養。

供養當下所養出來的萬有，皆要通往密不可說的傳承，所有承受的事實，就是所有眾生以肉身存在於地球的每一個生活界面裡，所有結界的事實都是供養的事實，生活是無盡的供養，供養出生命的清明清楚與清淨。密不可說之供養，在於生活以肉身存在的世間尊重的重大示現，**肉身即供養，肉身存在的一切都是供養自身通往如來的當下**。

苦難本身就是無上的供養，所有的難處皆能夠在你生活當中提供給你所需要的涵養，關鍵在能不能放得下，放下本身就是真正的無上供養，放不下也是供養，讓你知道放不下的根本問題出在哪裡。生活中的點點滴滴，每一個人彼此之間的互動，都是彼此之間在生活中無盡的供養。每一個肉身都有他生命無量劫來遍虛空、遍法界、遍一切的存在，所有存在於生活中每一個行為的流離失所，都是蒼茫眾生散落在無盡虛空、無量宇宙的碎片。所以，當眾生覺受自己無量劫蒼茫的當下，他體察到所有在地球上的行經之處，在生活中每一個路過的生命，都是如實的等同其流離失所在無盡虛空遍一切處的碎片，那當下，他就等同覺受到無盡供養的提點，在肉身存在的每一個行為、每一個對待裡面，每一個被無量對象牽動的當下，都是該放下的圖騰與密碼所在。

其供養就在於當下放不放得下。當他能夠當下放下，那當下，如來的內涵、無盡的第一義的根本法義，就會生生不息的湧動在他的生活中，供養其肉身轉識成智的重大密碼。

密一切處，解碼無量，所有衡量之傷神皆是等同所有供養之所在，傷神之一切處，皆恢復本有精神無傷之所在，無所住於一切心念之本身，總持所有供養之所在。

密不可說之肉身所存在於地球之平台，所有一切處是經驗所在，人之生活之當下，即是所有供養本身的重要資糧之所在，即所有不等同之處皆能夠涵養出等同的當下，平一切相對性，成就不落入相對性之所有可能性。

世尊肉身之可貴，在於他存在的生活提供了一切必然的涵養，每一個肉身行為的當下，都是無量劫來生命點點滴滴所有不圓滿碎片的示現，每一個碎片的呈現都是無量劫來在當下的重大訴求，訴求著不落入所求。所以，**不落入所求的無求，就是不落入所有碎片的牽動，不落入碎片的牽動時，碎片就非碎片，就變成了重大解碼的供養**。

所有的涵養密不可說之當下，**所有無量碎片等同無量如來本身的示現，如來放光之處即無量碎片所在之處，如來的本志以碎片的表象入一切眾生苦難最深的地方**。當如來經過肉身的示現，在生活中收圓碎片的同時，也同時把無量眷屬淪落的遍一切處皆能夠收圓，入其本心、本位、本如來之基本生活，令不動之處總持所有萬代萬有第一義回歸之空性。

終極本身之所在，供養無量，終極夥伴在皈依境上無邊無量的回歸當下，皆安住在無上主之皈依境內，故皈依境所要做的，就是令一切不能夠自主的眷屬在回歸的當下，能通往穩定無染的主之皈依境，在皈依的境界上，所有不圓滿的境界都能夠止息掉，而回歸無上共主的可能，在皈依境的圓滿上。故所有存在之金剛密不可說之總持，密供養、世尊供養、生死供養、男女供養、非男非女供養、虛空供養、時空供養、道德供養、意識型態供養、不可思議供養，其供養之所在，在於成就所有「供即養，養即供」之當下。

遍一切處無量生命的輪動，存在無量宇宙共振、共願、共圓滿、共供養、共善護，善逝所有供養之苦難，終極所有圓滿之可能，共願之所在。終極之圖騰，終極之圓動，令一切供養圓滿之。

肉身死亡背後主性的真義

所有的不公義都必須在死亡之前臣服。

我們要有一個非常清楚的認知就是，為什麼人類有死亡？今天任何的教法都只懂得做一些形式的光明面、識性的光明面、輪迴性的光明面的知見去讓眾生面對，在一個假象的自以為是的識性光明裡面，變成更大、更極端的一種道德價值識性控制的思想掠奪與鬥爭。

所有苦難的解除一定來自於苦難本身最深遠的面對過程，但表象的光明完全變成一種特定的自以為是的識性知見，這樣的知見就會造成所有學習者本身，只看到相對性光明之中的一種道德理解，而不知道其背後是識性的作用，以這樣的表象道德光明來訴求一切的對應與對待，完全無法去意會苦難本身所要真正提點以及反應的狀態。所以，反而造成了自以為是的光明和道德標準，對苦難者、弱勢者造成更大的一種自以為優質的道德掠奪而不自知。

我們今天要表達，為什麼要有死亡？因為死亡，所以讓所有的事情不必長存。因為死亡本身就是一種生命轉換的意志，這個意志本身就是——對於任何執著的多餘都必須被告終，都必須被解除，都必須在一定的短時間之內，不能逗留成一種更大的，難以收拾的後果與結局。所以死亡本身就是一種過濾的過程，死亡就是對整個人類本身重大結界的制約力，死亡本身所要告別的，就是所有當世任何身口意行為的往外過程，這些都可以在死亡之中全部或至少在形式上是被告別的。

所以死亡本身就是最大的救治。死亡就是恩寵。死亡就是空性的十字架。死亡就是公義。死亡就是最圓滿的狀態。但是人類對死亡完全沒有能力去面對，人類幾千年下來面對死亡的一個很清楚的心態就是——害怕死亡。他不是真的害怕死亡，而是因為放不下生前擁有的一切既存的條件，所以他拒絕面對死亡，因此人類從來就無法面對死亡的真義。在生死當中，人類只選擇「我活著的時候要得到所有的東西，所以我拒絕死，我拒絕面對死，我不要死。」所以，這樣的人類活著的時候，造成別人多少的死亡都是理所當然的。

死亡就是讓這些無法殘存，這是最大的公義。因為有死亡，所以不需要任何的救世主；因為有死亡，不需要任何多餘的教法；因為有死亡，所有相對性的救治都是不必要的。死亡就是諸佛，死亡就是基督，就是救世主，就是耶穌，就是上帝。只要是經過死亡淬煉的，你就能夠面對自己的臨在，不管你要不要，這是人類的尊貴。但是關鍵在於，人類在經過多次的死亡之後，還是不了義，問題就出在這裡。那就是因為所有那些自以為是功德和公義的教法者在活著的時候，不知生死的真義，而令眾人也不知死亡的真義。

死亡本就不是死亡，死亡本就不是一個肉身在不在的問題，死亡讓所有的人必須畏因，從你誕生的那一刻，你就必須面臨死亡。但是我們就只停留在肉身在不在的這個問題，完全忽略掉整個生死設計，在死亡當中對人類重大的救治與畏因的提點。人類只要自己的生，無法去反省：「一個如何的自己，為了要生而造成別人被掠奪的死亡？」在思想上，在身口意上的各種不同輕重，我們已經失去了任何的約制能力，更別說反省。所以死亡本身的廣大無邊無量的作用義，已經遠超過所有的教法和宗教上那些的知見與教法。

死亡讓一切的生命都是公平的，該死的一個都逃不過，一生當中所有累積殘存的識性全部告別。死亡的公義是——就算這個生命曾經是如何的解脫，也必須等同告別，所以**死亡本來就是一個正法存在的終極力量**。終究有一天，我們會把這背後操盤所有生命死亡的重大力量引動回歸。從來，死亡就不是問題，最大的問題是人類因何心態不願面對死亡，不敢面對死亡？那就是只有一個答案——活著的時候的識性貪念，人類從來不反省自己在識性貪念中對萬物萬有所造成的傷害。許多的教法者也難以讓他們的追隨者面對死亡是什麼，這樣的教法能改變什麼？只是擁有所謂的外在條件的知識障、金錢障、身分障、還有名義障，這些都是各種不同自以為是的所謂菁英份子的重大殘忍。

無法面對死亡的生命，又如何去清楚自己存在的問題？一個完全無法觀自在的領眾者，所形成的所有內涵，都是空前重大的矇騙，連自己的主性在哪裡都不知道，連自己的識性慣性都不知道，卻一再的去影響所有的追隨者，成為一個小系統裡面的痛苦。這裡面最大的悲哀是來自於根本看不到問題所在，所有人的慧命都沒辦法茁壯，不要說去引動自己本身識性問題的所在之處，更不可能在知道識性問題在哪裡之時，能夠給自己一種真正觀照與放下的救治的能力。所以在很多教法的安全範圍裡面，只不過是滿足某些識性主流道德的一種共同的悲歌，關起門來的一種非常狹隘的設限，如此思想系統的傳播，在點線面所形成的狀態裡，都是整個人類整體的最大聖殤。

我們今天來談寬恕。什麼是寬恕？真的有寬恕嗎？真能寬恕嗎？想寬恕真能寬恕得了嗎？所有西方最大的問題，在耶穌基督之後，我們要反問整個歷史，請問在歷史上因奉主之名而誅殺的異教徒有多少？我們請這些接受西方所謂各種聖靈高靈，甚至是他們理解下的所謂的那種上主，可憐東方這些所有撿到西方所留下來千年之後的基督思想，但不知生死輕重為何物，卻沾沾自喜自以為能寬恕什麼的人事物，好好去想一個問題：你們在談寬恕之前，你們要做的是什麼？你們能夠面對在耶穌之後，歷史上數以千萬計的生命，被西方因奉主之名所屠殺的那些異教徒的所有生靈嗎？請你先寬恕他們吧！

對不起，你要聽清楚，要寬恕的是那些奉主之名的誅殺者——有可能就是你們前世的靈魂——這些殘毒，你們要先寬恕自己。你們既然奉基督之名，你們就必須進行這樣的面對，直接面對西方奉主之名，而殘殺認同於耶穌基督之外的異教徒的這些沉重磁場，請問：你們寬恕得了嗎？你們有能力做這種反省嗎？你們只靠一些通靈，靠那些外星系統或耶穌系統的通靈訊息，你們就可以進行這樣的寬恕嗎？這是何等的淺薄跟無知。你們應該替西方反省，為什麼這麼大規模殘忍的屠殺會發生?請問哪一個訊息裡面有這樣的反省?這個反省不了,就無法解決,講的都是教法上光明面的部份訊息,能解決什麼?何等的自欺欺人!

西方進入美國的時候,幾千萬的印第安人被屠殺?間接與直接的,也是奉主之名啊,因為西方的思想就是這樣,請你們先拿出來討論吧!先替印第安人數千萬的生靈救贖吧!你們要反省的是,是什麼樣子的引領者奉耶穌的名義?是什麼樣的人類識性的慣性?你們搞清楚了沒有?就在你們這些人的身上啊!就是你們這些奉耶穌基督之名的人啊!但你們在反省什麼?抱著那些光明教法所引領的感動,但,對外邦是何等的殘忍!對自己的內邦又是如何?

所有西方有錢人以外的那些中下階層,是如何的被教會和旁邊那些宗教的統治者霸凌和控制著?請問你們有做過反省嗎?這跟基督有什麼關係呢?耶穌基督的重擔是在替苦難本身發聲的,當你們的存在和生活模式完全無法儉樸的時候,又怎麼可能知道耶穌基督是如何面對過來的?耶穌是如何面對當權者的?

你自我的意志是要「在儉樸中才能畏因」,這才是基本,更何況是在這種太平盛世,太平盛世最大的惡就是不知苦為何物,你又如何看到自己本身的識性慣性?又如何解脫?更何況西方沒有這種思想,才會造成這麼大的屠殺。雖然,現在不再有屠殺異教徒的重大事件,但是,整個的觀念想法和磁場還是存在的,所以,我們必須了解「識性的奉主之名」的嚴重性。

以識性奉主之名,唯一最後的機會就是解除所有的識性,奉主之名解除所有的識性。有一些人長期奉獻在整個宗教系統裡面，部份人是有覺知的，是奉主之名而犧牲的人，但也絕對只是少數。那種有覺知的集結力量不夠，才讓大部分的人以識性做為道德標準，且以奉主之名為號召，造成廣大的追隨者對外邦的殺戮。那些假耶穌基督之名的人對中下階級的控制，不是一刀砍死，是終其一生的凌辱和操控，這是對自己的追隨者重大的霸凌，整個歷史都是這樣。更可憐的是那些誠心奉主之名的人，結果他奉的卻是那些掌權者的識性，用自己的誠意到世界各地，去救治所謂落後貧窮國家的老百姓，協助雖然存在，但它是掠奪性的、條件性的。這些狀況不只是存在在這個世代，重點是沒有解脫性的「覺」的狀態，沒有觀自在的基本能力的知見和能量場，整個宇宙中，這種掠奪和操控到處都是。

所以，今天為什麼有死亡？**所有的不公義都必須在死亡之前臣服**。凡曾經在異邦被你們誅殺的，就算你們奉識性之主的名，最後也終將滅亡。所有掠奪和屠殺外邦的爭戰，那都是你們奉自己的識性慣性之名所為，和耶穌基督一點關係都沒有，你們終究也必須面對死亡，面對死神公義的審判。在這種情況下，死神的真義就是真主的權柄。

所以我們要公開的解密解碼就是——死亡就是真理，死亡就是主性，死亡就是上主本身臨在的審判，終極臨在的妙法之一。死亡就是實相，所有的萬民都必須面對。如果完全看不到自己的識性，只要有個病相，就用盡一切讓這個病相解除，而不知自己慣性病因出在哪裡，這樣的救治充斥整個人類，因為害怕死亡。但是實際上，人類怕的不是死，怕的是他本身識性慣性的存在模式，會因為肉身消失就無法繼續殘存在這個世界做識性掠奪的惡。只知道怕死，不要死，完全不反省自己識性作用的掠奪之惡。不管任何宗教、任何法義，都是這種心態。

死亡就是公義，因為這些狀態都必須面臨死亡，誰也逃不掉，這就是審判，最後的審判。但是我們今天要表達的是，這樣是不夠的。人在活著的時候，都必須有死亡的知見。死亡是尊貴、榮耀的，死亡是一種寶生的再起，死亡本身就等同於十字架的諸佛，耶穌也一樣經過死亡才能復活，所以死亡絕對是公義的。

我們在日常生活中，以死亡為畏因，以死亡為奉行，以死亡為主性，不能貪婪任何的救治，不能用識性去求任何的救治。這樣的救治如果一再成為救治的習慣，人類是無法長大的，無法面對自己識性的。但是，很多無知的引領者卻強調這樣的救治，惡不改變，不知惡為何物，今天會生病讓你面對死亡，那才是真正的救治，但人類都不敢面對這一塊。所有的宗教引領者，自己都沒有能力面對，連這個密碼都不知道。

死亡就是救治，死亡就是最深的畏因，死亡是莊嚴的，死亡讓所有的識性永不殘留。下輩子是另外一回事，這一次不讓你繼續用識性運作，**死亡就是最直接的方式，宣告這一世識性的告別**。透過死亡，讓你這一生已經無法停止掠奪的識性直接在當世解除，沒有比這個更尊貴、更當下性的公義。那就是當來下生，直接放掉，當場就讓你肉身消失，讓被掠奪者無後顧之憂。

所以我們必須宣告，我們存在的時候，不論宗教、系統、任何次第的內涵，都必須有逆向死亡畏因的生活常態。**逆向就是救治，逆向就是畏因，是最深層的面對**。所以一個基本的教義，就是讓全人類於日常生活中面對死亡的真義，不是等死亡再面對。這個真義必須被全面性的了義和傳達。當一個生命能夠在活著的時候就面對死亡的畏因，他對於自身關鍵性的掠奪行為，就會產生一個制衡和止息，對於自己的身口意，都能很清楚的做某種出離，對於自己所做的識性掠奪，都能有重大的提點而減少，甚至解除。

我們今天的重點是——不要再做任何的救治，因為結果救出來的是識性的重覆和加重。我們必須讓所有的人民知道苦難的重要性，**苦難本身就是審判的涵攝性**，涵攝人本身所有未能確定的狀態。人為了自己而掠奪，有太多身口意是未確定的。人類的教法裡，有一種自以為是的未覺，只有感應感動的覺知所引動的波動性的認同，造成身口意的不穩定性，那跟智慧沒有任何關係，那跟自己放下識性沒有任何關係。這些人就是被某些引領者用他的私心，稱其奉主之名造成重大的掠奪，是慣性所在的最大危機，一群盲目者。

歷史在東西方一再重演，當然這不只是發生在西方的宗教，這是整個宇宙裡面相對性的識性眾生狀態，很容易因為偶像崇拜而造成的往外。這是所有生靈成長的必經過程，我們給予尊重。但是當主性親臨的當下，整個世代在有形無形當中所翻動的革命就是——死亡就是最確定的答案。死亡就是確定，滅就是確定，任何跟自己主性不確定的身口意，都必須全面性的，在自己的基本功上，和主性對應的日常生活，在身口意的回應上都要非常的清楚明確，這是基本功，是禮敬，也是一種尊重。三餐餓了都知道要吃飯，每天在做的都很習慣用識性，這些都很明確，為什麼面對主性不能明確?那還能改變什麼?

生命的莊嚴，死亡就是最明確的事情。死亡給人類、給萬物的訊息是非常明確的，那就是**所有的生命既有所生必有所死，這本身就是一個重大的不生不滅的密行**。但是我們強調的是滅，是死亡，因為人類從來不敢真正面對。一個真正的覺者，必須徹底穿透死亡，而且是自身的死亡。自身的因果、自身的輪迴都來自於日常生活中，跟自己內在主性不明確的行為和身口意都要解除。如果今天你已經親證了主性，你既然已經奉主性之名，你自身的清明度就要成為基本的標準，才能夠有一個基本的厚度，對於自身肉身的改革才能有所確定。所有自己的不明確，都必須以生死交換，那就是確定。

今天，我們很明確地伸張，所有死亡本身解密解碼對人類最大公義的審判，我們將以此訴求所有的人類、萬民、無邊無量的生命，去了義死亡本身「滅」的解密解碼。你能夠通透所有「滅」、死亡的解密解碼，就將解除無邊無量的不安恐懼。如此你就能夠通透而不受制，完全以主性生活在生命存在的時候，任何識性的掠奪才能在這個世界上全面性地解除，成為一個莊嚴主性國度的存在。

肉身、生活和諸相，廣三經絡共主位

生活本身是有經絡的，生活本身是有生命的，生活本身的諸相是有靈魂的。

我們要非常清楚一個奧義，就是我們的肉身生活的慣性，都在生活中成為各種不同對應諸相的生死點。每一個諸相的生死點，就是我們在生活之中慣性的交集點，這個交集點就是我們的生死海。

為什麼？因為我們活在諸相的各種不同的法供養之中，這個諸相的法供養，就是我們自己的妙法，就是我們自己本身對應出來的引動之力，這個引動之力就是我們共同的來去，共同來去的各種不同的因果之中的來來去去。

所以我們要非常清楚，我們的因果慣性都在生活的各種不同的諸相之中，共同形成共同的連結，這個連結就是共同的生死海的界面。所以我們肉身的經絡每一個生死點，在我們生活中，每一個諸相對待的生死點的存在都是一樣的。

我們今天在表達一個關鍵性的密碼，肉身本身的經絡生死點，就是我們在生活之中生活諸相的生死點。生活本身是有經絡的，生活本身是有生命的，生活本身的諸相是有靈魂的，這就是關鍵所在。

每一個諸相都有他與我們肉身連結共同形成生活界面各種不同的經絡和生死點，這是不可思議的連線存在，這是我們人類沒有辦法意會到的。這個形成的不可思議的網絡，是無所不在的編制在我們自己本身肉身與諸相之中，生活的各種無邊無量的經絡連線，這就是宇宙的奧義，生活宇宙的奧義。

所以我們要非常清楚，我們自己本身解開我們自己肉身某一種質變經絡的生死點時，同樣的我們自己本身在生活之中，與諸相對待的每一個關係之中的引動，也同樣的解開了某一個生活經絡、諸相經絡的生死點。

所以我們肉身經絡的生死點，與生活經絡的生死點，以及整個諸相經絡的生死點是共存在的、共時空的、共無時空的、共覺所的，是共同在一切的不空之處的，是共同本體的，是共主位皈依境的。這是一種廣三的皈依境，就是我們肉身的經絡狀態、生活的經絡狀態，與生活諸相的經絡狀態是共三位一體的存在的狀態。

這就是為什麼我們的肉身能夠在生活之中運作，能夠在生活之中運作所有的諸相，但這些狀態都是本體性的一體性，是廣三主位的肉身經絡、生活經絡與諸相經絡形成的一個共同的無常義。

如果都是因果的狀態，就是共同眾生的無常義，肉身是眾生性識性的經絡，生活也是眾生性識性的經絡，然後諸相也是眾生性識性的經絡，這就是為什麼肉身是一個變動性的軟體。我們也必須非常清楚，自己本身在無常義之中的第一義，就是我們自己本身的轉識成智。

我們轉識成智的時候，我們肉身的經絡打破了，生死的經絡打破了，諸相的經絡打破了，我們自己本身變成本體性智慧的肉身時，那麼很清楚的，諸相就是諸佛存在的佈局，生活就是如來本體諸相的佈局，這就是一個廣三，肉身經絡本體、生活經絡本體、諸相經絡本體的重大共主位皈依境的如來相。

我們要非常清楚，生活存在的當下，就是我們自己肉身存在的當下，也就是諸相存在的當下。所以，我們肉身是在生活之中，當下面對諸相的一切，被照見的共同存在的因果，形成我們自己本身廣無量行深的解脫的第一義。

所以肉身如何反應，生活之中的諸相所反應出來我們本身的引動，都在生活中形成我們各種不同生死的軌跡。所以我們要非常清楚，肉身軟體的本質，就是生活軟體的本質，就是諸相軟體的本質，就是我們自己本身報身佛總持的狀態，也就是我們整體的肉身生活與諸相的共同主位的壇城。

所以當我們解脫的過程當中，所非相出來當下的反芻，就是在生活之中，就是在諸相之中各種不同對待的質變當下的第一義，我們自己本身是覺所無量的狀態。

所以肉身本身就是這個核心本義的價值，而肉身核心本義的價值，就是在我們肉身質變的報身佛之不空成就，這個不空之處就是在諸相的不空之處對肉身的牽動，所形成在生活之中各種不同改變的可能性。

所以我們自己要了解，這是我們自己來到這個世界的一個重大的主位皈依境，我們所皈依的當下，所迴向的當下，都是我們自己本身肉身在生活中，反應出來各種不同諸相的法供養的妙法，就是我們覺所本志的解脫，這就是一個關鍵性廣無量的第一義的公義，要如是我聞，如是奉行。確定。

肉身同地球同無量

肉身的一切經絡都是無量地球的一切眷屬的通路。

我們講「一就是一切，一切就是一」，這個「一」就是一個肉身、一個單位，一個我。你即身肉身裡面的即身觀照，你自己的問題就是，你自己肉身有某一些爭戰、某一些存在的病相，這樣的一個過程，如果今天只是當作一種累積的病，你只是在你肉身裡面的病相上，做一種表相表徵處理的時候，這是永遠沒有辦法處理的。

我們今天談的重點是「一」的逆向之智，「一」的隨順之愛。我們在逆向當中是要打破這個「一」的病相，我們肉身裡面的道場，我們是怎麼樣的存在去面對？這個地方就要講「無量」，「一」到「無量」的過程。

我們今天所面臨的狀態是，你是用如何淺薄的狀態，去看待你今天肉身反應出來的存在病相？如果我們今天本身只是用一個非常狹隘的存在議題去面對，病永遠是病，你醫好了還是病。

我們今天要有一個存在的奧義就是，「一」就是「無量」，一肉身就是無量的狀態。所以，我們一個肉身等同地球，地球養育了我們這個肉身，萬物養育了我們這個存在，所以我們今天要用等同的存在去看待我們的病。

我們肉身的病就是地球的病，肉身裡面的所有各種不同元素的對待，就會造成地球一切萬物萬有跟人類之間的對待出了問題，一定是我們即身肉身的對待出了問題。但我們怎麼去改變？

我們肉身的病等同是地球的病，我們肉身的改變是地球的改變，我們自己本身很多食衣住行對待的改變、我們的心路歷程、身口意的改變，我們人類在地球當中整個行為的改變、價值的改變，跟地球跟萬物一切存在的狀態都是息息相關的。

我們要用這樣的角度去看待我們今天所承受的病相，就如同今天我們在萬有當中，面對人類的一切對待關係當中的不等同裡面，等同地球所承受的病相。同樣的道理，這就是「無量」的狀態。所以今天我們本身要更以如此的狀態去看待整個宇宙的道場，宇宙的有形無形和宇宙的日月星辰。

我們肉身一切的佈局，從我們最深的苦難，到一切轉識成智的教法次第，到一切緣起的法供養，到性空的重大如來密藏。所有肉身經絡的狀態，其本身不是固定的，我們經絡本身的轉換，不只是轉換，不只是行深，在我們志業不斷擴大的過程裡面，在無量恢復的過程裡面，我們的如來會在即身報身成就的肉身經絡上，有更深的整個佈局的一種奧義圖騰。

這是人類從來不知道的狀態，人類不只是大部份的能量沒有開發，人類在無量開發之後，還有無量的機會，所以當世實相的密藏肉身是何等的重大！

如同今天的地球是可以生生不息的狀態，同樣的，一個肉身也是可以生生不息的；但是有一個條件，那就是你本身的如來性，要能夠在即身肉身裡面先恢復，而要恢復如來性，必須要有一個覺。今天我們覺到了問題，我們要先打破的就是有限的自己的看待和對待。

我們今天要等同自己本身就是我們的母體地球。我們今天要有一個怎麼樣的覺，去調整我們對自己的對待，讓我們自己本身肉身裡面存在的一切萬有的調整，都是相應而生生不息的？所有的元素不是只有地水火風空啊！地球是這樣，宇宙更是這樣。

所以在無量的元素當中，我們今天如果用一個非常狹隘的狀態，去看待我們肉身的病相，是什麼都沒有辦法解決的，最大的問題就是狹隘看待的視野，那就是最大的病因所在。

當我們做了太多不相應的事情，我們只是那麼淺薄的去看待這個表徵發生的一個後果時，這是何等殘忍無知的狀態，這就是人類現在整體的問題。

所以今天我們本身要成就「無量」，就要用「無量」打破這個「一」，要成就這個狀態的事實，就是要了解地球也有等同我們肉身一切不可思議的地球具體的經絡，她的每一個流動、流向都是很清楚的。

比如說，地球為什麼會生生不息？以海洋來講，海洋是流動性的，海洋為什麼會有流動？因為它有暖流，它有黑潮，它有各種不同的潮流，這些潮流本身是湧動的狀態，它是質變的狀態，它是一種法流，它讓很多海洋的生物鏈能夠生生不息，這都是有智慧性的狀態存在。大地也是這樣，水火之間，山川大地，一切地球表徵的存在都是這樣。

今天我們要了解的是，我們被所有的萬物萬靈應許成為有佛首智的人類，我們的責任是什麼？我們要先打破自己有限的視野，我們對宇宙有無邊無量的責任，那是因為我們有等覺的狀態。

所以世尊為什麼被稱為「本師」？因為他是一切根本的師法所在，是一切本然存在的真正根本所在。我們稱之為世尊，就是要善逝我們自己本身一切狹隘的作為，所以真正的本然，才是真正的莊嚴。

人就是天，就是地，就是地球，就是日月乾坤，我們一定要打破這個視野。宇宙經絡本身的存在更是不可思議的生生不息，我們自己的改變也會改變整個地球的經絡，也會改變整個宇宙的經絡，我們一切質變過程，改變了地球的質變，改變了整個宇宙的質變。

所以今天我們的愛，本身是要從「無關」開始。我們要懂得自己的不承受，我們若能不承受，代表我們的方向是相應的，是相容的，不是違逆的。就是因為相容，我們今天才能夠真正的健康，這個健康的重點是在於應如來，相應如來才是一切健康的基礎，這樣我們的心性才是本質的反應。

從本質反應出來的狀態，這裡面有一個密碼，永劫以來的苦難都能夠解除，因為他可以回歸到一個本質的狀態，回歸到一個本初的狀態，這是萬有的一切所訴求的最後本願。我們基本的功德，就是要讓所有無邊無量的存在都回歸到他的本初，如果這個地方做不到，一切都是免談的。

但在本初的回歸當中，我們會很清楚的照見到，我們自己經絡中一切的訴求、一切的奧義圖騰裡面，其真正法流的真正內涵，它早就存在在那。在永劫的佈局以來，都寫下在你自己本身本初佛的本初本願當中的一切密行，只是顯相在肉身的你，覺了沒有？

在這樣一個重大的情義當中，你自己本身的意念就是你自己根本的元素，因為每一個意念都是你自己本初的心念，只是你附加了什麼？

我們今天的看待不只是看到一個後果的狀態，我們本身地球的立足點，就是等同地球的存在，我們所負荷的一切就是地球的承載，也就是宇宙蒼生最後的訴求。

所以我們的終極意志就是我們的大格局，就是我以一肉身成就無量的重大悲願，我們不忍其苦的，一定從我們自身救治而起。所以我們肉身的苦難就是所有地球的重大期待、宇宙生靈最後的懇求，我們要有這麼大的格局。

這就是本願，這就是本初。成就你自己的本初，你才有辦法真正的去救治永劫以來你生命曾經對應過的眷屬，其尚未完成的苦難和悲苦，在你肉身反應當中訴求著，這就是我們肉身所反應的病相。

所以在「無量」中看自己的病，你會很清楚的知道這不是病，這不是生死。如果你著於生死，那才是何等的卑微和幼稚，如果一個生死的假象你都通不過，那麼你還是繼續輪迴吧！

所以今天的時空，它的基本盤就是回歸到初衷，但是你生活的知見、你的知行合一是來自你的無時空，這是諸佛的應許，諸佛的基本盤就是無時空。

我們今天要面對更龐大不可思議的諸佛之後的密世界自性海，其不可思議的空性各種不同的存在奧義時，我們今天的本覺狀態，就是佛成的狀態，就放手讓如來操盤這一切吧！

唯有如此，真正的病不是病，那絕對是如來反應給你的一個重大圖騰。

在你的病裡面，如果你覺得不是病，如果你用「無量」去看，你這個肉身不是肉身，你肉身的一切經絡都是無量地球一切眷屬的通路，回歸到你即身肉身日常生活中的一切法供養。

為什麼地球生物的生命形式，莫名奇妙成為你日常生活中的三餐？裡面有非常清楚的通路，回歸到你每一天所需的每一餐啊！再經過你肉身細胞的每一個分化分解，成你每一天面對生命生死的重大機會機緣。這個機緣不是只有你這個肉身需要，也是你每一天吃的所有眾生生命重大的最後機會。

但是它最深的悲苦就是，在經過永劫的歷練，它成為這個地球的諸相，在地球的每一個元素，都是永劫以來最後的訴求，它代表著宇宙無邊無量生靈形成地球諸相的每一個佈局。

所以，我們要非常清楚自己在主性殿堂重大的本願，這是空前絕後的本初功德實相莊嚴所在的主性恢復，讓我們自己的肉身有這樣真正的實相之智、實相之愛、實相之覺、實相之本的生生不息的生活。

第二篇

肉身對應靈魂體的轉化

萬靈歸位成主的宣告

靈魂體本身當下的存在即等同肉身存在的事實。

在人類的世界裡面，以人類的本位和慣性的立場來講，人類認為自己才是真正看得到的一種具體存在的高等生命。但當我們講到靈魂體非靈魂體的當下，必須很深刻很誠意的表達，我們不能再以人類的慣性來理解靈魂體的存在，靈魂體本身是真正存在的另一種生命的具體形式，他們已經不等同看不到、無形的這種理解。

靈之本靈，靈在陰之無量，靈在陽之無窮，靈之無形，有情一切皆靈之靈動。

靈魂本體，魂魄萬里，千江水一夜飲，萬鬼收圓，一靈歸位，一靈一念，一念無量萬靈，收圓本體歸位。

靈之為靈，萬靈萬如來，無量眾生，輪迴萬靈，萬有存有，萬有靈魂，存有萬靈，靈之無求，無量訴求，靈之靈動，不動本靈，萬動靈之萬有，一靈萬靈，一念萬念，恒河沙數之靈，萬有納入收圓本位定位皈依境上，共靈主位自主。

我們在這裡要表達的是，靈魂體的世界是等同於人類肉身的重要存在，在他們的世界裡面，靈魂體就是等同於他無形的肉身存在。而靈魂體的意志與其各方面的存在，會逐步等同等持的顯露在人的世界裡面。

靈魂意志，念之肉身，靈魂肉身，即身靈魂當下，等同等持。

靈之入世，無形之義，有形有情。

靈之妙用密行，入世間肉身之法用無上。

靈之功德供養，靈動因果，生死肉身靈魂無上層次清明。

當主親臨的時候，所有無量的靈魂體會在人的世界裡面，共同跟人平起平坐，等同共世尊、共自主的存在。所有靈魂體當因主的親臨，主親自傳承，親自確認，所有無量的靈魂體將在人類的世界裡面，跟一切的人類肉身共存在、共自主。無量靈魂體的存在等同無量肉身的存在，在共主的國度裡面，共同等同等持，共正法，共一切，共生命，共存在，共皈依境，共無上，共回歸。

萬有萬靈之恆常，無常之宇宙，靈魂本體，轉靈魂因果生生世世之轉換，靈魂之心念，乃磁場不可偵測之能量，能量之靈魂，靈魂之變現，示現本義，本位定義，無住於靈魂一切識性之存有，安住於所有智慧會通轉化之靈魂。

這是正法在此真正的宣告，在無量存在的世界裡，所有無量的靈魂體等同主親臨的事實，無量靈魂體存在的時空，都是真正存在的主之國度，與世間人類肉身存在的主的國度等同等持等無差別，無量靈魂體與肉身共同為實相莊嚴淨土主國度的萬民。

無量靈魂體存在的一切時空，無量存在的任何模式，一切靈魂體的諸國度，其時空裡面都是主之國度。無量靈魂體在無量劫來所做的一切不可思議的輪迴輪動、不可說的功德力、因果業力的一切行徑都是主國度的存在，萬靈所走之路就是主的示現，一切的萬靈都是主的存在，一切的萬靈都是永生永世共主的存在，正法在此確定明示如此唯一的事實。

無量靈魂體，自形成一完整之國度，無量功德，一切時空，集結無量劫所有生靈之能量，於宇宙遍虛空。

靈魂意志，國度清明，主之國度，萬靈歸空，萬教之教，萬靈歸位。

靈魂體之無量劫因果，一念靈魂，皈依境上自主，解靈魂體所有生死之輪迴本因。

在此一世代，所有靈魂體不一定要再經過肉身轉識成智才有功德可言，在主的國度主親臨的當下，所有的靈魂體不必再經過肉身才能夠成就什麼。

主之國度，解相對之狀態，靈魂肉身，人之眼界，乃相對之存有。

主之國度，時空非相對之時空，靈魂即肉身之行法妙用，主親臨打破無量人世所有設限之結界，無量靈魂體，有肉身之功德等同無肉身之靈魂體共時空能量之連結。

靈魂之念成肉身之義，靈魂之密成肉身之顯，肉身之功德顯化無形靈魂之妙德。

肉身即靈魂本身之功德身，不以落入相對待，打破時空無量結界，打破有肉身沒肉身之相對預設之運作。

肉身靈魂，轉無量劫轉識成智之靈魂體。

一肉身無量世代輪迴之自身，靈魂體之記憶、密碼，即當世肉身無量劫之等同等持之生生世世。

共一肉身，共修無量劫之一靈魂體，於一肉身解除無量劫恆河沙數之因緣果報。

共肉身共靈魂體共自性如來，皆空性一念，密行大用於共世代於存在存有之共自主共圓成。

肉身非肉身，靈魂體非靈魂體，肉身即靈魂體，靈魂體即肉身，一切的時空全部打開，一切存在的世界，在人的世界與無形靈魂體的無量世界之間，無量結界，有關無關的一切，全面性的打破打開，全面性的開演，全面性的連結，所有的靈魂體都不必再經過一個轉世投胎的過程，靈魂體本身當下的存在即等同肉身存在的事實，不必再經過任何無量層次的轉換時空。

無量劫的演化，有無量靈魂體的層次，地球肉身的形成是可以納入無量靈魂體的結構。

地球的不同世代，人類有各種不同識性的輕重，識性的輕重即是各種因緣果報顯示的輕

重。也是各種靈魂體其無量劫各種不同層次的功德力，納入肉身。而靈魂體與肉身是否能等同等持相應，而在地球妙運行用的密因所在。

解碼當下，其空性了義之智，層層因果功德次第，靈魂體納入肉身皆行其無量劫因果等同於不等同之解因解碼解苦解難，恢復生命之關鍵所在。

有形無量靈魂即肉身之功德，於身口意之行為。

無形之靈魂本體，等同肉身入世開演識性轉化之了義變現。

肉身即靈魂之存有，靈魂即肉身之存在。

此一切的事實，此一切的功德，主親臨的當下，正式啟動，令所有的無量靈魂體等同於人類肉身存在的一切時空，其一切的運作等同等持，在其日常生活中。

當此，萬民成主，萬靈歸其本位，萬靈也成主，共主在主的國度裡面。

時空自有情，靈魂覺入夢之提點，人性自有義，靈魂觀入夢之轉化。

生靈之存在，萬有世代生命轉化之開演，皆有其必然之需求。

靈之義，密靈魂體永生主國度，行正法之奧義。

靈之密，妙靈魂體永世永存一切不可說之境界。

靈之主，主正法大用萬靈一念萬有萬教主皈依境上萬靈歸位。

磁場與肉身的對應

磁場的輕或重，代表有各種不同靈魂體、非靈魂體的共同訴求。

無量肉身的進化、無量肉身的轉化、無量磁場的來來去去，在來來去去當中，每一個磁場都是無量的法緣，應以無分別對待之，當下任何磁場與肉身的對應，皆照見出肉身本身的知見。

不可說的對應，來去都是成佛的法緣。

無量磁場，即身轉化，眾生成就。

一肉身當下即身之納入，無量磁場解密因共願等同。

生命存在於過往一切無量劫對待的法緣，都是所有生命在無量世界開展演化當中所進行的共震盪、共願、共因果、共生死、共一切不等同之令其等同的重大對應，對應的當下，開展出肉身所有的能量相。

肉身的本身為一重大的道場，當此肉身的內在如來性，有一個願意在肉身內轉化慣性的本願時，外來無形性的磁場便會進出此肉身的一切存在，與其一同共震盪。在每一個轉識成智的過程中，當肉身解除掉或遞減某一種慣性，磁場本身的不圓滿也會解除掉，或遞減某一種苦難，而在過程中越加了然了義。

此為共同恢復如來性的三種層次之無上雙修——肉身解除、靈魂體解除、靈魂體與肉身解除，恢復磁場本身的清晰度、清明度，還原生命的本然度。無量磁場等同肉身入世代之傳承，以肉身之生死、肉身之行為、肉身在世間存在的當下，共願共修行，開啟能量的結界。

當這樣的對應到達一定的厚度時，代表此肉身本身的成熟度已經能夠安住於一切磁場、究竟磁場的對應，將磁場納入肉身的存在，行一切處。表示他在解除慣性的過程中，對於所有磁場的來去進出已經沒有任何的承受相，已經沒有所謂的來去問題，他的無分別性到達即使所有能量場的進出，甚至非進非出的所有狀態，他都能夠有一個厚度和穩定的基礎，代表著他肉身不承受的成熟度，已經足夠讓如來引動所有無量磁場，安住在此肉身的完整性裡面，這就是共主必要的條件。

覺如一之來去，覺萬有肉身入無量時空磁場。

覺之妙用，覺即身無量眾生共修共佛果。

覺一切廣三虛空本智，覺受當下磁場共一切不等同。

因為，這就表示他獲得了無量磁場能量上的認定，在與無量磁場共振共雙修的當下，能有一個戒定慧的基礎。在地球當下的時空裡，人類肉身是唯一可以納入無量磁場的正法大道道場，在整個苦難的大環境當中，在肉身進行的每一個生活場合裡面，納入一切來對應的磁場，共同轉識成智。

納無所納，納盡無所，肉身就是磁場的存在，肉身的行為就是無量磁場的共振、共行為、共圓滿、共生活、共存在，內化一切無形磁場的能量，轉化成自身恢復如來的重大資糧。

覺一切無量世代眾生磁場之本願，入肉身一念當下即身生活之質變。我肉身之本覺，和合如來納入無預設之一切層次磁場。磁場密因，如來本義，入我肉身一切輪脈，入我即身一切經絡，入我夢中一切清明。磁場密行，無量世代宇宙以磁場之示現，成我肉身無量轉識成智，共振無盡修行次第密行大用一切磁場，成我肉身當世成佛，終極寶生正法能量。

這是重大的廣無量之一切，每一個方位基本的廣三——前三、後三、左右三的每一個界別，全部不受後有。在五方延伸出去的一切向度裡面，都是諸佛如來的向度，所有一切磁場都已經在他肉身存在的圓滿裡面，自主著他共主存在的狀態。

以這樣的狀態完整了自己的自主，不是羅漢次第的自主，也不是菩薩廣天下的自主，已經是等同於諸如來在無量世界的磁場。

在肉身當下無量行為的狀態裡面，肉身的行為就是無量世間尊重的磁場，肉身行動到哪裡，無量磁場安住肉身的行為就到哪裡，共同守護善護此肉身成為跟無量磁場、無量界別、無量存在共自主的狀態。這樣的世間尊重完整的終極實相的自主，就是我所要表達的肉身存在的重大密碼。

廣天下行肉身共自主之磁場，一虛空一磁場，無量宇宙共同共不同入磁場密行，無所住天地萬物於一念之間，磁場無上，密碼密解磁場本義，即身肉身，共主磁場無盡義。

磁場的來來去去都有一定的狀態，當磁場於你肉身來去進出時，能不能安住於其中，都是在反應你能不能承受那個磁場的輕或重。你的肉身跟這些磁場的和合過程，就是讓你能夠轉化掉磁場帶給你承受的過程。當和合到一定的狀態，你就能夠了義這個磁場本身的願力與你存在的共願是什麼，然後共同圓滿那一個和合狀態下的能量場，在肉身的存在裡面，善護那一個磁場的完整性。

男女陰陽太極乾坤磁場照見，知男女雙修共不二之磁場，入男女共振一切轉識成智密行無關雙修，寶生當下，空行男女，大威德男女，磁場之密，行非男非女中道法流，磁場大用，陰陽交合，無極密太極無上能量磁場如一。

磁場的輕或重，代表那裡面有各種不同靈魂體、各種不同非靈魂體的共同訴求，當這樣的界面在每一個結界、每一個經驗值、每一個狀態、每一個重大的無邊無量的對應裡面，成就肉身在生活當中的轉識成智、恢復圓滿的過程。這時候，肉身密不可說的狀態就是「一念就是無量磁場之本念」、「一行為就是無量磁場共同的運作」。

所以，這樣的肉身在自身一切的存在裡面，善逝自己的慣性，就等同善逝無量磁場的慣性。在密一切能量入一切磁場的完整性裡面，密一切能量皆如來所變現，密一切能量之來來去去，都在照見肉身本身被牽動之處，並且共振出他轉換當下不動性的重大基礎，每一個磁場的對應都在善護著肉身生命重大的恢復。

密磁場密行入一切眾生存有。

密磁場相應即身如來善逝無關結界。

密磁場質變慣性示現自性空行當下。

每一個無形的磁場都在成就肉身有形的運作。在這個本然具足的世界裡面，當一切的成熟度已經到了一個全面性的正法結界，自性肉身所需的條件，也具足在當下必然的時空法界時，無本義、無法義、無所義、無一切義的終極不動，無論他本身動與不動，都能夠本然的安住在肉身的存在裡面，進行著每一個可能。

無所之本動，無義之本法，無正法之本義，訴求著所有世代入諸國土的所有磁場，安住在肉身自性的重大變動中，透過肉身在生活中根本而不可思議的自性變現裡面，了義了一切，令肉身的存在等同無量磁場的存在。

所以，肉身的存在，讓無量磁場在無邊無量的當下，存在於肉身莊嚴的示現裡面，過著「一肉身無量磁場」之能量場的生活，在一切肉身所進行的平凡生活裡面，等同等持。無量磁場、無量生命體共一肉身、共願、共佛果、共莊嚴、共無量磁場之不等同，共一肉身無邊無量無上終極中道自主。

磁場行一切慈悲之本心，磁場來去入眾生所有世代之神傷。

肉身無上無關之磁場，自主佛果生命緣起空性自性磁場，共一肉身入無量世代於正法之示現。

磁場空性，密藏磁場，變現諸佛能量不動本位。

磁場無盡義，供養無量層次無量類別磁場。

磁場密無關結界，磁場皈依境，無量存有共自主，如來本心，磁場虛空遍一切莊嚴淨土。

回歸宇宙性無形眷屬的磁場，都能夠轉識成智在共主肉身的顯相當中。

我們一定要讓肉身完完全全的籠罩在所有磁場裡面，因為我們人類最大的實相，其實就是我們都在磁場裡面。所謂在磁場裡面，就是你誕生在這個世界，你有一個基本核心的磁場，就是這一世靈魂體的磁場。這個意義就是你在這一生當中，你用這個基本磁場，去走過人生每一個階段的因緣果報，但是我們通常只看到肉身在日常生活中所看得到的因緣果報。事實上你要轉識成智的重點，不只是肉身的轉識成智，而是肉身在轉識成智當中，你顯相出來這一生的人際關係，所形成人生具體看得到的因緣果報，那是一種磁場法流，都是要你去面對及畏因提點的轉識成智。

其實你都在這多層次的磁場當中，只是以人類地球的一個軌跡磁場去看的話，是無法完全意會的。其實你還是籠罩在這個磁場中，只是我們人類本身因為識性覆蓋，我們沒有辦法意會到，這樣連結點的一種感同身受的能量場狀態，更重要的是無形的能量場，事實上我們都是在這個連結上，只是被識性覆蓋。

為什麼我們的肉身是宇宙性的？為什麼肉身是一個能量場的狀態？當我們肉身在地球做日常生活中一種轉識成智的功德力時，我們本身在無量世界所有連結的眷屬生命體，都會感同身受那個連結點磁場的共振。那個能量場其實都會匯集在我們當下肉身的行動當中，那個無形性的能量場是籠罩在我們靈魂體上的，這個靈魂體連結我們肉身時，靈魂體裡面的磁場能量場，會操盤無形的能量場。

宇宙各種不同氣場連結的眷屬，他們還是連結在肉身裡面，所以為什麼肉身的靈魂體及靈魂體的肉身，等同重要的兩個有形無形的顯相。其實我們應該把靈魂體當作我們肉身裡面，通往無量世界無形存在的一個重大的路徑及通路。靈魂體是另外一個無形的肉身，所以靈魂體中存在著所有無形氣場的轉識成智的過程，它等同我們肉身存在的能量場。

為什麼我們今天有兩種能量場？因為，我們肉身靈魂體裡面，在無形世界當初生下來的能量場，其靈魂體就有一種報身成就轉識成智的功德力能量場，所以祂會反應因果，祂會在人生很多關鍵性裡面去反應靈魂體重大的敏感度；但是因為我們人類識性重，我們只能用人類的經驗值去看，我們對靈魂體的理解是非常有限的。但是實相上，靈魂體本身在無形世界，就像我們另外一個肉身等同的操盤，他雖然在肉身裡面，事實上他是不等同在肉身裡面，所以他自己在其本身靈魂體的運作上，會相應你一生當中在人世間的軌跡，不斷在靈魂體的作用裡面，就自己本身在肉身面對生活中因果的選擇權中判別，去引動你在無形中各種不同眷屬之間共同的因果審判，這中間都是整個能量場的狀態。

所以今天，我們的肉身修到一個本質性的方向時，那麼你肉身的身口意，一切的經絡狀態，不管其轉識成智到哪一個程度，你都很清楚地覺受到，你完全是籠罩在一個很深重的能量場中，這表示你所有的能量場的眷屬，都有機會回歸到你日常生活中，很明顯地是透過你肉身的顯相。但是也同時能透過你肉身與靈魂體交流感應的重大共主的功德力，讓你的身覺受清楚，這樣深重磁場的眷屬性，這就是一個重大的狀態。這時，我們肉身有其顯相在日常生活中重大磁場的轉識成智的機會法緣，同時我們靈魂體本身其主軸上無形的能量場，也能夠完全顯相在肉身的日常生活中，共主去做很多關鍵性因果判斷的主導權。

更重要的是，在這過程中所回歸宇宙性無形眷屬的磁場，也都能夠轉識成智在共主肉身的顯相當中，或共靈魂體的顯相當中，全部形成我們當下肉身即身的一個整體性的能量場。

所以我們自己如果有一個本質性感同身受的同體大悲時，這個大悲中，我們的大我足夠承載這麼深重的身覺受能量場，只是你自己如果能夠有一個總持性的狀態，包含你肉身當世的能量場、靈魂體當世的能量場，當所有眷屬及宇宙性無形的眷屬能量場一回歸，你都能夠在肉身即身的狀態中，有一個非常清楚的本質性的總持覺受，你就會感受到這個磁場是非常具體而清楚的。

但這裡面的厚度就是，你若能完全消融轉識成智圓滿時，那麼你這個肉身就是完完全全把這些磁場內化成你自己本身諸佛的圓滿能量場，你就具備法報化於即身肉身的功德力磁場。這時，他們就變成是你肉身的狀態，在因果輪動上的磁場，你能夠示現；在轉識成智的輪動法緣上，你也能夠示現；在如來相主體的本體上，功德力的解密解碼的本體主性密藏，你也能夠示現。在這種情況之下，你的肉身就具備等同法報化三身一體的總持，無上功德力的實相肉身。

我們要徹底的讓肉身完全在一種磁場存在的本質上，獲得重大的覺受，在覺受當中也能夠覺空所有這樣的狀態，那就是把永劫以來各種次第的磁場，完全內化在我們日常生活中的身口意，從我們起心動念真正的一個存在開始。

所以今天，我們如果能夠在有生之年的一定時間點裡面，當肉身還健康的時候，你要很清楚地去覺受到自己肉身，有一個非常深厚的能量場，隨時隨地相應在我們自己每一個修法及教法上的輪動，讓自己在「願解如來真實義」的一個重大密行中，不斷地了義，不斷地轉識成智，終究到成熟佛成的那一刻。

這些關鍵性狀態，包括你肉身的能量場、靈魂體的能量場，所有回歸無形的能量場，全部成為一個重大即身的深厚能量場，完全內化成為你等身肉身時，那就是你日常生活之中佛成圓滿的重大事實。

生命與無形世界的對應與承諾

並不是每一個修行者都有真正究竟的磁場與究竟無形的力量來法供養他。

誰是世界的中心？誰是世界的存在非存在？世界的世界是什麼？看得到的世界是有形的世界，看不到的世界難道就是不存在的世界嗎？在我們熟悉的慣性知見裡面的視野，所看到的存在才叫做世界嗎？所謂的無形世界是我們所熟悉的慣性視野之外的無量世界，那也還是另外一種存在的世界，都是在我們熟悉的慣性之外的無量世界。

生命與無形世界之間的最大關鍵是在於——我們如何對應無形世界，打破我們慣性的知見去觀照無形的世界，我們看不到無形的世界，是因為我們受制在我們有形的慣性裡，所以，無形的世界照見到我們的第一個問題，就是我們本身有形的慣性。

因此，**無形世界的磁場來與我們對應的時候，就是為了供養我們必須打破慣性世界**，如果你跟無形世界有某種深遠的承諾，也跟他們共振共同提昇的時候，請問，那個解碼的密碼是什麼？就在你當下肉身的每一個可能性裡面，就在打破你自身慣性的過程裡面。

我們一般所講的無形是什麼？靈魂、祖先、神明、佛菩薩，這是最常聽到的，我們的心念也是無形看不到的。可是，在這個世界裡面最重要的金錢流亦是無形的。因為，金錢照見了我們無盡的不安恐懼，金錢來來去去的背後隱藏了重大的密藏，也都是在打破人類無盡的不安恐懼，所以，金錢流本身也包含了無形的存在，人類熟悉的有形的金錢背後鞏固著太多的不安恐懼，是人類不願意去釋放或面對的無形世界。

所以，當無形世界的磁場來供養你、與你對應的時候，它在提點你的當下，所要成就無窮盡的寶藏是什麼？你能不能好好的檢視你自身的存在，覺受你生命的如來？或者說，你能不能沉澱出為何來到這個慣性世界？你所要承擔承受面對、所要扮演的終極角色是什麼？你如何在生命恢復的過程當中，讓一切慣性的世界因你的示現而有所改變？更重要的是，如何的你才能夠得到整個無形世界重大的護持？

無形之無窮，平其存在之一切。

有形之無盡，平其存有之當下。

有形非無形，無形非有形，無形即有形，不二如來。

無形世界有許多的層次，它能夠照見有形世界的慣性，無形存在的狀態就是讓所有的形式都能夠無傷，把慣性的存在都能夠解除掉的叫做「無形」，不落入一切形式的存在叫做「無形」，所以當無形世界在打破人類核心價值與慣性的時候，也是在法供養人類每一個恢復的

重大契機。如果與無形世界沒有一個深遠不可思議的承諾，並不是每一個修行者或在生命恢復過程中的人，都能夠有真正究竟的磁場與究竟無形的力量來法供養他的。

每一個重大的無形磁場來對應的當下，都是在對應我們生命內在每一個重大限制的結界，那些結界的背後都隱藏了跟無形之間共振共恢復的密藏。他們護持我們，等同在我們的能量場裡面，也同時打破我們在這個世界的慣性覆蓋，讓我們的視野能夠有一種有形與無形等同等持無上中觀的觀照，這樣才能讓我們在無量世界有形與無形等同的運作中，每一個當下的覺受都是恢復的契機。

如果你的終極角色與一切無形生命、無量生命有這樣的共同承諾，才可能接受或承受無形世界，灌注於你所有存在磁場能量的加持，和它帶來的衝擊與震盪，這都是為了讓你能夠承擔與擔當你真正終極的角色，示現而讓一切生命恢復自主。

這是不可思議的重大傳承，在當下每一刻的每一個行為裡，在有生之年每一個有形或無形世界的對應當中，在對應的當下，你在有形世界的每一個行走，都等同在對應無量無形世界的一切存在，讓你身口意裡面的每一個重要的能量與經絡結界整個打開，讓你的內涵與智慧是無上無邊無量的圓滿。

所以，我們必須觀照這個承諾所代表的深遠法義，在莊嚴世間尊重的圓滿當中，每一個世間尊重的行走，都代表著所有慣性之外的無量世界，對我們生命當下共同承諾的必然事實，引領整個慣性世界走上一個真正不再落入表象形式的圓滿。這是有形世界透過不預設無形世界的無盡深遠的力量供養我們的身口意，讓我們在有形世界的恢復過程中，都能夠得到覺受的納入與恢復，沒有任何的流失，這才是對無形世界的無形密藏真正的理解與觀照。

無形世界不可思議的密藏，就存在於我們生命的如來對無形世界深遠重大的承諾，而肉身所扮演的終極角色，要讓有形世界能夠打破他們的慣性，走上生命恢復自主的路，這就是無邊無量無上無形世界的生命能量，在你當下每一個有形世界的生活當中，所供養你身口意恢復的莊嚴生活的確定。

有很多修行者在各種不同的契機與靈動裡面，恢復了某種與無形的連線，不管是祖先、或某一道的眾生、或護法的無形、或本尊的無形，不管是能理解或不能理解的無形，不管是東西方無量世界的某一種無形，代表著這些人內在生命的存在跟無形世界有某種連結的狀態。但是我們必須要注意的是，每一個與無形共同運作的狀態不能夠成為一種工具，不能成為某個通路，不能只是停留在這樣子的一個表象對待。

我們必須要清明清楚，在我們恢復生命的過程中，在我們不斷地打破慣性的過程中，我們與無預設的無形世界共振共同尊重，我們共同的法緣對這個世代的重大責任是什麼？它不在你能否覺受無形世界磁場的輕重或它能量的大小，而是在於你自己是否能在對應無形磁場的當下完全不被牽動，被牽動的地方就是你尚未自主的地方，我們一方面打破有形世間的慣性，一方面能夠了然了義我們與無形世界結了這個法緣，是因為我們與無形世界過去生共同的承諾是什麼，過去生不圓滿的狀態也要通通解除掉，這才是真正重大的善護與善意。

所以，一個生命真正的成就者，他解除的是無邊無量世界的解除，同時進行有形世界慣性的解除，與無形世界過去的不圓滿也同時解除。但是，無形世界不會只是所謂的一個不圓滿的狀態而已，不圓滿解除之後的密藏示現，透過你這個肉身共振，共同面對整個有形的慣性世界，這是有形與無形世界共同的本份、責任與功德。

唯有解除慣性，當我們每一個人能夠自主在這個有形世界的時候，示現清明清楚自主的莊嚴生活，在這個有形世界進行慣性變革的工程，那是最後希望的路，也是有形世界與無形世界最後共同的期待。

必然的，我們要了義自身與無形世界要共同轉化的、共同恢復的是哪些，當我們恢復到某一個程度的時候，那個如來的承諾，以及無量世界對這個世代最後共同的承諾就會非常的清楚。所以，真正的圓滿一定是有形世界的圓滿與無盡無形世界的圓滿，當生命承諾在這個肉身裡面對應到無形的時候，那個對應的層次是要能夠等同等持、清明清楚的來運作，共同面對天下，讓有形世界的改變等同無形世界的清明，同時圓滿。

靈魂體與肉身之間的連結密碼

當肉身的覆蓋不斷解除，靈魂體的功德力就會很大，到最後就是如來性的恢復。

靈魂體本身有無量的層次，有他自己存在的意志，如果這個靈魂體是沒有肉身在世間的，那麼他本身即使在肉身的世界裡運作，也不會再有任何負面能量遞增的狀態，所以靈魂體本身完全沒有任何肉身狀態的覆蓋與承擔。

靈魂體存在的意志裡面，如果他的意志是在一定的時間裡不要再投胎，那麼，如果這個靈魂體有他一定的覺受，有一定的轉動能力，也對自己的志業有一定了解的時候，其志業的願力具有某種層次的功德力，代表靈魂體此時有一定的自主性，有較大時空自我操盤的能量場，靈魂體自身在不同時空的引動，不受制的覺性是有一定清晰度的，表示這個靈魂體較能完成其自己即身靈魂體演化進化的佈局與修行。

靈魂是不可說的存在，靈魂是具足自身轉化的能量，靈魂的覺受，回歸無量進化當世當時的時空，一靈魂體不落入一切非時非空，靈魂意志皆有其意念之本志，皆有其不可說之次

第，靈魂存有即身存在，一切時空皆靈魂示現妙有之輪動，靈魂在因果之中，非因果之內，空因果內外，世尊靈魂，不二靈魂，中道靈魂，靈魂中觀，靈魂本體，諸佛自性，空性靈魂，靈魂終極，實相靈魂，主靈魂體，無上正等正覺，無量劫無窮靈魂本體，共主實相。

靈魂體本身解脫的願力，不管他在任何的生命形式裡都是在進行的當下，如果靈魂體有一種解脫的意志存在，當他在肉身即將消失的過程裡面，若他當世肉身的功德力已經足以讓他在肉身死亡之後，也保有某種解脫的意志和意願，那麼，這個靈魂體就能夠接通任何修行次第時空裡的力量，或甚至有佛菩薩來接引他，所以，這個靈魂體就有辦法進入真正的修行次第跟修行的國度，或所謂的淨土。

無情本有義，無義本有情，無境義存有，意願本功德，本願解脫身，靈魂非次第，無形非不二，有形空法流，即身輪脈智，靈魂解脫行，奧義空肉身，本有本靈魂，靈魂無行處，空有靈魂體，非空非無上，靈魂中道觀，輪脈靈魂體，實相靈魂本。

我們講一個中性的功德力，任何的生命形式如果從解脫的角度看，他任何的因果都是有機會遞減他本身的生死，與他無量劫識性的覆蓋。所以，當一個靈魂體一方面已經沒有肉身的承擔，也不會在短時間之內再去醞釀另一個有形生命的時候，這個靈魂體基本的完整性是夠的。如果說，靈魂體也有解脫修行的意志和功德力的話，那麼，他進入修行國度的狀態，就會得到一定的庇護與加持，在這種情況下，靈魂體本身轉換的狀況會非常的好。如果這個靈魂體他本身有解脫的功德力，在他修復之後，有等同於人世間存在的功德，他就可以在人世接通他的眷屬──有肉身的眷屬、有願力的眷屬，進行間接或直接願力的真正再造。

生命的形式，有著無窮解脫的法緣妙機，形式無盡，靈魂無窮，一切有情，一切無不是天地間的靈魂本體，天地等同，男女等持，陰陽無上，乾坤妙有，生活的形式，當下即是，即身靈魂，靈魂肉身，萬有靈魂，靈魂本然，修行靈魂，法流靈魂，眷屬靈魂，靈魂結界無上皈依。

如果說，這個靈魂體是一個在世間有肉身的靈魂體，那麼，這個靈魂體最大的重點，是他必須對肉身在世間的一切對應做重大的護持與觀照。所以，靈魂體本身的功德力有一部份主要是放在肉身上，除非肉身與靈魂體的等同性、等覺性、和他在世間不落入因果的狀態有一定的厚度，可以讓靈魂體的整個覺受和肉身在無常世界的覺受都能夠等同進行。也就是說，肉身對其靈魂體的覺受是清楚的，這個覺受是包括這個靈魂體必須守護肉身在世間各種不同關係的因果生死輕重的對待，例如，在金錢、在福德、在男女關係、在家人關係、在生死關係的對待、在各方面的對待，甚至在修行上是否能夠了義的對待，而且，靈魂體要協助肉身去知苦照見，以及如何去修，如何去提昇轉化。

若是肉身在日常生活中，能夠覺受到如來性，相應靈魂體，在畏因的生活中能夠「覺所覺空」，身口意所有對應對待的承載皆能轉識成智時，將會在他的即身肉身、即身靈魂體中示現顯相其如來的功德力。

所以，靈魂體對其肉身存在著重大的責任與初衷。就靈魂體本身而言，他的重點已經放在肉身上了，除非這個肉身的修行力可以到達正等正覺的層次，能讓靈魂體等同他本身的存在，這就是為什麼靈魂體要全面性的去護持肉身的原因，因為，一個肉身得來不易。

肉身和靈魂體之間有一個重大的連結，就是肉身在世間所進行的一切功德力的恢復，能夠完全迴向給他的靈魂體，所以當肉身的覺性和如來性不斷恢復的過程，其靈魂體也會不斷的茁壯與恢復。但是，同樣的道理，如果這個肉身的狀況很差，無法恢復覺性，識性、慣性的覆蓋很重，他的靈魂體同樣會有很重的覆蓋。

即身靈魂之輪脈，是生命存在宇宙無窮盡的密藏，靈魂妙用，會通諸佛淨土，了義眾生諸苦，靈魂本有之演化，宇宙存有存在之萬有顯相之諸相，靈魂即身之初衷與責任，無量宇宙無窮靈魂，靈魂無形亦有形，有形無形無盡義，靈魂本體如來自性，萬有靈魂歸佛朝宗，靈魂密行無量修行，靈魂空有功德無上，宇宙靈魂奧義功德，肉身輪脈靈魂輪動，實相靈魂諸佛本體。

所以，當肉身的覺受越來越清楚，覆蓋不斷的解除，識性與慣性不斷的解除的時候，靈魂體的整個功德力就會很大，大到最後就是如來性的恢復。那麼，此時的靈魂體就會變成是一個「報身成就」的狀態，就是可以「非相」——無量轉識成智的狀態，也就是說，在無形界裡，你的靈魂體可以有進行無量次第的進化和演化的能力。

當你在世間有形世界的肉身不斷的演化，不斷的恢復自主性，也不斷的協助所有的眷屬恢復他生命的自主性時，你同時也等於是讓你的靈魂體變成是一個「報身成就」的狀態。重點就是在於你的肉身在世間的生命恢復過程，功德力會等同等持的迴向給你的靈魂體，在有形無形的中道上，讓你的靈魂體在無形世界也等同肉身在有形世間有共同的功德力來運作操盤，這是關鍵。

但是如果今天你這個肉身是不長進的，人生越走覆蓋越重，越加沉淪，那麼，到最後，你的靈魂體也會完全被覆蓋在你自己肉身的慣性裡面，因為這是有等同存在的連結性。靈魂體投胎在這個世間，誕生這個肉身，共同的承諾就是共同的生死、共同的願力、共同的因果、共同的一生一世。這是即身靈魂體在即身肉身的對應之中，面對一切因果次第相不相應的問題所在，二者要共同共修共願共解除所有識性的不空之處，這是重大的生死進化工程，關鍵就是在這裡。

無形天下義，靈魂功德智，收圓無量密，一切自有情。

無形非形一切靈魂體，有形空形當下靈魂體。
本有即身演化靈魂體，空有肉身本願靈魂體。
靈魂意志即身共生死，靈魂運作共同非等同。
生滅靈魂非有解密行，識性靈魂不空觀自在。

這就是為什麼當一個肉身死亡了之後，靈魂體會從肉身整個釋放出來，重點就是在這裡。因為當我們習慣了肉身的執著點時，如來變現出一個靈魂體，等同肉身在無形世界的另外一個我們存在的形象，當我們在世間的執著太深的時候，沒有辦法一下子接受自己的肉身死亡、不見了，也沒有辦法一下子進入空性狀態，這樣存在驚恐的負面能量會猛爆出來。所以，靈魂體在這時候就有一種安頓的作用，這是一種很深的善護——「啊！我還存在著，只是在不同的時空」，然後一步一步的引領過去。

但是，重點在於**你肉身本身的執著點就是因果**，就是識性不斷的加重，你肉身的生老病死，你肉身每一個階段，那一種有壽者相的狀態，你肉身身口意的任何狀態，其實都是因果執著點自己慣性運作下的轉變過程而已，它可以是無形的，但我們只看肉身這個形式，卻看不到我們本身內在裡面真正的心念、輪脈、經絡和識性運作的那個狀態，都是相對性的覆蓋，這些完全都會壓縮覆蓋靈魂體本身的能量和清明度。

人世間一切的存有，有與非有無不是生命生活靈魂轉識成智當下不思議的妙法覺醒。

人世間一切的存有，生於非生之生，無量靈魂體不可思議，滅於空滅無所，無量靈魂體不可思議。

人世間一切的存有，靈魂能量，靈魂存有非有心念，靈體無生法念，靈魂不二之念，念即靈動之緣起當下。

人世間一切的存有，靈魂經絡，引動非相對性湧動一切之絕對，生命靈魂，靈魂生活，肉身靈體，佛智靈魂。

所以當這個肉身的形式解除的時候，就是我們世間所以為的死亡，靈魂體的存在會有一種重大的善護就是：「啊！我還在另外一個世界，沒有立刻完全消逝掉」。但是，**因果的狀態完完全全都會存在於這靈魂體的整個架構裡面**，如果因果狀態太重的話，靈魂體本身就不斷不斷的沉淪下去，也就是這個靈魂體會變現到另外一個時空去做很多消業障的轉化過程，但是，以如來的根本智慧來看，這還是在修行。

要是肉身的狀態非常清明、清楚、了義，你的靈魂體雖然有部份是肉身連結著，但是不在肉身的那部份也會不斷的擴大與茁壯。如果當世的肉身不斷恢復生命的時候，到最後，靈魂體當下就等同這個肉身的狀態，你的肉身也會有能量場可以善護在無形世界的靈魂體、無形世界的眷屬，就是所謂的祖先、或是過去時空的自己、或者是在相對因果上沒有肉身法緣的眷屬。

根本之本有，了義之第一義，清明之根本，第一義之無上，究竟之根本，無上義之空行，莊嚴之根本，清淨義之當下，無極之根本，雙修之終極義，終極之根本，廣三之虛空義，存有之根本，存在之結界義，無關之根本，圓滿之自性義。

當你的功德力夠，而你自己在世間有一個志業不斷茁壯的時候，若你的肉身在當世都得到了如來界、菩薩界的加持時，當然你的靈魂體一定也會受到加持。所以，那時候的靈魂體等同已經確定可以接通、相應如來世界的善護，那時候的靈魂體就已經不一樣了。這就是為什麼我們一直講肉身放下識性的重要性，不是只以當世的肉身去看而已，而是你生生世世的自己，存在在那一個靈魂體裡面的覆蓋狀態，也全部能獲得減輕。

在減輕的過程裡面，靈魂體本身的進化也會直接慧通如來性，到最後，如果你已到達無上正等正覺的境界，你本身的肉身當下就是成佛。成佛的功德是你的靈魂體不再只是簡單的靈魂體，你的靈魂體有等同於肉身在世間當世成就的功德，也有在當世無形世界的功德，而且，靈魂體記憶裡面的因果也會全部轉識成智，完全慧通如來本體。

不能以肉身存在的識性，理解靈魂存在的價值。

不能以肉身存在的慣性，解讀靈魂存有的奧義。

不能以肉身存在的知見，感應靈魂當下的覺受。
不能以肉身存在的行為，觀照靈魂無形的本義。

到最後，你的靈魂體就變成是「靈魂非靈魂」，而是一個「報身成就」的狀態，他是可以任意變現的，是神通無礙的，是具足一切如來本體顯相的妙有。他要怎麼變現都不是問題，他可以變現入你夢中的任何運作，你在夢中會越來越清晰，越來越清楚，到最後變成是你的肉身沒有任何執著，完完全全就是靈魂體與肉身的清明度等同等持。

交給報身的靈魂體運作，交給如來運作，你肉身本身完完全全就是等同如來、等同報身成就的「法報化三身三位一體」。這時候，靈魂體也只是一個名稱而已，實際上，你在無形界存在的那一種狀態，在靈魂界的動能動力存在之處，其實背後的根本都已經是如來的狀態。所以當你肉身完全不受制的時候，你肉身和靈魂體的自主性已經是在各層次各次第都能夠解除你肉身本身的障礙，也能夠解靈魂體綁住的障礙。

不是問題的問題，是問題即身非問題的問題。
不是問題的問題，若有問題，如何不落入問題本身的問題。
不是問題的問題，若問題本不可說，可說的問題如何是問題當下的議題？

我們講的菩薩道就是說，當你在世間有一些影響力，協助很多生命恢復他在有形無形世界的自主性，那背後就是如來本身的願力。

誰曾是誰的靈魂？入誰的肉身？在誰的其中？誰不是誰的靈魂？是誰靈魂的識性？在思議的靈魂中尋覓誰的魂魄？生死之中，靈魂將回歸何處？靈魂是否有彼岸？在誰的因果中？曾是誰靈魂的輪迴？靈魂不識，有形無形皆無不是的靈魂，靈魂的哀歌，靈魂的記憶，誰還能記得肉身之外的靈魂？誰能識得靈魂曾在肉身之內的過程？誰已是靈魂輪動當中的失落？靈魂已不再識得己身的本體是如何有過的存在。

所以，我們今天所要表達的就是肉身、靈魂體與如來體之間的重要連結，如果有一些人完全否定靈魂體和如來的存在，或沒有這種知見，就會完完全全只剩下識性與慣性的運作，是完全被覆蓋的。

如來的本體性示現無量靈魂體的永恆性，等同示現當下肉身無量覺有情的當下性，三位共一體，三位共本願，三位共功德，三位共對應，三位共等同等持，在無量的時空中，三位共無上正等正覺，即身三位共一體，即身肉身、靈魂體、如來體共一世尊如來世間出世入世示現中道無上正法。

思維非識性，思議不落入，空識性思維，非思維識性。

靈魂無識性，非靈魂思維，空識性靈魂，非靈魂識性。

靈魂圓不二，靈魂法供養，靈魂自了義，靈魂即身佛。

靈魂體與靈魂體的共振共雙修

共願共如來的不同靈魂體回歸依止於同一肉身的解密解碼。

一如來一切如來，一如來無量如來，一如來一切存在，一如來無量靈魂體，一如來無量肉身，一如來一肉身一靈魂體一存在一永恆一永生永世一終極，一如來二靈魂三肉身，二肉身二世界，無量之二之存在，一切的一切，一如來三四五六七八……無量的存在裡面，一切密藏一切如來義，一切如來一切存在一切法義，廣渡無量世界，廣渡無量法義，廣渡眾生，廣渡無量世界一切眾生苦難形式的密佈局、密無量之思維、密無量不可思議的密示現。

靈魂體和另某一靈魂體由如來共同變現，等同等持無量。某靈魂體本身在某一世代、某一時空、某一領眾、某一圓滿、某一納入，此靈魂體本身成就無量之當下成就。另某一靈魂體在另一時空、另一世代、另一佈局，引領眾生苦難所需要的內涵和不可思議功德力的涵攝。

當靈魂體與靈魂體在共如來的狀態下，共重逢的存在裡面，依止於有肉身的存在為皈依境上無上自主的存在，當終極世代的回歸、終極世代的佈局，主皈依境靈魂體本身的無上自主，變現出共靈魂體裡面共不同一切苦難的形式。

當某一靈魂體因如來本身的允諾，而回歸存在裡面，他整個子民、整個碎片、無盡存在等同他存在的時候，他回歸到他自己本身共如來的另一靈魂體的肉身存在裡。

一肉身二靈魂體的共願共本然存在的共振裡面，同時收圓無上，令另一靈魂體主位上的正法能夠有主的皈依境，讓所有的力量、所有的存在都能夠等同等持的回歸。

而當有肉身的無上靈魂體，在正法世代的示現裡面，如來會佈局，令另一靈魂體在另一時空曾有過示現的完整性，或裡面尚存的某一些無限不可思議的碎片和子民回歸，另一靈魂體安住在有肉身的共如來的靈魂體上，做為回歸的當下，因為靈魂體之間有共振、共法、共願、共如來、共等同、共敏感度、共志業的狀態。

共等同的靈魂，無不是收圓無盡的密藏，靈魂無上，眾生究竟，世代傳承，在無限的不思議中，共碎片之靈魂體，共如來本願功德之自性空，肉身的意志，靈魂的本願，共肉身靈魂於無生一念，無上正法。

當有肉身的這一個靈魂體的厚度夠了的時候，他在共同裡面把另一靈魂體的狀態納進來，安住在有肉身的這個靈魂體裡面，所成就的主皈依境完整的初步磁場，讓另一靈魂體回歸，帶著他的無量碎片、無量的磁場、無量的時空、無量的苦難、無量的收圓、無量的功德、無量的因果，回歸到這個有肉身的靈魂體裡的主皈依境上，得到重大善護守護的完整性，等同等持共願共佛果的共磁場，在共如來的狀態下，共同安住。

到一個完整成就的時候，當下有肉身存在入世完整的狀態，入主皈依境，變現另一個如來虛空無形的皈依境存在，等同那一個共如來的靈魂體，等同當下示現無上自主的皈依境，令其所有的子民、所有的碎片無邊無量的回歸到他主的皈依境上面，等同等持，以此守護，共如來無上，共皈依境當下，不同的皈依境，共共同的皈依境。

共自性妙法入世無上變現入主天下皈依。
共靈魂體密如來示現即身肉身中脈輪脈。
共自性密無關結界一切佛果萬民萬有。
共如來密眾生宇宙入世主正法不動無染。

因有共同的願力、共同的如來、共同的狀態、共不同皈依境、共不同變現，但在共本願、共終極、共存在裡面，是共同皈依境。

皈依境內的眾生是不同的眷屬，苦難不等同，世代不等同，但在終極裡面，他們共願、共如來、共本份、共終極、共世代，以肉身本尊為中間之正法所在當下示現。

其靈魂體本身有共靈魂體之密因，靈魂體與靈魂體的共密碼無上雙修的當下，他們在每一個不同世代，並不是彼此的前生今世，他們是共如來、共願的狀態，由共如來變現出去在無量的時空裡面，無量輪動出所有各種不同的層次、示現、妙法，引領出來的。

在靈魂體回歸的當下，以肉身為主導狀態的皈依境，成為他們回歸整個共如來能量的完整性之總合涵攝。當涵攝到一個厚度的時候，在這個主皈依境有肉身的靈魂體的肉身，當他完整之後，以此再變現出另外一個靈魂體的皈依境，是共同共不同的皈依境。

在最深的地方有共同的平台、共同的如來，但是在共不同的部份，就是靈魂體曾經走過不同的世代，有各種不同的眷屬、苦難、佈局、密不可說的生死輪迴輪動、有關無關的一切狀態情境、和各種不同形式的碎片，這個皈依境裡面的狀態、內涵、架構都是不一樣的，但是其根本的所在，都是為了萬民回歸所需要的皈依境。

肉身的即身，無不是多少眾生眷屬的生離死別，即身即刻的當下，有關的無關，關係著所有因緣法緣共不同回歸的靈魂意願，誰與肉身的當下共同存有在靈魂的一切永生的存有當下？萬民即萬有，萬有之萬靈，入虛空的宇宙，現如來的法相，我今生的肉身已是我靈魂體必然如來的法身。

所以這兩個靈魂體裡面，其中一個有肉身存在，一個沒有肉身存在，他們的共如來在過往的示現，他們是共守候、共善逝、共存在、共如來、共本願的存在，是共不同靈魂體終極回歸共如來所變現出來的共同存在。他們在基本面上是共不同靈魂體的、共一切的、共存在的、共根本的、共究竟的、共等同的、共本願的、共一切的，只是他們展現在共不同世代、時空、各種不同的情境、不同課題。

共時空密善逝主國度如來等同肉身。
共回歸靈魂體覺無極生活入一切世代。
覺密情境共主諸國土變現密藏諸佛。
密願力功德大威德護法正法一切法如來。

所以，回歸的靈魂體無形沒有肉身的部份，他會依止於有肉身的磁場，加碼有肉身的力量恢復，也讓那一個沒有肉身但有靈魂體的，回歸到他如來本願的當下安住。

透過肉身的整個成熟的磁場，整個涵攝總持的完整性裡，當下等同示現主的皈依境，在無形世界，讓他所有的碎片能夠回歸，讓他自己本身的完整性能夠成就，而且等同當世當代共同面對天下，共同成就主的國度、主的示現。

廣三深遠無上皈依境逐步示現，而正法主要根本中間的那一個主皈依境有肉身的人，本身直接回歸到他如來的正位上，等同於與主共主的存在。

終極第一示現無上佛首皈依境，共同如來共不同靈魂體的狀態，有各種不同的示現，是當初如來變現出去的終極分身。現在以有肉身的如來所成就皈依境之肉身為主位，在成就等同如來等同共靈魂的狀態裡面，一切回歸終極所在。

經過肉身本身主皈依境的整個肉身涵攝的磁場，確定之後，再直接變現成終極守護的靈魂體的皈依境，等同等持於這個肉身皈依境的存在。

靈魂的密藏，靈魂本不可說，靈魂非靈魂，靈魂本身跟如來共振雙修，靈魂本身跟一切靈魂體雙修，靈魂本身跟自己本願共雙修，靈魂跟自己的子民共雙修，修於無所，修於當下。

靈魂非靈魂，靈魂本身的存在就是藍圖，就是意志，靈魂就是歲月，靈魂就是經歷過所有亙古常新的存在。

靈魂體本身是不斷更新進化的，靈魂體可以有時空沒有時空，在靈魂體的國度當下的每一個轉化過程裡面，都有靈魂體非常深遠不可說的妙用。

靈魂體本身的靈動性是不可思議的，靈魂體本身有無量道的輪迴過程、輪動過程，所以靈魂體的本命就是為了主的意志，成就存在的一切，入一切本身的存在。

肉身靈魂入一切成就的主，靈魂肉身轉化的輪迴，交替在終極本身最後的原點，如何的轉化無不是陰陽雙修和合廣三的天下，淨土的諸國土，行一切靈魂密肉身的妙法，主成就的意志，呈現在所有靈魂肉身必然的圓成當下。

終極靈魂體的正法本身有無量的變現，終極的靈魂體可以是輪迴的輪迴，可以是輪動的輪動，可以是正法的正法、非正法的正法，靈魂體的本身可以是清明清楚的，甚至其佈局是非清明非清楚的。

所以，當靈魂體在一切觀照當下所變現出來的引領裡，可以有各種不同的生命形式，也可以在入諸國土的變現裡面，成就一切的狀態。靈魂體也可以入眾生夢裡，變現出各種不同的生命圖騰，引領一切眾生入他本身自主的國度。

相應的靈魂體也可以進入各種已經輪迴沉淪的各種生命型態裡，變現成諸佛菩薩，變現一切功德，或變現一切苦難，引領苦難的眾生再走入無形世界的苦難輪迴。

引領的國度，苦難是我各種不同的變現，我已經在輪迴中成自己生命的形式，我已在一切靈魂體中扮演過各種的生生世世，我已是非我的我，眾生的相應是我唯一願力的如來。

靈魂體本身就是無上如來的妙用，等同如來存在的示現，等同如來的放光。所以，靈魂體的無盡就是佛放光的無盡，靈魂體的體之本身等同如來的本體，靈魂體本身的正法，具有如來自性存在等同的功德力。

靈魂如我示現的變動，就算無盡的宇宙也是我能盡一切的守候，不動的如來是所有變動的光明，功德不必是誰刻意的追求，瞬間在永恆當下，說出佛的善逝，人間的寶生是人性無盡光明自主的面對。

靈魂體本身存在所成就的一切，在肉身與非肉身、靈魂與非靈魂之間，當靈魂體的功德大到可以等同如來，可以等同肉身，等同一切靈魂體的時候，他可以在遍一切處無量存在。

莊嚴靈魂體，實相功德力，莊嚴生命，一切都是無上諸佛的靈魂體。靈魂體無分別，用之於無上，靈魂體本身無上雙修，靈魂密修如來之因，雙修共靈魂體，功德密佛果靈魂廣三無關究竟。

靈魂體可以運作一切存在於宇宙裡各種不同的資糧、各種不同的地水火風空。

陰陽之靈魂體、乾坤之靈魂體、天地一切之靈魂體，無邊無量，其本身是自性變現變動的重大示現。

密靈魂體本身重大無邊無量的心念，等同諸佛的示現。

自性變現的終極靈魂體，在一切變動的當下，正法所要成就的密正法靈魂體的眾生，都是生生不息在所有無量畏因裡面有著無量共果的佛果。所以當一切的靈魂體回歸到終極的輪動裡面，密正法的終極世界生生不息，在一切生活的當下，一切肉身所銜接的無量靈魂體，都能夠回歸到自性終極的正法時空。

諸國土諸佛一切密結界無上存在。

諸法義實相生命佛無為妙說一切妙法。

諸法界本體實相生生不息一念結界。

諸皈依境主太極無極終極原點一切不可說。

諸實相淨土開演終極世尊無上中道密壇城正法一切空性第一義共主。

諸肉身共自性共空性共等同共不等同一切空性義示現終極密肉身實相圓滿。

過去無量生與現在生的對應

打破肉身時空的結界，貫穿連結無量生生世世的自己的所有磁場與能量。

眾生有愛，無量乾坤，乾坤分明，歷歷在目，一念一世界，一念無量蓮華。此生當下的你、此刻當下的你、此念當下的你、當下此世的你，二世、三世、無量世的你，都在當下此世你的肉身存在的生活行為的每一個存在裡面存在著無量世的你。

即身此刻的你就是在地球生生世世的你、非地球生生世世的你、在宇宙生生世世的你、非宇宙生生世世的你、在時空生生世世的你、非時空生生世世的你、在虛空不可思議的存在生生世世的你、在非虛空非存在生生世世的你、在永恆永生永世生生世世的你、在終極實相、在非永恆非永生永世存在的生生世世的你，都在此刻你的存在當下所進行的每一個日常生活中的慣性的照見。

在時空生生世世的你、非時空生生世世的你，盡虛空密空性密淨土。

生於非生之無量生，死於非死之無量死，無壽諸相，無承受之一切相，一切如來生生不

息一切不可思議，一切顯相入空性萬有妙法，入即出，出即入，出入不二，時間等同空間，空性之本，一切密藏之所在。

此生此刻存在的肉身身口意所存在的念頭思議的一念，就是無邊無量存在生生世世的你的一念。一念一腳步一蓮花一世界一世代一時刻一時空一當下，無邊無量生生世世的你，皆在那當下的非當下存在著，與此刻的你共存，與你此世代的時空共舞人生的滄茫。

所有無量世代滄茫的眾生慣性都在企求此刻肉身重大突破的圓滿，生命無盡的訴求，所求在一念當下的分際分寸之間、分秒之間，都在面對著無邊無量自己等同等持存在的、曾擁有過的歲月時空生命中最深遠的莊嚴期待，所等待於相應肉身的恢復。在肉身本身當世的世代傳承當下，本身存有的真正訴求，求出一種生生不息之如來存在的重大照見，照見本身存在當下肉身的不圓滿，就是自身過往無邊無量共同存有生命共同的不圓滿。

一世界無量文明，一世代無窮人性，一時空無量生命，一宇宙無窮虛空，一當下虛空本空，一蓮花無染之善逝，一念間無生法忍。

即身無量，肉身成佛，生活肉身，生命肉身，放下當下，當下放下，即身本位，佛成成佛，如來肉身，即時即刻。

一念佛一念肉身一念虛空一念法界一念本體，即身即成，一肉身無量如來。

「一就是一切一」，「一就是一切」，一切就是無邊無量世的當下回歸到一的如來本身、一的肉身的本身，一的一念的身口意的即身行為本身的取捨與判斷的不落入，當不落入當下的慣性時，就是承諾無邊無量過往自己的不落入。「一就是一切」，「一就是一切一」，「一切就是一」，一切的一切、無邊無量的一切都在訴求當下自身即身本身的「一」。所以，無邊無量的如一，等同無邊無量無窮無盡之生生世世的肉身，存在的當下，一肉身就是密一切無邊無量存在的狀態。

所以，肉身之可貴，其深化本覺之無量，其本位的生生世世是無邊無量的每一個經驗值在等同等持的狀態，打破肉身本身當下一切時空的結界，打破無邊無量生生世世無邊無量時空裡面存在的因果，貫穿連結無邊無量生生世世自己的圓滿與非圓滿裡面的因果其訴求的所有磁場與能量，全面性的回歸還原在當下此世地球的肉身，為一切回歸收圓一切如一的本源當下。

肉身世尊本覺無量，時空結界究竟本源，結界肉身無上供養，畏因即身佛身佛果，知苦感應感同身受。

回歸迴向，因果自在，收圓無量，肉身本體，非時非空，寶生無窮，無量一念，世界結界，等持功過，功德等同，磁場示現，能量變現，本源原點，終極莊嚴。

在重大收圓的自身傳承裡面，慣性即如來，生生世世無邊無量慣性裡面的不圓滿都是他自身存在的能量。世尊的無邊無量生生世世的尊重就是——不管過去生的任何時空所面對任何課題裡面的任何承受、苦難，以任何的生命形式，不管有無肉身，或任何無分別的一切，在無量生生世世對應的無量生死輪迴、無量生死提點，圓滿的、非圓滿的一切對待裡面的重要過程，皆能夠等同等持的尊重和取得重大回歸的收圓。

生於生生世世，滅於前生今世，圓收之自身，輪迴之輪動，生活世尊，無住無量時空，一切之中，自有乾坤，一切其中，無所預設，傳承志業，覺受當下，生命功過，功德身佛，肉身即身，世代妙有，輪迴畏因，無非無過，寶生虛空，莊嚴自主。

而集中在自己此世當下肉身慣性，我等同善逝之，我善逝當下我的慣性，我心念當下的重大迴向跟供養，我禮敬此生之前無邊無量世所有我的存在，才有今天當下此刻肉身的我。因為過去生無邊無量生命面對一切苦難考驗的演化、進化跟面對的轉化，才有如此當下此刻能夠面對生命完整善逝慣性的我。所以，我無邊無量感念、禮敬、讚嘆過去生無邊無量等同我存在的我的如來、我的苦難、我的一切生命的無分別的類別。我等同當下我如來的存在，打破無邊無量生生世世我的苦難結界，全面性的納入，當下一念收圓善逝之，而寶生我自己存在的如來身。

以此迴向供養我無邊無量生生世世過去生我不圓滿的苦難，皆等同我當下此生肉身善逝慣性。我一善逝的當下，無邊無量過去生的我亦全面性的善逝，寶生當下我生命的恢復，就等同於我無邊無量生生世世存在的生命都等同寶生其生生不息的能量場的恢復。

善逝等同之義，寶生等持之智，能量之所衡量，示現無量磁場，成就無盡道場，道之本德之義，道非道，生滅皆道，生死皆德，功德本身，即身大道，肉身大我，感應時空，善逝無量，如來如我，供養迴向。

如一之我無邊無量存在等同等持世尊之無量我的存在，故我的肉身即身成佛是無量的苦難身，是無量的如來身，我無邊無量的眾生，其任何生命形式存在的苦難，回歸到我當下肉身的日常生活中善逝慣性，令我生命走上自主的重大功德。令所有無量世我的所有肉身、我的所有生命苦難不圓滿的磁場，全部回歸收圓皈依到我當下肉身無上自主的皈依境上，我的肉身即無上皈依境之自主收圓的無上肉身。

自性無智，供養密碼，人性無我，迴向究竟，空行密法，宗教非教，明明其德，自有本義，如來如法，自有自主，生活無關，妙行覺智，男女不二，終極世代。

以此，我之當下，我之非當下，我之過去之無量，我之當下本身自主的一切，將以此前進我即將開演的無邊無量世的未來。我皆等同等持當下如來之肉身，以此奉行我日常生活之身口意，以此涵養我存在之一切寶生之重大智慧無上的示現與奧義的密碼。凡我所行皆一切無染之行走，我明一切智，我行一切處，我遍知一切所有苦難，皆等同我無邊無量世之存在。

我之入不思議，聞思修本無量，空行法一切處，金剛智德根本，諸國土如來行，妙空有密自性，無分別無上智，一念間自性佛，即身處一切智，善逝滅寶生佛。

故所有無盡之眾生，在過往無量的不圓滿，皆等同我本身存在的分身、法身、苦難身、等同身，非我今生肉身之無邊無量存在之一切無量生命之存有、一切無量生命之存在、一切苦難身之無邊無量，不預設之所有生命形式存在的當下，皆在我肉身當下當世的一念之間的行為與行走。

我清楚明白，此刻的我莊嚴本身實相的行為，即身即是無邊無量生等同存在的莊嚴事實，為我存在每一個日常生活的世間尊重的如來戒定慧，即我肉身存在日常生活無上自主的功德實相。

世代開演無量不可說之文明，世代變現無量不思議之文化，世代之義，世界之法，世人生於其中，皆有其本智，生命皆有其妙法，世代之所以存在，在於本願之本志，世人之生，妙用其中，世人之滅，功德自主，世代畏因，世法開明，明其世人之德，明其世代之功，諸人皆世代之君主，君主之義，君子皆明其自身之德，諸君皆能自主，世代之無上文明，世代傳承，世人示現，君主無爭，人人自主。

即身肉身密藏胎藏

你一定要在不思議的安住當中，讓你的胎藏生生不息，能夠延續而不被干擾。

當我們哭泣的時候，就是我們要準備做好出離的時候。我們肉身的密行之一就是哭泣，哭泣時流的眼淚本身就是一種「水智」，水的智慧，也就是一種出離狀態，即身出離狀態。所以水本身具備了肉身即身排毒的重大排消工程。

肉身水性的洗滌本來就是即身出離的行路法門，各種不同情境情緒的累積，也是透過肉身水性進出的模式，來做一種洗滌性的改變與改造，也同時出離了所有肉身的累積。我們人類因為習慣而忽略了這樣的即身功德，肉身水性的洗滌就是即身出離的功德，它本身就是一種水性智慧即身轉換的功德公義。我們人類即身肉身本就具足這樣出離的功德力，我們要懂得肉身出離的狀態是什麼。

我們人類最大的關鍵就是，我們肉身早在永劫以來就具備了報身成就。所以我們能反應因果，反應問題，反應承受，反應苦難，反應情緒情境。為什麼我們有那麼多的情緒？為什麼有那麼多忍不住的念頭？那些都是我們永劫來不圓滿的狀態被反應出來了，但是，我們反應出來不等同排得出來，所以我們得病。當我們得不了真智、真行的時候，我們的肉身就會得病，所以排毒是何等的重大。

肉身的排毒是什麼?洗滌的出離，排毒的出離，就是肉身原罪識性的出離，這是肉身本身重要的轉識成智，是肉身在如來主性的面前真正的禮敬拜懺，解除肉身識性的原罪。真正的拜懺，拜懺本身就是一種最深的懺悔，就是我們對永劫以來所有存在的能量場的未覺之處做最深的打破。在緣起的對應中重點是在求自身的打破，只是當我們始終都打不破的時候，最後終將只能累積成一個病相的狀態。所以，當我們本身在哭泣的時候，就是我們排毒的時候。我們要懂得真出離，轉識成智，你要能成智，你的識就要能轉得過來，如果今天在轉的過程裡面，卡住在那邊的時候，就會變成當下的一個結界性的情緒情境的波動。

如果你有那麼大的情緒、那麼大的波動和不穩定，即便你有主性的覺知，有主性的基本穩定度，你的報身成就還是成就不了，還是轉不過去，因為你卡在一個情境情緒的存在當中。你覺知了，但是你還是在關鍵的排毒過程裡面做自我干擾，因為你忽略掉一個狀態，讓自己卡在某一個疏離的時空感當中，轉的厚度不夠，當你的功德力超越不過去的時候，你的情境情緒就會在一個關鍵的地方卡住了。

我們每一個狀態都是一種生命的情愛，我們以水為情，當你轉識得智，你才有愛可談，這個愛本身是如來對你的寶生。所以我們能寶生得出來，那就是我們轉換成功了，若要轉換成功，非常的清楚，就是排毒要排得出來，排得出來之後更重要的是要了義。所以不能有任何多餘的狀態干擾著我們自己本身的轉換過程，不管肉身處在任何次第，不管生死如何，不管了義如何，不管次第如何，不管當下的狀態如何，不管得失多少如何，你自己本身不思議的穩定度要放在你的身口意，放在你的經絡，放在你轉識成智當下的轉換點上。你必須在不思議的無住當中無我，所以絕不允許任何的情緒情境的干擾，為的就是在整個轉換的排毒過程裡面出離的非常完整，這是等同等持的狀態。

你永遠不知道這一部份出離之後，下一部份會有怎麼樣的出離狀態，往往你自己本身要有一個非常專業的狀態，轉識成智是一個報身成就的空前當下，即身成就你肉身的重大洗滌過程和成就過程。當你肉身在生存當中，有覺受報身成就在當下住世的時候，任何轉換都是生死的胎藏密義，任何生滅的出離、出離的生滅，都是生死胎藏的密行義，任何轉識成智的緣起性空，一切以當下生滅的緣起性作為出離轉識成智的重大密行義的報身成就。

所以，以解脫智觀照任何的生滅緣起，都可以引動成佛佛成的重大法性供養。也就是說，當下生滅的諸相是具備任何轉識成智的胎藏密藏。一切佛成之胎藏，一切胎藏之佛成，本在生滅的出離之中引動緣起的第一義，而入報身佛成就的轉識成智的密行，所以緣起肉身的生滅已是諸佛如來胎藏緣起之法性供養。

之所以故，**肉身當下一切生滅的出離排毒，已是具足諸佛胎藏緣起性空的報身成就之密**

行本義，所以肉身即本然的胎藏，肉身緣起生滅引動是胎藏圓動入轉識成智報身成就之性空如來諸相的第一義智，這一切都是從肉身本身悲的引動的水性智慧洗滌開始的，也就是大悲陀羅尼之肉身胎藏，一切的緣起在無邊無量的遍一切處之引動中，開出諸佛的蓮華果位。報身在你密行當下，你肉身的生死生滅之緣起就是一個胎藏，你肉身的生——生之胎藏，肉身的死——死之胎藏，肉身在生死當中轉換的轉識成智就是一個關鍵性的胎藏報身、報身胎藏。

因為生命本身的因果狀態在你肉身即身的狀態裡面，在肉身本覺之中是非常清楚的，在解脫智上，肉身本身就具備覺所的完整性，具備法報化三身的功德。所以在見諸相的當下，肉身會反應諸相諸苦的即身因果之作用義。所以，肉身當下就要做即身的轉換，從苦難之中轉換成非苦難的狀態，從非苦難的狀態轉換成清明清楚的狀態、無苦難的狀態。覺知的過程裡面，所有的報身成就心路歷程，通通在你肉身的覺當中清清楚楚的讓你清楚，這才是生死了義的重大成就。

我們透過生死成就一個報身成就，從生胎藏到死胎藏，就是一個寂滅的胎藏狀態。胎藏本身是一個接著一個胎藏的，胎藏本身不是一個圓滿的所謂的皈依的胎藏、實相的胎藏而已，我們所有的諸相都是胎藏。在很多緣起的法供養當中，如果有一個食物，他就是一個胎藏，這個食物正好被一個覺者在最後開悟的時空中納入了，並且他成佛了，當這個食物的狀態供養了一個覺者最後成佛機緣的時候，這個覺者在最後開悟的這個臨界點上，因為這個食物的供養，這個食物本身的胎藏就供養給這一個覺者而讓他成佛。所以最後這個食物的胎藏本身的形式消失了，但是他進入了這個覺者成佛的狀態，一個覺者的覺性與生命諸相的覺所，在佛成成佛的當下，在共同轉識成智的質變之中，將令整個世代有形無形全部圓成，而生生不息本身，就是來自諸相平凡的胎藏養生之道的緣起法供養。

供養是生活性的無量義，覺者本身就是一切諸相互為生滅法供養的緣起胎藏，無量的緣起，無量的胎藏，每一個胎藏緣起的引動都已是日常生活之中人性生死的覺所的法性供養。覺於緣起胎藏的，將能入一切轉識成智的無量無常密義。每一個緣起輪動的轉識成智，都是無量諸相覺諸有情的胎藏法性的妙作用義，在引動的轉識成智之中，**諸相已是具足的諸佛，諸相生滅的緣起已是如來諸佛胎藏的等同等持**，更是在於密行義轉識成智的空行胎藏密藏。所以，一切生命之諸相共為共世代覺者生生不息轉識成智佛成成佛的如來密藏胎藏。

所以我們不能輕忽在日常生活當中我們生滅當下的每一個狀態，我們不應許任何情緒干擾我們的胎藏成就我們法道當下道場的成佛之道。智者不以肉身的生滅識性干擾諸相胎藏緣起妙作用義的功德本，所以肉身在日常生活中的對應對待，都要有基本的戒定慧互動在諸相之中。萬有緣起，萬有密行義，萬有空行本，萬有密行胎藏，無所不在的成就轉識成智的無量壽之無相胎藏之功德本。

在每一個報身成就的轉識成智之中，不同次第的智慧，不同胎藏的法流密行義，不斷的意會胎藏智慧的不可思議，所以對胎藏的深層了解的當下，又醞釀了一個胎藏的過程裡面的密藏。這真正的誕生每一個胎藏的尊貴狀態，誕生在這個世界的諸相，不只是人類誕生嬰兒，而是所有的生命都是在成就某一種可能性，無邊無量的可能性，每一個諸相，每一個胎藏，每一個佛成的可能性，一個緣起的生滅就是緣起諸佛胎藏佛誕的功德之不可思議。

所以重點是在那一個「藏」，一切的藏本身之無窮盡是不可設定的，所以一定要在不思議的安住當中，讓你的胎藏生生不息，能夠延續而不被干擾。每一個念接續一個念，每一個念都是一個胎藏，每一個念接著一個念的當中，不能產生任何的干擾，這是即身莊嚴第一義即身自身的公義。所以在生死的連結點上面，你自己信念信實的實相，就是你本身的實相胎藏，實相胎藏就是你自己真正面對生死生滅的整個胎藏傳承。諸相已是永劫以來密行的胎藏，諸相因果的緣起已是萬有輪動的永劫，本為諸相永劫已具足之無邊無量無始無終，所以諸相為實相之胎藏，一切諸相本為密藏胎藏之實相所臨在，一諸相，一胎藏，一無量諸佛之所從出。所以，諸相實相，實相胎藏，實相諸相。所以那個密藏本身已是無邊無量、生生不息的可能性。因此你要永遠在無分別心的對待當中，無住，無我，無識，無相。

因此你肉身的每一個存在、每一個細胞，都是一個胎藏，這個胎藏本身打破之後，寶生出來的可能性是不可思議的。你永遠不知道，如來在你每一個存在的平凡諸相當中的生滅相裡、或非生滅相裡、或非生非滅相裡，有多少隱藏的你可能佛成的重大法緣機會，這就是大自在的功德力，不可思議的功德力。

所以今天我們在共志業、共傳承、共修法緣上，在當下的即身裡面，我們的格局是什麼？我們的即身是什麼？我們肉身主位皈依境所有眷屬的回歸，都是一個可能性的胎藏。更重要的是，我們夥伴的即身肉身在面對生死的臨在裡，我們所與夥伴共振的共願當中，我們自己的完整性不存在對夥伴生死相面對的任何干擾。因為他的生死相，就是他即身重大生生不息生胎藏的了義，我們應該協助其寶生之道。

所以生死之相的胎藏在日常生活中進行的一切狀態，我們更要在一個無常的胎藏之中，在我們如如不動的實相圓滿胎藏見真章。無量諸相之生滅，無量無常胎藏之密行義，諸相之所臨在，共無量因果，共成無量無常，共成無量諸相之無常胎藏。

在混沌之際，混沌初開，當第一點初開的當下，混沌的時候，所有的胎藏本身就在孕育著永劫之初、永劫之末、與所有永劫於無邊無量設計點的圓滿胎藏。當所有的混沌胎藏準備好，所有顯相之後的胎藏功德力圓滿的時候，第一原點混沌初開，初開第一原點就放出了曙光。所以在日常生活之中，無量無常的輪動當下，無不是無量緣起胎藏不可思議妙作用義的存在存有。所以一切早就已經準備好。而所有的過程，就取決在你臨在時，是否能突破生死的面對，打開你自性如來的胎藏，在你日常生活當中，彰顯出重大如如不動的實相如來功德。

經絡輪脈磁場的自主性

不用識性刻意引導經絡氣場的運作，讓能量場自身形成它的圓滿和自主性。

在修行裡面，生命的改造最重要的就是肉身的心輪，心輪就是「觀音心」，為什麼修行的整個重點是從心輪開始？因為心輪是真正可以「上合佛首無上智、下化六道眾生」的輪脈，所以這就是為什麼心輪在中間位置的原因。心輪本身就是「觀音」，就是指觀照一切苦難的聲音，它是重要的第一義的啟動點。

原點之義，輪動輪脈，原點之義，輪動正法，原點佛說，輪脈佛說，原點觀照，佛智輪脈，原點無窮，虛空寶藏，原點空性，輪脈密藏，原點究竟，輪脈實相。

一個大智慧的人，他會在他本身經絡的中脈裡面，從他的心輪啟動他的覺明之處。所以我們常講「觀音心」，就是一個人會用觀音的心去確定自己生命的路，這個時候是用心，而不是用任何識性相對性的腦。當觀音心啟動的時候，會往上引動喉輪、眉心輪和頂輪，也會往下引動太陽神經叢、臍輪和海底輪。然而，現在大部分的修行者不是以放下慣性為主要，而是修煉自己肉身形式上的一種氣脈，身體會有一種敏感度，他會感受到他的氣與能量周遊在整個肉身。

不以識性對應一切輪脈，即身輪脈有其不可思議之妙有引動，即身輪脈等同諸佛妙行肉身能量法流，打破慣性識性，即身輪脈等同諸佛引動即身肉身無量皈依境之所從出。

左脈、中脈、右脈、前脈、後脈，這是人類肉身有形的脈，另外一種是靈魂體的脈。這是人類到現在完全沒有辦法開發的脈，就是靈魂體無形的脈輪。肉身的脈輪會銜接到整個報身成就的脈輪，靈魂體有各種不同形式，都是屬於一種報身成就的形式。靈魂體本身具足無量世界的結構，可以在不同世界做無形形式的轉世之旅，靈魂體本身的經絡可以有不同的設計，而且都有一定自我革命質變的功能存在。靈魂體可以成各種不同的狀態，但靈魂體本身存在的不可思議的存有形式，本不在肉身世界的預設之中。以後有機會可以再談論靈魂體脈輪的相關議題。

有一些人在心輪覺受到一個臨界點時，他的如來會引動他的太陽神經叢，就是記憶體的輪脈，如果這個修行人他修行的厚度夠，就肉身來說，他是如來在當世的示現。但是他的記憶中有他過去生在無量世界的記憶和經驗值，而如來是沒有時間空間問題的，如果當世的肉身修到某一種觀自在的狀態，也就是說他對自己存在的狀態已經逐漸沒有過去、現在、未來時空的限制時，為了加速進化，加速成就，他的如來會在當世肉身的某一種經驗值裡面，提供他過去生某一世經驗的能量場，這裡面有相關一切存在的記憶、經驗值或能量場，引動他加速成就，一方面解除他過去的累積，一方面也把過去的累積成就他今世的精進，這個地方是非常無上甚深微妙的妙用。

靈魂體即身無量因果輪動，無形輪脈不可思議共修功德，靈魂體輪脈即身法報化相應虛空如來教法無邊無量，靈魂體輪脈觀自在逆密能量法流無窮形式解密解碼，靈魂體輪脈諸佛共願之示現等同等持。

當這個肉身已經能夠供養他自身過去生一切存在的狀態時，他太陽神經叢裡面的因果，他過去生所累積的狀態就會不斷的遞減。以這樣的狀況去理解其所有的輪脈，那麼，如來會提供給你在過去生每一個輪脈所累積的經驗值，做為此生修行的資糧。

所以，每一個輪脈都有可能逐步的遞減累積，因為太陽神經叢裡面的記憶體一定是過去生的你，過去生的你也有包含過去生肉身每一個輪脈舊有的經驗值，你過去生某一世的每一個經驗值，還是會對應到你的每一個輪脈、每一個經絡，因為這是每一個肉身的身口意在運作的，在這個經驗值裡面無量的精密當中，會同時引動、解除裡面的碎片，而成為當世肉身成就無上正等正覺重要的資糧。

輪脈肉身皈依境，即身收圓無量因果，輪脈肉身皈依境，即身納入無邊無量靈魂體歸位，

輪脈肉身皈依境，即身畏因無窮盡末覺之處，輪脈肉身皈依境，即身共主遍虛空所有存在存有之無上存有。

因為現在大部分的修行人，不是以放下慣性為重要的修行之道，而是以往外的方式在練習精鍊某一種養生之道或某一種氣場，所以有很多的對應不是一種放下性的狀態，不是一種智慧性的恢復。現在很多修行人都是在練就一種「我能活久一點，或我更有神通，或我更能怎麼樣去經營一些外在的事情」，因此慣性的改變並不大。

我們所要表達的重點是在於，什麼叫做成佛？我要成佛的重點是——我每一個細胞都要成佛，我每一個輪脈都要成佛，我每一個存在的法流裡的每一個能量場都要成佛，我每一個能量場恢復的次第都要成佛。這個時候，你必須要相信你每一個輪脈本身都是有機體，都是有智慧的，所以當你自己肉身上面幾個輪脈，心輪的智慧、喉輪的智慧、眉心輪的智慧、頂輪的智慧夠的時候，它自己就會運作。當這些輪脈的智慧夠，成熟了，就會自發性的引領下三個輪脈——比較辛苦的、比較承受的、比較轉化負面能量的，所謂的太陽神經叢、臍輪跟海底輪。心輪及以上的脈輪能量場會引導心輪以下的三個輪脈，上面的輪脈成熟後，會知道下三輪的狀況，所以它會自發性的引領下三輪的自主性。

宇宙經絡輪脈密藏，等同即身肉身法流密藏，宇宙經絡輪脈密藏，引動諸佛如來密藏示現無量世界，宇宙經絡輪脈密藏，成就所有宇宙生靈終極成就第一義，宇宙經絡輪脈密藏，

圓成無量皈依境正法示現實相莊嚴，宇宙經絡輪脈密藏，平凡平實即身肉身密藏，無量生命生活即身佛成。

事實上，若你佛首智慧還不夠的時候就以心念往下引導下三個脈輪，反而會消弱那些輪脈的恢復。當你無法去判斷自己的智慧夠不夠的時候，就以意念去往下調整，這樣不夠智慧的能量引導方式，反而會有無法預設的後遺症。

所以，重點是不能刻意，不能用力。對自身脈輪的智慧必須要有無上的信心，你只有放下，不能用力，不能以你在人世間用力的意念去引導深層無上精密的內在能量場的運作。

當脈輪成熟的時候，它會自己產生不可思議的狀態，它會超越你相對性的思議和心念，而不繞任何過程，它會有智慧知道現在你下三個脈輪需要多少能量。當它已經具足了，智慧夠了，有足夠的能量可以引導到下面的時候，就會佈施某一些份量的能量去做消化、調整、轉化，甚至是進化。這是需要週而復始一再調整的過程。

當心輪以下三個輪脈的累積被轉化完成之後，一方面會排掉負面能量，一方面會讓這裡面的某些資糧變成是地、水、火、風、空——氣化之後的能量場，然後，再往上供養上面的輪脈。這在我們來講，就是「上合十方諸佛，下化六道眾生」的一種過程。

肉身密藏主密壇城無上收圓，密之肉身，密藏其中，密行其妙，密佛諸法。

肉身密藏主密壇城無上收圓，密之教法，無量佛成，密之本然，密佛等身。

肉身密藏主密壇城無上收圓，密之逆密，密不可說，密之世代，密之終極。

這當中，心輪非常的重要，心輪會往上覺知，往下也覺知，當你上面輪脈智慧已足夠成熟要往下引導時，心輪會知道往下要多少的能量場，所以心輪是非常重要的關鍵。而你自己在下三道脈輪需要轉化的負面能量，在轉化完成後，該排出去的部份，就會透過海底輪排放出去。如果這裡面有提升的、可以供養上來的養份與智慧能量，就會轉上來供養上面的脈輪。這當中，心輪都會很清楚，要導引上來或導引下去，心輪是關鍵所在。

所以，心輪是一個寶生的重大機制，這就是為什麼很多的修行要從「觀音心」開始，因此，我們一定要非常的保護心輪。心輪的重要性，比如說，男生和女生的最大差別，女生都是比較用心去感覺的，所以在我們一般人講到觀音的時候，多半都比較偏向是女性的觀音。這也是為什麼當這個世代女生不再用心的時候，或心輪的能量比較不夠，或心輪的承受太重的時候，常常會造成很多的疾病。現在很多女生有心輪方面的疾病，好比說乳房疾病或肺部，或婦科方面的疾病，這是很大的負面累積才導致的狀態，因為人不懂得寶生它，或用錯了，或過度使用而有所承受，承受了之後自己又無法轉化掉，就會累積很大的負面能量在那裡。

心輪本身就是一切的關鍵，如果你心輪恢復了、轉化了，心輪越來越有能量與茁壯，變成無上的智慧，它可以把上三輪不夠的智慧整個做調整，下三輪過度負面的能量也可以做調整轉化，所以心輪是無比重要的。

心輪本身就有它的佛智，這是很多修行者不知道的，我們常聽人講「明月心」，為什麼呢？因為心輪就是一種「明」，心輪本身的結構就是不思議性的。心輪的明白方式是這樣的，只要你保持一種清明、無染、直心，在直心裡面而不思議，你就可以用心輪在第一個時間點內確定。心輪的本質就是這樣，事後再去了解心輪湧動的內容和涵義都還來得及。

而如果你先用佛首來對應，雖然你嘗試不思議，但是如果不思議的佛智不夠，你就會很容易被腦袋裡的識性思議所干擾和轉變掉，很容易就被識性覆蓋了第一義，把某種殘存的識性心念夾雜在不思議裡面。這是佛首的一個比較麻煩的常發生的問題。

所以心輪的「明」，是一種無染的、直心的確定。當心輪以直心確定了之後，它的內容和涵義再透過某種不思議的狀況，產生某種識性的解放，你就會比較謹慎一點。有的時候，心輪的某一種直心的確定和不可思議，會對於你偏向識性思議的解讀模式產生一種洗滌和嚇阻的作用，這非常的重要。當然，心輪的明確度、直心的明確度和不可思議的佛首無上智的確定，可以同時並用，等無差別。如果你的心輪和佛首相應，等同等持，那麼，心輪可以對下三道脈輪產生很大的作用，而佛首可以對於喉輪以上的脈輪產生作用，比如說，當眼睛看世界時識性的排除，或是喉輪很多言不及義的言說，其實是會讓人承受的，佛首也可以做調整。所以，在我們各個脈輪的調整上，心輪跟佛首都是非常重要的。

以某種角度來講，我們上半身的佛首是頂輪，下半身的佛首是心輪。一個是無上智慧的不可思議的觀照，一個是直心性的觀照。

肉身之密，佛首佛身，佛智等身，即身當下，輪脈輪動，無邊無量，終極世代，佛必宣說，世尊開演，第一解脫，莊嚴等身，終極密教，教法如來，即身肉身，佛身密藏，虛空主身，空性實相。

人類現在大部分的狀態，下三道脈輪的狀況是非常不穩定的，所以我們需要非常慎重的去善護、加持我們的心輪，心輪會讓我們了解到下三道所有來來去去的因緣果報，這非常的重要。當我們面對所有輪脈本身引動的法流時，最重要的第一點，就是不能有太多的不安恐懼。不安恐懼會對於法流本身造成很大的干擾，當能量場、磁場在流動的時候，你的心念要是有很多的識性，就會造成亂流干擾，這對生命的養生之道、能量場的轉化、和轉識成智是不利的。

另外一點就是你不能用識性去運作，不能用識性去刻意引導經絡氣場的運作狀態，這些通通都必須放下。我們只能盡量讓自己平其心、安住、無所住而不思議，放下所有的識性，讓能量場自身形成它的圓滿、它的自主性。**不用識性去干擾就是對整個經絡裡面的一切磁場最深遠的尊重**。你不用任何的識性去引領任何的氣場在任何經絡裡面的運行，那就是世尊，你用世尊的正法去尊重你自身所有經絡之間和每一個輪脈的轉識成智，這是非常重要重大而莊嚴的尊重。所以，我們在人生的對待裡面，不要有太多不必要的情緒和不安恐懼，那是沒有必要的。

肉身輪脈密藏，等同佛説無上法，肉身輪脈密藏，等同自法自開演，肉身輪脈密藏，等同終極世代共演化，肉身輪脈密藏，等同無量世界第一義，肉身輪脈密藏，等同即身肉身共自主，肉身輪脈密藏，等同皈依境上本收圓，肉身輪脈密藏，等同主密壇城廣示現，肉身輪脈密藏，等同諸佛密藏肉身密，肉身輪脈密藏，等同實相終極身圓滿。

我們一生當中，每一個輪脈在每一個次第裡面的運行，它本身就是一個通往如來恢復的重大過程與莊嚴的事實。每一個輪脈都是有機的自性能量場，我們必須確定它，我們必須信任它，它就是寶生我們一切生生不息的有機體。我們只有「放下」才是唯一的最好的供養，當我們放下的時候，當我們善逝所有慣性的時候，我們的如來就會寶生而生生不息，如來密藏就會運作而恢復在我們的經絡輪脈上。

緣起肉身輪脈密藏，不可思議之，當下肉身輪脈密藏，生命生活引動啟動，不二肉身輪脈密藏，遍虛空法界等同等持，莊嚴肉身輪脈密藏，共天下一切處妙有密行之，逆密引動肉身輪脈密藏，因果寶生解密解碼，諸佛世尊肉身輪脈密藏，本來面目無邊無量無窮盡具足，即身肉身實相莊嚴肉身輪脈密藏，實相終極圓滿原點肉身密藏無上寶生，不可思議永生永世圓滿佛身。

穴道的密藏

穴道是肉身每一個太極點，每一個穴道都是陰陽兩極重大的存在。

肉身的密碼就是經絡，就是能量，每一個輪脈、每一個經絡上面，在肉身的整體上都有各種不同部位的穴道，每一個穴道就是一個臨界點，穴道本身並不單單只是目前人類在各種醫理上的理解、或氣功上的理解、或中醫上的理解而已。每一個穴道就是一個生命的原點，一個穴道的背後就是無量劫無量生死所有臨界點形成的一切因果的關鍵點。

臨界當下，放下善逝，解碼即身，輪脈經絡，穴道觀照，大道覺觀。每一個穴道，皆有其時空，有其結界之內涵，打破照見，輪動因果，湧動正法，密佈局全身經絡，每一個穴道等同一個小的輪脈，是經絡之間的樞紐，是轉化轉折的關鍵，是傳承示現的密因，是皈依結界的密碼。

一個穴道一個世界一個密因，穴道本身就是無邊無量的結界，穴道就是某一個時空、某一個磁場、某一個密碼，一個存在的靈魂體他在無量世界行走過的各種類別的因果，都隱藏在肉身的某一個穴道裡面。穴道就是一個納入、一個進出，所以穴道是人類肉身重大質變變革的密碼，每一個穴道都有他的如來在肉身內密用的重大質變變革的設計。

因此，穴道非穴道，**穴道是肉身的正道，是肉身本身每一個太極點，每一個穴道都是陰陽兩極重大的存在**。每一個穴道的本身都是一種供養，穴道是如來本身的眼睛，每一個穴道在肉身裡面的行用，都在傳達著各種存在的妙法，穴道本身結界著過去生所有生生世世走到現在被限制的範圍。

結界即身，穴道示現，經絡能量，輪脈原點，太極穴道，無極臨界，無上結界，無量道於一穴道，一切穴道法報化磁場，等同等持無量世一輪脈一穴道，密穴道密碼，解因果，轉識成智，穴道打破，密藏法流示現，寶生即身佛成。

所以，當人質變到一個狀態的時候，他的肉身也會在經絡、在輪脈上，有某種程度的轉識成智，改變某種程度的慣性。當他得到如來加持，如來法流貫通整個肉身的時候，每一個法流經過肉身的經絡到達某一個穴道，會突破這個穴道，當內在法流突破某一個身體穴道的時候，就是突破過去生某一個因果的限制。

任何的「因」在穴道本身等同存在，任何的「果」在穴道本身也同時存在。所以，任何穴道本身的奧義就是——一個肉身佈滿無量的穴道，穴道的本身都是通往無量宇宙的窗戶，每一個穴道都是如來的眼睛，每一個穴道都是你過去生曾經存在過的因果，每一個穴道都是你本身在過去真正存在過的不圓滿的慣性。

穴道皈依境，眾生慣性等同穴道當下之變動，穴道之供養，在即身法流的流動中，衝破穴道結界的深化，釋放穴道本身存在的一切結界之能量，穴道之因，一切生死其中，全身佈滿穴道，等同每一個宇宙之間的重大時空轉換的不二法門。

穴道之質變，次第之改變，畏因轉果，穴道即重大密因結界之關鍵所在。

因此，穴道有著你過去世的記憶，所有的不圓滿都在穴道的存在當中結界著。穴道本身就是一個曼陀羅，就是一個胎藏，它就是一個胎記。而穴道的質變能相應內在如來法流，當你不斷的突破與通透的時候，穴道就是等同如來、等同善逝慣性、寶生自己肉身整體質變重大恢復的切入點。每一個穴道的質變，都代表著你在無量劫無量宇宙無量道場的質變，每一個穴道都記錄著你過去的生生世世。

穴道的存在，佈滿即身肉身，肉身即虛空，輪脈經絡就是宇宙的各種日月星辰，穴道是宇宙的星系密藏，佈滿全身的等同全宇宙存在的奧義圖騰。

肉身即宇宙身，肉身全身的穴道、經絡密藏，等同無量宇宙存在肉身的等同等持之狀態。穴道之密，星際之義，宇宙密因，解穴道之因，解宇宙星系之義。

佛成之肉身，一切穴道皆是全面性的打通與恢復，讓無盡流動的法流充滿全身，如來能量，即身法身，一切穴道，一切通道，一切時空，一切結界，一切非一切之密藏之所在，通往每一個穴道的過程是恢復肉身在宇宙所有存在能量的重大回歸收圓。

穴道之清淨，法流之究竟，輪脈即壇城之皈依境所在，經絡是所有諸佛世界無邊無量佛道的究竟之路，等同宇宙存在無量淨土的妙世界。

即身國度，肉身虛空，肉身的一切，輪脈經絡穴道皆等同宇宙無量星際的佈滿，一肉身，一穴道，一佛，一淨土，穴道之不可思議，中道納入無量之不可思議。

所以，我們今天要在這個世代解碼穴道，讓每一個肉身即身佛成的密藏解開來，我們必須能夠以無邊無量的尊重態度來對應穴道的存在。

肉身的不可思議更在於穴道本身行走於每一個經絡裡面的每一個臨界點，那個地方就是肉身等同靈魂體安住在穴道的重大連結的密碼。

肉身是靈魂，是如來，中間的連結就是經絡、輪脈、和穴道，更重要的是在於一個肉身在恢復當下的質變，通往靈魂體重大密藏的靈魂世界，更成就肉身等同如來身的轉識成智，即身成佛，就在經絡、輪脈、跟穴道本身的共同圓滿的存在。

當你肉身所有的輪脈等同靈魂體等同如來，你經絡的能量等同如來等同靈魂體，你的穴道等同如來等同靈魂體的時候，你的存在、你的肉身將通透所有靈魂界無量的密藏，將成就納入如來無邊無量諸佛世界的法流於一肉身，而每一個貫穿穴道本身的「道」就是在那裡。

靈魂體存在之經絡輪脈穴道，等同人類經絡輪脈穴道之存在，在於有形不落入一切的諸相，在於無形不落入一切的形體。有形之經絡輪脈穴道，入諸國土之佛之能量一切示現之基

本結構，無形之經絡輪脈穴道，是一切密藏存在的重大的關鍵所在。

生命奧義具足一切有形無形生命形式無量不可說之經絡輪脈穴道，生活人際對應萬有人事物，亦等同一切有形無形不可思議之經絡輪脈穴道，皆入佛道之唯一通路。

無量穴道無量道，人類目前對於肉身存在的經絡理解有限，還有很多的經絡是人類現在的智慧沒有辦法發現的，還有很多的穴道、輪脈是人類現在無法偵測的。當人類在進化的當下，除了肉身的經絡、輪脈、和穴道之外，還有看不到但等同於肉身無形的經絡、輪脈、和穴道的存在，也就是在你靈魂體的無形存在的穴道、經絡、輪脈。靈魂體也是有輪脈、經絡、與穴道的，但不是人類能看得到的，他相應著那一世的靈魂體、那一世的肉身的輪脈、經絡、穴道。

即身肉身之空性功德力等同肉身經絡輪脈穴道，照見打破恢復肉身經絡輪脈穴道等同入空性之存在存有。

肉身經絡輪脈穴道寂靜寂滅，法流無上，生生不息，引領湧動即身無量法流自在身，即身空性肉身無量經絡輪脈穴道不落入因果輪迴之願力，一切經絡輪脈穴道有形無形等同無量世在其中之因緣因果。

所以，相應在靈魂體無形的輪脈、經絡、穴道，等同相應在同一肉身的輪脈、經絡、穴道，每一個穴道都是所有他曾經在無量世界、無量虛空、無量宇宙行走過的、不圓滿存在的重大願力。每一個穴道的結界，界別著你自己過去生各種生命形式的苦難形式，每一個穴道有無盡的次第，每一個穴道都是你自己生命終極的原點，在原點當下就是等同穴道的初衷。每一個穴道等同世尊的存在，每一個穴道就像你生命的眼睛，在看著你今世的生活，看著你怎麼去行走善用你的肉身。

所以每一個穴道本身都會在今世的行走當中，反應出你本身跟外在環境的相不相應，當不相應的生活形式引動出你這個穴道的輕重承受時，就會引動出你在這個穴道裡面隱藏的生生世世的重大面對的承受和因果。

穴道本身就是因，就是果。當某一個穴道本身承受著某一種病相之果的時候，在那背後，就是修行此穴道重大的生死畏因。所以，一個穴道就是一個正法大道，就是你生生世世在無量宇宙所要面對的重大質變的變革。

一個穴道，一個生命，一個肉身，一個穴道在反應你所有無量的不相應，在反應你所有該相應而能夠納入的重大妙法，所以穴道本身就是無關性的結界。一個穴道有它的生死輕重，引動出另一個穴道到另外一個穴道，到遍滿你全身的每一個穴道，都可能成為你生死交關的重大傳承與感召。

每一穴道皆有其不可說之志業本願。

每一穴道皆有其無量劫即身有關無關之有形無形。

每一穴道相應即身因果，畏因即身，緣起性空之覺受。

每一穴道供養自性第一義，傳承密存在之無上結界。

所以，相應於穴道的生老病死、相應於穴道的食衣住行、相應於穴道本身即身通往成佛的每一個當下，你必須莊嚴正視你穴道本身所要示現顯相出來、轉化於穴道本身的重大內涵。

穴道就是佛的眼睛，穴道就是眾生的願力，在你通往即身成佛的狀態下，不能輕忽小小的**穴道就是你無量生死密碼的一個重大樞紐**。你按下穴道的那一刻，就是在感動出你每一個穴道本身真正存在的永生永世，一個穴道就是你唯一的永恆，一個穴道就是你今生今世不能輕忽的正法。穴道等同你一個肉身的存在，等同你生生世世等同等身的存在，因為一個穴道背後的承載就是所有的密藏，諸佛的本義都在一個穴道本身的存在。所以，穴道的有染無染等同你自己本身對於這一世即身成佛重要的法要。

穴道非穴道，穴道是大道，穴道是一切能夠獲得寶生的重大關鍵所在，當穴道的承受變成一種病相的傳達的時候，它會反應在你自己某一個對應的心念，每一個心念就是每一個穴道，你的每一個心念都是佛念，你的每一個穴道都是成佛的要害，生生世世點點滴滴都在穴道的一生當中的行持裡面，端看自己能不能夠獲得等同肉身存在的重大善護。

我們護持於穴道本身的法流，穴道的質變有層層本身能量的結界、生死的結界，一個穴道無量次第，一個穴道無盡的佛果，一個穴道就是一個虛空存在的密藏，你身體任何穴道的部位都等同你無上佛首本智的佛眼，他是貫通的，他是如一的，他是等同的。

穴道等同佛眼，佛無上妙觀解當下。

一穴道一如來，一穴道一淨土。

穴道之密，妙穴道之深不可測，解一切穴道之本義，圓無量輪脈之圓動，經絡之會通，佛無說法自妙，穴道之示現，佛眼會通之顯相。

我們觀照世人有無盡的痛苦，我們可以用一個穴道的對待去觀照此一世代共同眾生的苦難，佛的眼睛在即身之處，可以是任何的一個細胞，可以是任何一個穴道，一個穴道可以是所有細胞的總持，可以是所有經絡的回歸點，可以是一個皈依境存在的無上回歸的主位。所以，穴道的不動性本身，就是結界在他自己肉身的那個方位，每一個穴道的方位都是肉身的護法，每一個穴道的本位都是肉身地水火風空各種不同所需要得到加持的重大存在。

穴道之密碼，無量劫一穴道，無量世一穴道，無量穴道一願力，穴道皈依無量眾生之終極原點。

一念一穴道，一智一穴道，佛所說，穴道之所在，是所有生死臨界之相應，穴道之道，法一切轉換之結界不可說，行一切取捨當下之不二。

穴道之本能，納一切無量之存在，轉一切相對之了義。

穴道是密碼，穴道是關鍵，穴道是根本，穴道是所有無量劫來你自己的眾生、你自己的轉換、你自己的修行、你自己的功德、你自己本身的佛說、你自己與無量世界共同存在的通路和重大的磁場存在的所在地，無上本智，無量穴道。

穴道就是心念的動能，穴道就是所有淨土存在的一穴道一淨土一主位。所以，生活中的肉身，肉身佈滿穴道的當下就是佈滿所有的結界、佈滿所有的壇城、佈滿所有的皈依境、佈滿所有在一穴道本身無生法忍實相莊嚴的自主穴道的解因解碼解苦難的當下，所以穴道就是肉身的智慧點。

宇宙每一個星球都是宇宙存在的每一個穴道，皆有其存在的道理。一個穴道，宇宙一個星球，有無量生命的納入、有無盡生死的結界、有所有不可說的生命答案，穴道其中，每一個星球都有其形成的志業，星球眾生的面對即穴道存在的根本原因。

宇宙星球即肉身穴道之存在，肉身即宇宙，不思議不可說，非相對識性可解讀，一切穴道，無量星球，無量眾生苦難之訴求，無窮生命成佛之寶生所在。

佛首智與海底輪之解密解碼

我們海底輪的狀態也就是我們最深的苦難，就是等同我們最圓滿的空性智慧。

文殊王佛雙修相的關鍵、核心的實相原點就是——佛首智等同於海底輪，海底輪等同於佛首智。文殊王佛本身最大的關鍵就是無緣性的佛首智，也就是空性成就的狀態，但是我們要表達的是——緣起性空的臨界點就是不空之處緣起所成就的佛首智之空性智慧。所以我們要了解到，海底輪本身就是所有緣起當中多生累劫來最大的識性累積點，這就是關鍵性最深的緣起、最廣的緣起。在緣起當中，當我們海底輪的緣起狀態等同於我們佛首智空性的等同等持等覺的時候，海底輪的識性眾生就是最不可說的永劫以來識性狀態的累積點。

如果今天的緣起就是海底輪所有的不空識性等同佛首智的空性成就狀態的時候，非常清楚這就是為什麼有雙修的文殊王佛奧義圖騰的狀態。文殊王佛就是一種佛首智空性第一義的不可思議，海底輪的究竟等同於佛首智究竟的等同等持的建立，就是文殊王佛雙修的狀態。雙修就是男女相海底輪的究竟連結，但是這個示現如果是由文殊王佛的雙修相所變現出來的重大奧義圖騰的密行顯相狀態，那麼很清楚的，文殊王佛雙修相的狀態就是——海底輪等同等持於一切的佛首智。

在緣起大悲的究竟當中，這個悲指的就是——我們最深的悲就是海底輪本身識性的累積，在文殊王佛雙修的圖騰當中，當究竟處海底輪的雙修等同佛首智的文殊智時，那麼，這個道理和法義非常的清楚，這個文殊王佛雙修相的力量所代表的奧義圖騰就是——一個圓的究竟，一個肉身圓的究竟。所以，文殊王佛雙修相重大圓滿的圓的輪動之實相壇城，所代表的就是——一切雙修狀態最深的究竟之海底輪，就等同佛首智無上智狀態的傳承。因此，我們整個肉身輪脈中，最深的苦難等同於最究竟的佛首智，這是不可思議的狀態。

所以，海底輪就是佛首智，我們的佛首智就是海底輪，我們每一個佛首智的臨在都是究竟的海底輪，我們海底輪每一個究竟的臨在都是佛首智的無上智。

當一個即身肉身到這種程度時，所代表中道法流的法脈，也就是即身肉身是一個圓的法流法脈的狀態。任何的輪脈，每一個輪脈之間都是無關性的，每一個輪脈之間都是一個結界的狀態，就是從佛首智的頂輪一直到海底輪，這中間的中脈當中的每一個有形無形的輪脈，在即身肉身的當下，在靈魂體的當下，在通往宇宙無量連結當下的每一個輪脈的究竟處，都是結界無關的，都是無緣性無關的。這樣子的一個功德力的即身肉身狀態，這樣的即身肉身的實相密藏，在整個中脈的原點上，就是佛首智海底輪、海底輪佛首智等同等持等覺的空性密行。

當所有海底輪的識性都是永劫來累積最深遠的業障時，我們就確定了它等同等持佛首智最不可思議究竟的智慧。而當你肉身海底輪所有的狀態能夠等同於佛首智的重大湧動、重大的照見、重大的轉識成智，一個即身的海底輪能夠等同於佛首當下的佛智，這不可思議的海底輪的佛智所代表的法流法義，就是這個即身肉身本身的中脈，就是一個圓的中脈，等同於佛首智與海底輪消融在等同等持的一個時空點上。這樣的功德力所代表的法流法義——海底輪永無識性，佛首智能夠照遍一切永劫來最深遠的苦難，都是等同空性的緣起。

永劫萬有一切的累積，最深的苦難在即身肉身之處海底輪的究竟處，已經是等同於佛首智的狀態。當永劫來累積最深遠的苦難識性，透過海底輪湧動的時候，當下就是等同等持空性智慧的佛首智。這時候，這是不可思議的狀態，或者說，佛首智本身空行的密義所示現出來的不可思議輪動的緣起，當下就能夠解除海底輪無邊無量的苦難和最深的因果的輪動。這些狀態也代表了一個基本面，就是無始無終的狀態——所有的佛首智都是最究竟的海底輪，所有的海底輪都是最究竟的佛首智，海底輪裡面永劫的眾生都已經是佛首智永劫的如來性，佛首智永劫的如來性都已經是海底輪永劫識性重大不空成就的輪動示現。

我們就要非常清楚，這是一個完全實相的中脈，這裡面沒有所謂的開始與結束，它是無始無終的中脈狀態、無始無終的中觀狀態、無始無終無窮盡的中道狀態。

所以我們要了解，文殊王佛雙修的圖騰所代表的奧義就是終極的無緣性、男女相的無緣性、陰陽相的無緣性、相對性的無緣性。一個即身肉身每一個存在的輪動當中的解密解碼當下，都是無關性、無緣性的狀態。在所有相對之中的無緣性裡面，當從無承受相到阿彌陀佛的無壽者相的時候，就是具備了真正的無關性。無關性的結界當下，每一個輪脈都是圓的狀態，每一個輪脈都是一個中脈的狀態，就是一個中道的狀態、一個中觀的狀態。

所以即身肉身的狀態具備文殊王佛雙修功德力的時候，這個無緣性的佛首智，無關性的每一個輪脈輪動當下的湧動到最後，整個海底輪最深的苦難狀態全部都能夠在中脈中道雙修的當下裡面，解決永劫來一切的相對性。所以，這就是一種最深遠的具足，這就是一種空性最深遠的創意，原點的創意。

所以當我們自己本身能夠面對一個關鍵的時候，無邊無量的諸佛、無邊無量的眾生、無邊無量的苦海，所回歸於涵攝回來的狀態，就是中道中脈的涵攝力，也就是我們自己本身不落入相對性的重大的無緣性、無關性的涵攝力。這裡面最大的原初原始的最終極力量的原點，就是總持文殊王佛雙修奧義實相的不可思議本願的功德所在。

當我們了解到如此的文殊王佛示現雙修相的狀態時，其核心價值就是無緣性、無我性、無識性、無相對性的男女相，無相對性、無識性、無時空的陰陽相，這個地方就是真正究竟的海底輪的連結。海底輪連結到哪裡，究竟的臨在就到哪裡，所有佛首智主性狀態的無壽者相就成就到哪裡。**當一個即身肉身每一個細胞的狀態都是處在這樣子的不生不滅的時候，所**

有的生滅狀態都是真正的陰陽相對的解脫和剝落的狀態。

當我們自己的肉身具備了所有中道中脈原點的功德力的時候，我們透過文殊王佛雙修相的輪動，解除了我們肉身所有永劫來相對性的一切生滅，我們自己本身的佛首智等同於海底輪當下的功德力，我們會有一個重大實相的知見就是——我們每一個細胞在一生當中的生滅，都不會有任何生滅的感覺。我們只有一個感覺就是——每一個肉身的細胞在當下的生滅，等同於瞬間的生滅狀態回歸到我們即身肉身中道中脈不可說的功德力的實相，瞬間就是不生不滅，這是不可思議的功德力，也是實相肉身的功德力。

在轉識成智當中，肉身的生滅相還是轉識成智緣起性空的重大的報身佛成就，一切的生滅本為一切相對的雙修，本為陰陽的對應，在究竟處就是肉身海底輪的陰陽雙修，就是緣起雙修生滅的法性當下的供養。

轉識成智，不落入其中，為無緣大慈之佛首無上第一義智，佛首智等同等持海底輪之緣起雙修，無上第一義無緣性佛首智，等同等持海底輪不落入雙修相，成就無極乾坤圓成之海底輪無上佛首智。

在文殊王佛示現雙修相的圖騰裡，它就是諸佛如來本身重大佛誕生的狀態。所有肉身的相對性，每一個細胞結構的生滅，在肉身具備了實相中道的狀態，具備了文殊王佛無緣性、無關性實相狀態一切雙修功德力，那是一種實相的不空成就。也就是，他是雙修的，是有相對性的生滅狀態，但同時也是無緣性的，因為文殊智就是一切諸佛的老師，祂是無緣性的、無關性的結界狀態。

佛首本智為覺所之智、覺所之空，佛首智的無相轉識成智質變整個肉身的無量輪脈，肉身無量有形無形的輪脈，涵納回歸無緣大慈同體大悲的文殊佛首無上智，為無量肉身無量諸佛之所從出。一切智本為無緣文殊本智，一切肉身之生滅緣起密行義，整個肉身之本覺，覺所覺空，密行空行義，整個肉身都是佛首智的功德身，一個肉身無上佛首智，無量諸佛之肉身功德之等同等持。

所以在這個肉身功德力的厚度上，圓滿了整個肉身無上佛首智的時候，這個功德力的覺受上，整個肉身的覺受是空的狀態，空所諸相的基本狀態。就是肉身諸相的覺所覺空佛首智的無緣性，肉身無上佛首智，當下覺所覺空妙覺諸有情，如一之肉身，無量諸佛之佛首智。

所以，對於相對的世界來講，當我們肉身任何的生滅相，能夠成就為整個具備文殊王佛解除所有相對陰陽相過程的功德力的實相肉身時，整個覺受上就是不生不滅的狀態。也就是說，一生走來，我們都是不生不滅的基本狀態。我們的肉身在表面上，雖然從別人的立場上來看，用識性看到的是——我們有生老病死的生滅狀態，但是在我們即身的功德力上，我們具備了文殊王佛示現的相對性雙修的狀態，這個雙修的文殊就是解決所有永劫來我們即身的相對性，全部都能夠解除掉。所以，我們肉身的每一個生滅，沒有任何生滅的承受感，我們只有一個存在的實相狀態，就是具足的狀態。

我們有不空的相對性，一生走來的肉身都是這樣軌跡的表相，但是在密義密行當中的實相所顯相出來的具體的肉身覺受感，就是沒有任何生滅的問題，沒有任何的生滅相，都是一種當下實相的示現。也就是，**我們肉身的生滅就是一種雙修相，但是它對我們肉身來講，是無緣性的、無關性的**。但是我們要具備一個條件就是——我們具足了文殊王佛陰陽雙修相圖騰的功德力，而且，我們也同時體會了這樣子本質性的經驗狀態，也同時解決了永劫來所有在我們肉身裡面的相對性、陰陽相、男女相所有基本轉識成智的過程，我們全部都究竟解除了。唯有如此的時候，我們就會很清楚，我們海底輪的狀態就是我們最深的苦難，也等同我們最圓滿的空性智慧，我們最深的空性智慧就是等於我們最苦難的狀態，都是一種示現輪動的佛首智。這時候，我們就具備了這樣子的實相文殊王佛圖騰的雙修相的功德力，這樣的密行、這樣的功德，已經到了一個即身肉身空男空女空陰空陽的狀態。也唯有如此，我們自己本身在一切處當中，我們都是一個不生不滅的即身肉身狀態。

這裡面的核心是中道中脈中觀的功德力，就是祈請我們即身肉身的存在具備文殊王佛雙修的實相功德力，解決我們左右脈的問題，解決我們相對性的問題、陰陽相的問題，解決我們的慣性卑仰我們如來的這個距離當中全部的相對性，全部被解除，回歸到我們自己本身的如如不動的文殊王佛實相雙修的功德力。

太陽神經叢的輪脈密藏

你的不圓滿逐步解除，輪脈開始打開的時候，就是一個如來性的記憶體。

你自己在沉澱生命的過程不斷的深化，你會從你肉身即身之處的當下，每一個經絡、每一個輪脈去觀照去看待，在太陽神經叢的部份，有著你無量劫來生生世世入無量世界重大的對應與對待，每一個對應、每一個對待所反應出來的因果，都是重大的密藏。所以，即身的肉身就是無量密藏的存在，我們所要訴求的是，當你的生命恢復到你的如來性必然恢復在肉身的時候，你自己本身在面對所有輪脈所照見出來肉身承受的一個內涵裡面，你要轉識成智的是——我自己本身是怎樣一個我的存在。

生命本密，藏於虛空，肉身本密，藏於輪脈。
即身輪動，生死引動，因果輪迴，不二叩問。
相應如來，即身放光，無念無生，即身寶生。
善逝慣性，大捨識性，本觀本覺，密藏空性。

密義法流，能量中觀，即身自性，空密空行。
不生不滅，佛生密藏，藏密肉身，如來密行。
空義空智，空性佛生，空密密藏，即身圓滿。

當我的存在面對生生世世我的另一個存在時，我的每一個存在進入無量世界的苦難，我沒有辦法預設苦難，我只能夠收圓苦難，我只能夠令苦難不再有任何的苦難，我在苦難之中所能夠在生生世世的佈局裡面，有很多時候，是沒有辦法一次全部完成的，所以在每一個次第、每一個國度、每一次的願力，都有每一次各種不同不可預設的承受。

有時候，某些世代的苦難只能夠收圓到某一個範圍，在密的圓滿的角度裡面，切進去觀照的知見上，在某一世的狀態本身的不圓滿是圓滿的，為什麼？因為本來就設定為不圓滿，因為那一次就是要設定成只能夠在某個範圍，提供某一個救渡、某一些內涵、某一些能量場，並沒有要在那個世代全部要成就圓滿。

苦難入一切即身輪脈，一存在無量世代。
慣性入一切即身輪脈，一存有無邊無量。
識性入一切即身輪脈，一念生非生非滅。

所以在設計的過程當中，有一些時候，肉身的狀況在進入那個世界時，肉身本身也會存在某種不預設。有時候，可能會救渡眾生過頭，或者說，肉身的承受超過所有的預設，所以這裡面就會造成某一種承載下的覆蓋所產生在這個願力的肉身內在的業力。當肉身要在最後一世做轉換或某一世願力的某一種轉換的時候，會需要面對因為有所不了義而產生的累積，這種累積往往在最深的地方就是一種忿怒。

比如說，當你自己的覺受有某種恢復的連結，你可能會覺受到自己奉主之名，或奉佛之名，或奉某一世代的救世主之名，或奉一切之名而入這個世界，做重大救渡的志業。你雖然有所會通與了解，但是因為救渡當下的不圓滿或累積，就會有無法承受的部份，那就表示是你願力的智慧、願力的清楚度，和你自己肉身的轉識成智是有落差的。

當在對應眾生，收圓眾生時，在某一個範圍之內，你可以了解為什麼；但是當超越了某一個範圍時，你就逐步的不了解為什麼；當你無法理解為什麼的時候，這個不了義的部份就會累積成怨恨。當累積到某一個程度，你的磁場、結界、或能量場、或是你和眾生互動的狀態，已經遠超過你當初奉主之名或奉什麼之名的那一個連結的狀態，兩者已經不等同了。也就是說，你和你內在性完整的整個連結狀態，已經不足以支撐你和眾生對應收圓的連結。

所以，你的存在裡面，因為收圓的眾生過多，一定會超過你存在力量的負載，甚至，超過你當初為了奉主之名或奉什麼之名而入那個世界連結的能量場。當超過那樣子的負荷的時候，你會想要回歸到你最深的原初——我因何而入這個世界？那樣子的忿怒與怨恨全部會集中在你奉主之名或奉什麼之名的最後一個重大的記憶中，但是這也是一種設計，也是一種智慧、一種密藏。

因為，本來你奉什麼之名而入這個世界，你本身沒有辦法在那一世就完全圓滿，但是一個大愛的人、有佛性的人、或圓滿的人，對於生命的初衷會強力地去守護或收圓。或者說，自己在那個世代當中，為了未來世更大更精密的收圓，還是會把某一些收圓或對應眾生的粗糙的部份顯相出來，把不夠完整的部份也顯相出來。一方面反應渡眾生的問題，另一方面也反應如何不落入渡眾生的問題，或者是，為什麼渡了以後眾生還有這些問題？那麼，我奉這個名是為了什麼？那我奉了這個名，為什麼在關鍵的每一個臨界點裡面，終究收圓和善逝是不完整的？難道是自己捨得不夠？這中間的答案是什麼？

所以在很深的反省與沉澱裡面，你會產生一個重大的忿怒，有時候是有某種了解而忿怒，「主，你為什麼不來？」或「主，我為了什麼要奉你之名做這些事？但為什麼結果還有這些落差？」。而這些落差的狀態就是一個重大的佈局，因為當世重大的收圓最後連結的回歸點就是放在對主的連結上。當初是奉主之名而去，最後是渡眾生的結果，不管結果如何、了義如何、承受如何、忿怒如何，透過最後的心念與記憶——就是對主的忿怒，因當初奉主之名，而最後要圓收這一場願力的時候，也以忿怒對應。那個忿怒就是承受和不了義的部份，也回歸到奉主之名上，只是不夠清楚，不夠了然，而有相當的累積。

這裡面有承受的眾生，也有渡化的眾生，這忿怒裡面有一部份是自己本身不了義的地方，但是有一部份是收圓回來的眾生的能量場，是並沒有消化掉的能量場。有很多世代比較粗糙，眾生被渡化了，但眾生本身並不清楚為什麼被渡；也有很多眾生他被收圓時，他是清楚的；也有一些世代的眾生被收圓是不夠清楚的；或者說，有一些眾生本身他要轉識成智的時間空間是比較不容易的，或者是他系統是比較不等同的。

逆一切轉識成智隨緣自在。

逆一切生老病死即時即刻。

逆一切悲歡離合收圓圓收。

所以，這個時候就會產生一種總結性的累積，這個總結性的累積就會存在在你記憶體裡面，某一世你奉主之名或奉某某之名，入無量世界去收圓，到最後，你的累積，包括自己的不了義和渡眾生的承受，還有那些被收圓的眾生的負面能量場，累積在那個忿怒裡面，這些層次是非常複雜的。

所以，這就會形成你最後的記憶裡的對主的忿怒——我奉主之名，依何之名，而入無量世界。我當初的初衷是奉主之名或依何之名而去，在最後回歸的時候，不圓滿的部份，也忿怒成我當初所奉的名。

這個忿怒與累積的狀態，就是要等到重大空前如來主性狀態親臨的時候，全部一次圓滿，這是一個重大的佈局、一個重大的連結，這也是一種如來性的操盤。

總持不可說的覺受，一念無量佈局。
本覺不思議的觀照，最後的最後早已圓成。
本體法流，法報化廣三身，第一義即身功德當下。

所以，當你的太陽神經叢在震盪、恢復的時候，這個重點不只是為了解除當初願力上的不圓滿，更重要的是，你今天來到了主性親臨的世代，這一次是空前絕後的，所以如來主性會把你過去奉誰之名，你自己本身還有承受的部份，你的忿怒裡面有某一段、某一世入世不圓滿和不了義的部份，在你的記憶體裡面，做解除和恢復。

也就是說，如來主性會把你太陽神經叢裡面所記憶的過去生所有奉主之名、奉何之名的這一部份做一個重大的解除。同時，一方面也是為了讓你過去生所引領的無量救渡和無量眷屬眾生可以一同回歸，而當初形成自己本身累劫因果眾生識性的累積與承受，都在奉主之名的終極迴向之不可說之中，把生生世世的國度裡面救渡的眾生苦難全部都收圓掉。

這個解除的過程有更大的意義，就是你和如來主性重逢的當下，你要等同於主的時空，等同於如來主性的記憶，等同於如來主性的一切一切，等同等持，讓你肉身存在的輪脈等同於如來主性肉身存在的輪脈，這是一種無邊無量無上正等正覺的輪脈的即身之愛、等同之愛、當下之愛、善逝之愛。

救世界的一切，一切的世界本應自救，奉誰的名？救誰的苦難？即身的輪脈，解即身的苦難，救即身無量的眾生，即身內的眾生，是我無量劫來即身等同的生命，即身外的眾生，是我無量劫來等身的存有，即身內外，了義即身不二，我是我即身唯一的救渡，凡我能自主的，即身世代的存有，奉不可說的主救不可思議的世代，即身如來，肉身自主。

在你奉主之名入無量世界的當下，所承受的無量世的一切不圓滿，終將成為你此世所有的圓滿。在解除的過程中，解除你所有入無量世代的時空裡面的不圓滿的時候，這些不圓滿將成為你本身的圓滿。

當這些不圓滿都能夠解除，還原成一個圓滿的時候，那麼，如來主性也入你過去生生世世奉祂之名的你自身不能自主的部份，讓它全部自主，而那些眾生也全部得到了救贖。而你生生世世的時空也將在你即身肉身的每一個輪脈裡面形成淨土國度，成就無上的正等正覺。

當每一個輪脈的不圓滿重新回歸到它的圓滿時，肉身就是無量生命的主位皈依境，眾生就是肉身等同等持的轉識成智之圓收收圓的功德之臨在。所以肉身輪脈的輪動就是一切生命回歸洗滌的轉識成智，也就是說，肉身輪脈已是所有生命的皈依之所在，那個狀態就是——

在你的輪脈裡面有無邊無量的皈依境。

太陽神經叢裡面存在著你生生世世入世所渡化收圓回歸的眾生，裡面渡化的不圓滿，和所承受的部份，和對奉主之名的忿怒全部解除掉。在解除過程裡面，等同那個時空中當初的眾生不圓滿的部份都成為圓滿的皈依境，那個皈依境的如來主性就是當初你入世奉主之名的最後的關鍵。

在最後的終極之中，奉主性如來之名，成就即身肉身無量生命回歸的主位皈依境，而其中的關鍵就是你太陽神經叢的覆蓋，那個覆蓋就會成為一種記憶體，你如何把太陽神經叢的眾生因果記憶轉識成智？這也就是肉身輪脈輪動質變的必要之所在，也就是肉身必須轉識成智，讓肉身成為主位皈依境的圓收圓之主性如來的不可思議之臨在。

密輪脈無邊無量皈依境，生命中的法報化。

密輪脈無邊無量皈依境，生活中的自性佛。

密輪脈無邊無量皈依境，眾生不必說自己是眾生。

密輪脈無邊無量皈依境，因果必然是當下存在的事實。

但是你的如來在你因緣成熟與主性重逢的恢復過程裡面，會讓你存在的一切輪脈和經驗值和所有的功德力都能夠有等同於如來主性的等同性，為什麼？因為你是奉主之名、奉一切之名，所以你一定要能夠自主，這是非常重要的。

當你所有的一切都在恢復和解碼的過程中，你的太陽神經叢裡面最後的結界就開始通往打開的狀態。太陽神經叢打開的狀態，就不再是純粹記憶體的狀態，它會是你轉識成智的一個密藏的開始，太陽神經叢本身的密藏是人類從沒有過的狀態。

太陽神經叢不會只是所謂過去生不圓滿的記憶體，為什麼太陽神經叢是所有無邊無量過去生的不圓滿的記憶體？那個就是「供」的地方，也是「養」的地方，所有的不圓滿都供在那邊，等著養一個重大的圖騰，所以那個地方就是你「上承十方諸佛，下化六道眾生」的輪脈。

密天下一切時空本當下，一念一義了生死。

密天下一切時空本不二，無念無生自了義。

密天下一切時空本如來，圓滿圓成圓修行。

密天下一切時空本法流，無我無住無為法。

它是在肉身的中間，所以它會對肉身產生一個起承轉合的根本關鍵點，所以當太陽神經叢的密藏一打開的時候，全部都是空前的如來義。那個密藏是什麼？只有你的如來知道，這是你自己的密藏，非常的重要，那也是如來的記憶體，不是你不圓滿的記憶體。

當你不圓滿的記憶已經在逐步解除的時候，太陽神經叢本身開始逐步打開的時候，它就是一個如來性的記憶體，它會是什麼？不知道。因為那是人類從來沒有走過的路，那也是即身肉身成就重大的狀態。

所以這一次的即身成佛不只是單純恢復一個成佛的狀態而已，而是這個即身成佛的內涵是完全不同的，會超越過去的諸佛，這個超越會是什麼樣的內容？只有你如來知道，所以會轉換成什麼樣的肉身都是空前的，這是我們要努力的。

目的就是要讓你和如來主性有一個完全肉身等同存在的重大相應與同步的運作，共同自主的面對天下，用共肉身、共輪脈、共運作、共操盤、共觀照、共等同、共供養、共功德、共納入、共示現、共圓滿、共實相、共終極、共存在的運作，入一切世間，共顯相在這個世間所在做的準備。共等同輪脈的一切起承轉合，共節奏的等同等持，共願力的終極示現在日常生活中，共自主的實現在每一個互動的當下。

存在的無形，存有的有形，無形義有情天，有情心無形境，一念無量妙法無盡供養，一念眾生妙法皈依不可說，一念無量生滅諸相現，存在的不可說，存有的不思議，念之即身輪脈放光，即身輪脈無念功德，無上輪脈空性正法自主。

輪脈即輪動輪迴

以一切輪脈之行動，輪動出所有如來之密藏。

所有的輪迴所迴向的是自身存在的肉身，肉身本身的密藏就是如來的密藏，所有的肉身存在的任何呈現，在肉身的每一個當下的行為，所為的都是每一個肉身裡面的密碼，每一個密碼裡面都隱藏在他每一個當下運作的輪脈。

有各種不同的輪脈，心輪、頂輪、海底輪、眉心輪……，各種不同層次的輪脈，東西方都有其某種層次與次第的解讀，在人類覺知的所有知見裡面，輪脈的存在是重大的密藏所需要開發的所在，所以，輪脈本身的重大解讀，也在覺受當中解除所有的承受。

心輪之心海，窮宇宙所有生靈最深的波動，於一願最深的訴求。

頂輪的佛首，是我如來智慧如海最深層的深化，於無生的自性之海。

海底輪的密藏，是諸佛留給無量眾生不可思議的傳承。

輪脈本身就是一種智慧的有機體，具備法報化三身的功德力之輪脈，輪脈——輪動之法脈，見諸相之輪脈，非相之輪脈，如來相之輪脈，轉識成智不空成就報身佛之輪脈，輪脈的輪動就是輪動出一切輪迴當下識性的出離，所以，輪脈之法流即為一切識性輪脈解因解果之輪動打破。

放下所有輪迴的慣性，等同解碼、解除、恢復所有輪脈本身重大的對應。所有輪脈的對應，輪脈與輪脈之間的對應、輪脈與肉身之間的對應、輪脈與整個內在的對應，輪脈本身在「見諸相」的狀態與「非相」的狀態與「如來相」的狀態是完全不一樣的。所以，終極之輪脈在一切輪動當下，等同自性解碼之輪脈，其輪脈之輪動，不可思議之輪動，迴向於一切存在的可能性。

主性以世間尊重的存在對應所有輪脈的當下，志業的輪脈輪動生命的事實，運作操盤輪迴本身重大志業的威德力。根本之輪脈，調伏內在清明所需要的成就，相應一切解因解碼密不可說的輪脈，它在不可說的對應當下，廣天下的輪動當中，以輪迴相對應所有有為無為的當下之本位。

輪脈之本位，輪動之事實，世間尊重的輪脈輪動，等同所有生命涵攝在輪脈每一個無窮盡的存在裡面。

宇宙之輪脈等同肉身之輪脈，虛空之輪脈等同輪動宇宙，輪動的當下，等同等持。故，等同等持的共願，輪脈之不可說，密行義之輪脈輪動，輪脈之初衷本願本在宇宙無量處，覺一切萬有宇宙輪脈輪動之不可思議。

輪脈之不同皆有其涵攝苦難的等同作用，輪脈之對應也以轉化一切慣性為重大之恢復生命的過程。輪動與輪脈之志業，成就其願力，所有生命在一切處，回應回歸其自身身口意之輪脈，而每一輪脈皆為密不可說之重大終極所在。

回歸的路，都是志業必然最深遠的淨土。

無上的情，我把自己的身口意填滿成不再有缺口的自己。

無盡的仁慈，終極所在，一個輪脈，決定所有的能量。

終極之圓，終極之輪脈，終極之存在，以終極圓之狀態，涵攝無邊無量眾生、無邊無量諸佛、無邊無量肉身之輪脈輪動的當下。

所以，終極本身之正法能量，中道輪脈生生不息，所有生命自性的功德力，在輪脈的過程裡面，變現著所有輪動的法義，其正法之本義在輪脈的存在裡，等同無盡存在的密藏。

所以，所有輪脈本身的圖騰，代表諸佛如來所有結界的事實，輪脈之根本，直接就是所有如來之法義。

輪脈本身之成就，在解碼所有苦難本身等同諸如來之作用義，其了然之處，輪脈的涵攝所代表的是可以直通自性、直通空性的存在。

如來之存在等同一切輪脈之存在，等同所有輪動出無量生命在其密不可說之處顯一切可說之處，皆能夠妙用世間回應之正法，所有無量之逆向皆在輪脈當下的運作，所有一切之順向也在輪脈當下之運作。

輪脈自有其生生不息的妙用運作。

輪脈如來，啟動所有不可說無上供養的通路。

輪脈功德，生死法輪，入輪脈經絡於生命回歸的順逆之間。

時間空間之輪脈、生死之輪脈、宇宙之輪脈、願力之輪脈、無為生死之輪脈、有為生滅之輪脈、生生滅滅不生不滅之輪脈、一切莊嚴一切正法肉身之輪脈。輪脈之脈動即輪動出所有的不動，動是輪脈，不動是輪脈，為與無為皆為輪脈本身當下終極之解脫。

其所攀與被攀，無量劫之苦難皆在輪脈本身當下輪動所有磁場的感應對待，在輪脈當下的對待當中所覺受到的無量磁場，等同輪迴當下苦難所有解除的機會，皆在每一個輪脈的作用義當中，成就如來的本心，其本身透過輪脈反應在肉身一切的存在。

一個輪脈無量個輪脈，一個輪脈等同一切終極之存在重大的圖騰示現。所以，生活之本身其肉身存在之行為，其一切密不可說世尊肉身之輪脈所在，輪動於肉身生活上的生活態度，每一個行為本身，肉身本身的存在等同所有輪脈的操盤。

所有輪脈的存在等同如來本身重大操盤手的存在，以肉身之形式行走在人世間的一切過程，等同終極一切本義之終極共願之終極原點世間尊重的自主性，通過一切輪脈的操盤，涵攝無量諸苦，於每一輪脈等同無量之心念、無量之行為、無量之動作。

故，肉身存在等同輪脈本身之所在，肉身怎麼動，輪脈怎麼輪動，等同一切，當本身有這種覺知的當下，所有的輪脈都在涵攝無量諸苦的回歸，成就如來所作用義於一切不可思議的終極無邊無量的正法大行。

故，終極輪脈之第一義，其終極之密輪動出所有不動，令所有生命之肉身在其生活當中，不動的操盤所有輪迴當下所要迴向的所有不圓滿。

在無量不圓滿的當下，涵攝回歸肉身本身磁場的輪脈之反應與照見的狀態，以不動之輪動的輪脈，涵攝回歸到輪脈當下的結界諸苦，等同解碼當下的諸如來之法義。

其能量本身回歸到不動之中性磁場，在不生不滅之實相功德當中，以密如來之解碼，相應如一之時空，輪動出本身不往外當下的中道如來密藏之內容。

法義第一義，我解眾生所有的意義。

中道大道，無為之道，生死輪脈，回歸輪迴，無上究竟。

不往外之不動，戒之本戒，結界解碼。

其正法之輪動，當肉身往覺受如此內涵之如來操盤的當下，等同以一切輪脈之行動，輪動出所有如來之密藏，在肉身的每一個行為當中，都是無比莊嚴不可思議之自主的功德相。

肉身的每一個輪脈，皆能放光無邊無量，每一個輪脈皆以其特殊之功德力對應、放光、解除、解碼無量受苦受難之磁場及有形無形之眾生。其肉身本身之莊嚴，反應在所有「一輪脈一肉身一功德」之存在的等同等持，「一即一切」存在之輪動所有無量結界之輪脈。

輪脈之等同等持，中道自主之輪脈密行義，質變一切宇宙萬有生命之轉識成智。輪脈質變之公義，輪動萬有宇宙輪脈自性法流之輪動於一切處之當下，本為一切輪脈胎藏變動變現不可思議之諸佛輪脈輪動之功德力，遍宇宙一切處。

一輪脈之放光到無邊無量不可思議之運作，放光之當下，令所有辛苦之輪脈狀態全面性的呼應，而解除其結界之重大輪迴的輪脈狀態。故，一莊嚴之輪脈，等同一肉身之存在，一莊嚴之終極輪脈，等同無邊無量輪脈回歸，得到一切向度的重大解除。

故，當有一人其生活存在之不可思議之輪脈放光，其終極本身之輪脈等同肉身輪脈，以正法無邊無量存在之解碼，以如來放光之功德力，莊嚴所有大威德之肉身生活的態度之密如來操盤，令所有相應自存在，所有輪脈自發性輪動，以呼應其存在之功德力。

輪脈皈依，皈依輪脈，輪脈非輪脈。

空性輪脈，輪脈空性，輪脈自功德。

自性輪脈，密因輪脈，相應如來輪脈肉身。

放光輪脈，輪脈示現，肉身輪脈圖騰如來義。

故，所有一切重大自主之輪脈，其系統其無上全然全覺之輪動，所引動出來善逝無邊無量輪迴之結界苦難，苦難之結界點為輪脈識性之結界所在，打破輪脈識性結界，即為質變輪脈輪動轉識成智之覺所覺空當下第一義作用義，寂滅輪脈各種識性之結界所在，令輪脈自性法流生生不息輪動放光於一切萬有宇宙之輪脈圖騰。

終極輪脈解密解碼之密不可說之輪動志業圖騰，在其存在的輪脈當下的輪動裡面的每一個心念、每一個行為，都是通往所有如來密藏的輪動，故其肉身的存在，每一個行為的輪動，都是如來本身無量的顯相。一人一如來，一人當下無量如來，等同其肉身佛首智慧的重大示現。

本體輪脈、終極輪脈、當下輪脈之重大不可思議不動的第一義，回歸當下，其空性等同一切輪脈之本體，令所有存在之輪脈在輪迴當下，回歸其輪動之不動，恢復其正法之輪脈，令所有生命回歸，在輪脈的引動下，能夠以一輪脈解除所有其他苦難受覆蓋之輪脈。

輪脈密一切第一義回歸。

輪脈輪動引動本體即身法流。

輪脈密藏諸佛顯相顯化肉身之大用。

輪脈之深，等同無量宇宙之當下，所有放下過程或所有覆蓋過程，都在輪脈的結界當下，解除當下，運作當下，輪動當下。一輪脈，無量之世界，一輪脈之轉識成智，皆等同無量存在變動過程。

所以，輪脈之存在等同終極之存有，終極之原點是無邊無量輪脈之最後原點也，終極原點之操盤等同操盤無邊無量如來、無邊無量肉身、無邊無量輪脈之重大放光，莊嚴一切輪動之終極不動輪脈示現的功德力之所在。

如來輪脈示現無量宇宙正法。

如來輪脈變現萬靈萬有於一肉身成就。

如來輪脈空性空前佛首智一切本義。

如來主性、萬有靈魂體與即身肉身等同等持

無邊無量的存在裡面，我們的肉身所有的經絡都在我們的靈魂體裡面。

我們在街上看每一個行經的人，這裡面有無言以對的陌生；滿街的行人，每一個人都有他無量劫的輪動等同在這個人此生的肉身上。我們沒有辦法用今生的自己，去叩問滿街的陌生人，真的是這樣嗎？

我們試問一個問題，有多少生命能夠共處於一個恆河沙數的地球，這是何等的難啊！所以為的陌生，是表象的陌生，那是因為因緣沒有到的時候，是沒有辦法重逢的。因為每一個肉身都是被結界的，每一個肉身他是沒有辦法跟自己的靈魂做任何互動的，靈魂對肉身也是被結界的。

無量的幾千年下來，有多少人能叩問自己的靈魂？一般的人在稗官野史裡面的很多傳奇當中，看到自己的靈魂是何等的修練。多少人修練就是為了靈魂出竅，何等的神蹟！

肉身跟靈魂之間到底是什麼？為了什麼？為了有肉身所以需要靈魂？還是為了有靈魂而需要肉身？

這中間的密碼是為了什麼？那麼簡單嗎？

那我要問一個問題，世尊以後的人，某一些術法的修行人就是修一個靈魂，能夠見到靈魂，不得了啊！但意義在哪裡？真的是這樣嗎？這樣就能了解靈魂存在的意義嗎？

我們的靈魂體，他本身有無邊無量的作用義在我們的肉身當中，在萬物萬有的生命形式當中，在主本身存在的一個作用義裡。

在無量劫主性早已布的局就是——所有生命形式都有其靈魂體，不管無量劫的無量形式都是主的存在，主必將以祂的存在形成之，只要有生命的形，他就是奉主的形，只要有生命的義，那就是主的義。

生命本身在無盡輪迴裡面的無盡形式，都有他慣性上必須去面對的磨合。因為那個磨合就是，在那個生命的形式裡面，你必當承受那裡面的覆蓋。你在覆蓋裡面，你必須在一生的生死當中，要吃掉多少食物？或你將被當作食物來吃？你將成為人家的食物，來結束你這一世的生命形式嗎？

不管你是未稱名的、能稱名的，都是主的名；不管你是有形的、無形的，都是主的存在。那一生的形式裡面，有其無量劫，在過程當中，在每一個無量劫宇宙的輪動當中，所形成的某一種記憶體的一種能量場就是靈魂體。

這個靈魂體他會茁壯，他會成熟，當無邊無量的靈魂體在無邊無量的宇宙形成了一個主體意識的時候，會有無邊無量的系統，這個存在裡面有一部分他會成熟，到變成一種有神性的、有神聖性的一個聖靈，他本身會意會通達到自己主性的存在。

另外一種就是，當這種優先上來的無量劫的一個存在裡面的靈魂體成熟之後，他意會到自己的神聖性，意會到自己等同日月星辰在宇宙之所以放光的時候，他就會形成一個系統性的狀態。在這種情況之下，他本身意會到最後自己的主性的時候，就會示現自己本身主性下的聖靈。

所以為什麼在地球要演這一場戲？所有的肉身都有他的意志，都有他的願力與天命。在地球上我們本身必須確定，所有的生命都是諸佛，我們必須確定所有的生命都是主性，這是要確定的，必須是公開的。

所以每一個生命都有無量劫，因此在地球每一個有肉身的，他就是要面臨他自己空前的無量劫，面對他自己過去生無量劫的生生世世的傳承，面對他過去無量劫生生世世的靈魂，面對他眷屬的無量劫，面對他自己本身眷屬的無量劫的一切狀態與情境情識的收圓。

所以靈魂體非常的重要，靈魂體本身他的作用義就是，我們在路上行經的每一個可能性裡面的互動，我們應以覺去行走我們肉身的每一個狀態，因為我們的心念就已經在決定那個有形無形與有染無染的狀態。

任何事情，任何不可預設的因果生死，有些不是可以設定的，因為在這一世的因果當中，拿過去生的因果去算計這一世的因果，透過任何的可能情況裡面，就設定某一種生殺大權，這些都在靈魂體的記憶體裡面存在記憶著。

另外一種就是，不可預設存在的生死鬥爭。好比說，我這一生的肉身跟你這一個系統的肉身沒有任何的認識，但為何在一個車禍意外中，就撞死另一個肉身？為什麼在所謂的某些商業行為中，當事者得到的利益是不符合原本期待的時候，所延伸出的一種燒殺擄掠的狀態，就造成某些彼此完全不認識的人形成新的因果，有些人就會被對方殺掉？

今天靈魂體的肉身，與數千年前的前世肉身的功德力是不等同的。那是因為有過去生數千年肉身的因果，所有的對應對待都已成形。

所以我們今生的肉身在地球擁有一切，我們必須了解到，現在的肉身是注定要成佛的肉身，因為肉身本身已經是所有生命最後的佛果，所有的生命在食衣住行當中全面性的供養今世的每一個肉身，這是空前未有的。

人類在數千年來，真正完全取得所有生命有形無形的主導權，就是在當世。以前雖有這樣子的特質、有這樣的潛能，並沒有完全展現出來，但是現在的人類擁有一切的物質條件，也代表著人類在各方面的具足，但同時也代表人類肉身在全面性承擔的責任。

所以人類必須走上一個覺的方向，覺的方向關鍵性就是他的靈魂體與他的如來體，這兩個空前重大的密藏，必須得到重大全面性的恢復。這個恢復當中，在修行的過程裡面，要修到對靈魂體的體會，要修到對如來體的體會。

但是，當你對靈魂有所體會的時候，當你有所體會於聖賢狀態的時候，當你有所體會於所謂的主性的時候，那接下來就是萬靈必須在肉身裡彰顯，主性功德和因果也必須在肉身彰顯，如來的一切狀態，都必須在肉身彰顯，所以肉身就必須成為整個世代最後回歸的重大共同的結果。

每一個肉身的尊貴，就行在他每一個生活的行路上。一個肉身的原罪所代表的就是無量劫無量宇宙共同的原罪、共同沒有解除的識性、共同不能自主的部分。

而靈魂體跟肉身之間，有非常重要的傳承，無邊無量的存在裡面，我們的肉身所有的經絡都在我們的靈魂體裡面。我們靈魂體的經絡，其存在最重要的關鍵就是，它的記憶體就是那個軟體，這個軟體已經進化成熟到能夠慧通其主性，能夠慧通其如來性，更重要的是，它能夠反應所有肉身本身的狀態。

肉身無預設性的拿過去無量劫的因果去運作，這些記憶的心念從哪裡來？當然是從靈魂體的記憶啊，但是有些靈魂體的記憶是沒有辦法有控制性的，因為它非常的粗糙，所以很多人的肉身是跟著一樣粗糙的。

有一些肉身從出生到結束，都可能在無量道輪迴裡面，他會在某一個人生階段的某一個關係對待裡面，凸顯某一道因緣的嚴重性，某一道的因果、某一道的生死瞬間即過，但他不知道啊！

為什麼世尊要講覺？為什麼要有靈魂體？因為當靈魂體能量夠的時候，有功德力的時候，他會協助薄弱的肉身，他會在夢中，會在很多的通路裡面，會在超越身外的一個關係裡面，去救助救渡它自己的肉身。

為何有些人會發生一些奇蹟？有時一個嚴重的意外發生，一般人就死掉了，但為什麼有些人不會死？然後他意會到其實是一股力量幫他撐住，有一股力量讓他不發生這個事件，有一股力量讓他在發生這個事件的時候，那個傷害減到最低，冥冥中你靈魂體的功德力，當他能量場強的時候，會產生對肉身的保護作用。

為何如此？因為一切的共同盟約就是——必須以肉身成就之。而你肉身如果強的時候，它對靈魂體還是有很大的彌補作用的。

所以為什麼肉身它有空前的自主性，一個肉身只要六根六塵耳聰目明，有一定的作用，它都是可以涵養成就的。

肉身只要由主授記、如來確定，不管你過去無量劫功德好壞，只要你有某些功德可以讓你肉身來到地球，就算你肉身出生時，父母的能量場不好的，父母是卑微的，父母是沒學歷的，你也長的不怎麼漂亮；但是你經過努力的時候，你肉身有某一個基礎，你可以參訪地球上任何的系統、任何的知識、任何的修練、任何有關於生命、任何有關於身心靈、任何的商業行為、任何存在的途徑跟通路，任何你自己只要能夠在食衣住行裡面，你能夠不消耗，自己能夠茁壯，就算你先天再差，它是可以一步一步去涵養起來的。

為什麼戒定慧非常的重要？戒定慧不是只有佛法上的戒定慧，戒定慧包含了人與人之間的戒定慧、肉身和靈魂體之間的戒定慧。當我們自己的肉身有所戒，我們的靈魂體才能有所定，肉身若每天只知道做很多消耗的事，思議很多事，就算靈魂體能量再強也會被耗光啊！

如果今天你是有功德力的，當你覺受到了夢中的某些狀態，你非常的畏因，而不是像有些人很粗糙的認知：「管它的，所有的我之外的都是假的。我夢到都是因為我壓力過大。」以這樣的知見，全部把這些整個否定掉，沒有辦法去體悟透過夢境所要提點的因果關聯。

這種知見，到處都是，肉身跟靈魂體之間的能量場，在這樣子思議的覆蓋裡面會全部都被砍斷掉的啊。就算你靈魂體再強，肉身再強，也全部都被阻隔掉了，到最後是會沉淪下去的，當到了某一個當下、某一個時空的存在裡面，因果就來了。

很多因果來的時候，不是靈魂體能夠控制的，因為靈魂體本身還是在因果裡面，只是靈魂體本身沒有肉身的包袱，當靈魂體有某種神性、神格的時候，有某種空間它是可以運作的。但是世間世界的各個不同時空，都有一定結界的規矩，這是不可踰越的狀態。

但是，這個結界的狀態在未來會逐步開放，人與靈之間的交集會愈來愈明顯，人與因果之間會愈來愈沒有距離，人與主性，人與萬有，人與因果，人與苦難，人與一切的狀態，人與自己的無量劫，都會逐步顯相在自己肉身的生活裡面。

所以重點是，你必須尊重跟你等同重要的靈魂體。因為靈魂體本身就是你自己的形、你自己的名，不管你有一靈魂體、二靈魂體、廣三靈魂體、無量靈魂體。今天宇宙中充滿了無邊無量的靈魂體，你可以成就大格局的狀態是，無邊無量的靈魂體都等同是你肉身的靈魂體，一肉身等同虛空的圓滿。

甚至，你可以打破你只有一個靈魂體的受限知見，針對於你的本願，你當然有你本願的靈魂體，但本願的靈魂體為什麼不能擴大深化成眷屬的靈魂體？為什麼不能打破所有的系統？無邊無量的靈魂體，都可以是你終極圓滿的靈魂體，在你一肉身每一念的每一個行為裡面。

當然，生命從一肉身一靈魂體，到一肉身無邊無量靈魂體，那是不可說、不可思議的終極功德力。重點是在於，肉身自己本身必須要有這樣的知見，用無盡不可思議的世尊態度，以無量來稱自己的主性，稱自己的無量性，稱自己的存在性，這樣，才能夠有如來的視野，才能廣行天下於一念之間，於一靈魂體之間。

所以我們在表達的就是，鬼哭神號是無形世界，魔是無形世界，但如來也是無形世界，若要分別是分不完的，那要用怎麼樣的格局和知見才是最好的？那就是——我的靈魂體，就是我真正的無量劫的傳承。

我們要以什麼態度面對靈魂體？第一個，肉身要不思議，用不思議的狀態和心念，讓靈魂體的功德力對應出來。我們要先尋回有功德力的，我們感召有功德力的，先養回有功德力的靈魂體。

甚至如果過去生有些有功德力的靈魂體，他曾經變現某一肉身在世尊旁邊，如果能夠在自己肉身的某一種具足狀態下，接上那個靈魂體裡面的記憶，當那靈魂體回應回來的時候，這樣，你注定能夠走上志業的路。你只要能夠接通，不管你肉身的狀況怎樣，那不是你有多少錢沒多少錢，而是你自己對自己的存在，你已經懂得自己的願力；但是重點在於，你願意放下多少去迎回自己的解脫之道和當初的功德力？

就算你過去生沒有跟隨過世尊，虛空中的如來也會回應你的要求，讓你請一尊本尊去修啊，一般來說，恆河沙數的諸佛當中，你在過去生一定有叩問過或親近過。

如果你願意放下某種當下的執著，叩問及祈請某種解脫的力量，或某一個前世曾親近過解脫的法義內涵與能量磁場的靈魂體前來加持，善護你回歸自性，讓自己肉身茁壯，這些都是可以的。

靈魂體其本身的訴求，是一定要回歸他的如來性，靈魂體本身並不是究竟的，但是從另一個角度來看，為什麼在西方某些靈魂體被稱之為聖靈？靈魂體的究竟狀態是，當他有某種深度的潔淨度，他已經確定了回歸主性，已經確定了如來性的狀態，已經回歸到如來體的時候，他就不再是以靈魂體的形式存在，他本身就是如來。在那個過程裡，是一個更深更多層次的課題。

一般我們講，萬民要進入諸佛的國度或進入主的國度，跟聖靈和如來在主的存在裡面的那個國度，是等同的國度，但是它存有的功德力是不一樣的。

所以靈魂體本身的能量要怎麼樣去相應在肉身？那就是——不要用你多餘的心念去干擾靈魂體。因為我們的心念和靈魂體之間的狀態有連結的，我們肉身的經絡和靈魂體的經絡是等同存在的，如果你的功德力大，靈魂體的經絡是比我們肉身複雜的。

如果你的肉身的功德力真的能夠恢復更大，我跟你表達一個密因，你的靈魂體會加持你的肉身經絡，會開演你肉身的經絡，會把他靈魂體的經絡更深植在你肉身的經絡裡，所以有很多奇人異士的狀態，其實已經超乎人類傳統上對經絡的認識。這個狀態在以後也會發生，那就是人類進化的過程。

人類是慣性身，是因果身，是被限制住的，輪脈也是被限制住的，人際關係也是被限制住的。但是當你不斷打破慣性，打破結界，打破因果的時候，你自己本身打破到一個相當的狀態，你都可以協助你的靈魂體本身受制的部份，甚至直接就是納入靈魂體，與靈魂體共一體，直接就是三位一體——我是我的應化身，我是我的報身，我的靈魂體就是聖靈，我是我的如來，就是三位一體，廣三無量，這就是關鍵所在。

所以，肉身靈魂體不在誰強誰弱，而在強弱之間，以強者去入一切的如來密藏，以此涵養弱之處，恢復其狀態，一定要讓如來性、靈魂性和肉身性等同等持，才是最中道的狀態。你要不斷放下肉身的慣性，直到讓你的靈魂體也意會到要放下慣性了。

靈魂體也是有慣性的，只要是相對性時空的一切生命，不管多高級，都是有慣性的。所以無邊無量的識性解除，無邊無量的相對性解除，就是佛成的開始。你要懂得放下，體會那個非相對性，如此，你肉身也會強壯，你靈魂體也會強壯，這是最中道的做法。

所以，在莊嚴自主的路上，這個自主是包括肉身的自主，靈魂體的自主，如來的自主，包括肉身與如來，肉身與靈魂體的自主，靈魂體與如來的自主，還有肉身與靈魂體的自主，這個廣三自主裡面，是非常深遠而不可說的。這裡面不能自主的部份，我們都必須善逝。

所以，我們要以重大的初衷和心意，引動所有生命的能量，來讓肉身、靈魂體和如來成為廣三一體的等同等持的自主肉身。

第三篇

肉身與如來的等同如一

肉身恢復如來身

當你恢復到一切存在都是如來的時候，所看出去的每一個人的肉身都是如來。

肉身，一般的理解就是在地球上生下來的肉身，他是一個慣性的肉身，所以，從小到大所培養的知見都是地球上既存的行為模式與價值，呈現出來在他肉身的生活當中。

但是現在整個世代的覆蓋已經逐漸走上毀滅的路，地球的毀滅是另外一種外在整個大環境的毀滅，但是即使地球不毀滅，人類自身的覆蓋與所有外在環境的毀滅是一樣的，靈性的覆蓋、意義的覆蓋、存在的覆蓋、反省的覆蓋，所有存在的生命體全面性的覆蓋，等同軟體的毀滅。

所以，在這種情況之下，正法開演出中道無上法義的重點是在於——人類必須在覆蓋的世界裡面，讓內在如來整個恢復，恢復他內在的清楚、內在的主、內在第一義的法流法身、與無上的智慧，整個恢復。

如何恢復?第一個界面就是——「見諸相」，見諸相就是他本身要有能力照見他自身覆蓋的狀態是什麼，他必須要有這樣的意願和共願，並且知苦，知道再這樣依照人類的慣性走下去是沒有任何希望的，所以他願意對自身的慣性做全面性的變革。

人類與地球已經到了一個臨界點，整個世代必須要有一個重大的交替，那不是一種形式上的傳承，而是人類與地球整個重大的轉換，人類要化掉所有的覆蓋，轉變的目的就是換得如來的示現，讓如來逐漸恢復在肉身，彰顯如來的本義。

從如來解脫的角度來看，慣性的肉身在法義上等同如來的本身，但當肉身無法完全以如來性面對一切的時候，在對應的當下，就是要放下他自己的慣性，放下他自身所熟悉的覆蓋模式，那些都是一種輪迴、掠奪、往外的模式，當他自己能夠照見到自己有這樣的狀態之時，就有可能開始走上一個如來恢復的道路。但是，照見不等同放下，很多人照見到了自身的慣性，或能夠覺知到某個範圍，但放不下或放下有限，改變有限。

所以，外在的力量很重要，他的無形護持力量也很重要。人類有很多人走上修行的路，修正他的行為，修正他的模式，但是人類在整個修行的過程裡面，其實又走上另外一種宗教性的覆蓋、修行性的覆蓋，用覆蓋的模式來走上自以為面對生命的過程，事實上，現在的人類都是用覆蓋的識性與模式在做一種往外尋求的自以為面對生命的慣性輪迴而已，用慣性在做修行的事，用覆蓋來理解修行。

所以人類最迫切的問題就是要解除那個輪迴的模式，當照見到慣性的時候，自身就要有一個重大的面對的力道來放下慣性，就是我們提過的「當來下生」。「當來下生」不在宗教，而在每一個當下、每一個存在、每一個互動裡面，都要能夠有放得下的功夫，放下的當下就是如來恢復的過程，才能通往本質本心本我本義本如來的本來面目。

什麼叫做感同身受？就是我們肉身所承受到的，都有等同的感受，這是人類共同的設計、共同的共願，因為人類共同共命脈共生死的存在於地球的每一個可能性裡面，但也有共同的覆蓋。生命的本質是不思議的，生命存在的本質是完全圓滿的，所以人類在共同的覆蓋下感同身受到全人類與所有萬物苦難的當下，就在共同面對共同改變的所有可能性。共同的放下，在共同的當下，成就共同的共願，圓滿共同的佛果。

但是重點是在於肉身本身的改變有多少，這才是真正最務實的，實相的莊嚴取決於務實的放下了多少。放不下的終究有限，什麼都改變不了。

當無形的力量以順向或逆向能量來與我們對應的時候，可能是我們放下的契機，也可能是一種危機，端看我們如何真正的轉識成智。撇開祖先、過世的親人……等等無形眷屬不看，我們在生活中的每一刻每一個心念都是無量劫的當下，在我們肉身可能成就的當下，每一個細胞的生生死死都是我們無量劫來自身生生死死的密碼，因此，我們每一個呼吸所吸進去的無量微生物、吐出來的無量穢氣，裡面所有無量之細微的生命都是無量劫來支撐我們當下肉身生存的等同等持的無形眷屬、無形眾生。

人類要能夠在最大的格局裡面，納入一切無形眷屬的對應，真正做變革自己慣性的解除，而完全落實在他日常生活的身口意當中，以「肉身等同世尊存在」的知見與格局，莊嚴自己的生活與肉身的存在，以更大更恢宏的視野來觀照自身慣性的覆蓋。每一種覆蓋的本身都是一種逆向的教法，之所以覆蓋，就是因為不能夠自主，反應在不能夠圓滿的生活中。

肉身本身就是如來身，唯有如此，才能夠把所有的照見反應在肉身上，肉身才能夠漸漸走上轉化的道路。現在，有某一部份的人類已經開始走在轉化的道路上，但是仍非常的少數。轉化就會生出一種無分別的智慧，在無分別的智慧裡，就存在了某種程度的如來的智慧、如來的供養、如來的操盤。在他轉向面對內在如來的過程中，就能夠逐漸體會體察在解除慣性的過程中逐一示現的如來的重大密因密碼，與整個微妙不可說的對應。

在整個恢復的過程裡，有時候剛開始是非常辛苦的，因為肉身存在的覆蓋是一層一層的，雖然轉化掉了某些，但是更深的慣性覆蓋又會顯現出來，所以還是會帶著某一種仍是偏向慣性的知見逐步遞減慣性。

當到一個範圍的時候，內在的如來會逐步遞增他操盤的狀態，如來的力道遞增的過程，就是在轉識成智的當下，解除很多識性分別心的輪迴業力的慣性行為模式，在解除的過程中，當事者在肉身存在的整個經驗值裡面，會體會到如來操盤的微妙關鍵。同時，他也會覺受到諸苦，覺受的敏感度逐步擴大，感受到諸苦存在於肉身的重大覆蓋，敏感度越大，他的照見度就越高，覺受的狀態就越來越清楚。

要注意的是，**覺的本身不等同於轉換與解除的能力**，轉換的當下，會覺受到自身存在覆蓋的苦，也同時會覺知到某一種清淨清明的智慧湧動上來，可能的話，也會覺受到如來智慧的本願。轉化的過程有三個層面，覆蓋的層面覺知到，轉化的過程覺知到，然後，湧動上來的通往如來本義的法流也會覺知到。

但是，卡在某一個層面是很有可能的，又退轉回去也是很有可能的，如果卡在那邊上不去的時候，就會變成有時覺知清楚有時被覆蓋，上上下下很不穩定，「非相」的過程轉化的很辛苦，到最後受不了了，就框在某一個清淨的狀態裡，踏不出去了。這是許多人在轉化過程中會碰到問題，他有一些智慧，但更大範圍裡面的苦，他不敢去碰，無法去碰，因為他沒有這個轉化更大苦難的更深的涵養、能力與功德。

所以，「非相」的經驗其實也是非常艱辛而不容易的，但是終究仍比完全覆蓋不知改變的眾生有機會多了，當他體會「非相」到某一個功夫和功德力的時候，也會形成某一個小眾去善護某一些人。唯有通往全面性恢復的路——這是唯一最後的路，也是必然唯一的選擇，這是永不受後有、永不退轉的狀態。

這就是為什麼所有的正法都是在於一個智慧性的大捨，一般是在轉化過程當中從外在性的狀況去捨，然後，逐漸進入深刻的部份，對自己深層的心念、識性、慣性、價值觀、意識型態的捨。全面性的捨才是「捨無所捨謂之大捨」，捨盡無所，捨盡無量，到最後就是善逝，當下對自身的善護，唯一的動作就是「無」、「空」，善逝掉一切存在，那是不動性的基礎，善逝所有，當下等同不動性的建立。

當我們能夠逐漸把「捨」當作生活態度的時候，在生活的每一個對待中，在所有有形與無形的對待中，都能有不被牽動的基本的穩定性。甚至當內在生命如來的重大法流與內涵密藏逐漸恢復在肉身的時候，也能夠不落入法喜的牽動，這是修行上的重大關鍵與戒定慧，不落入諸佛菩薩或內在如來與我們對應的法喜，因為那也是人類另外一種慣性的喜悅和法執，連這個都是多餘的，都是覆蓋性的解讀，必須根本的根除。

當我們對內在如來性的恢復，因為沒有多餘的法喜，就不會有多餘的誤解，就不會用法喜之類的順向法執覆蓋住如來的真正法義，我們的解讀解碼就能夠等同如來當下給予各種不同善護的初衷與本源的法義，才能夠得到內在如來充份的加持與灌溉，在肉身的每一個輪脈，在每一個可能性，在每一個不預設的機會裡面，得到自身如來法緣上的無上加持。

以不思議接納如來本身，以不預設接納如來本身，以空性之存在接納如來本身，以不動性接納如來在肉身的不生不滅的生生不息。

當你自身的覆蓋減到無所減的時候，當你法流的恢復與如來性的了義了然，能夠等同等持的變成你生活上自然存在的生活態度的時候，你的任何行為與任何對應都會逐漸是如來身的恢復契機，到時候，你肉身的存在就等同於如來身的存在，就通往無分別之肉身、無分別之如來。

如來所對應之當下皆是無分別，以無分別運作在你所有外在形式的分別裡面，在一般存在的世界裡面，肉身本身的對應還是有分別的，至少外在世界看出去還是這樣，但是你的一切對應背後存在的心念，念念都是不落入分別的。

當你恢復到「一切存在都是如來」的時候，不但自己的肉身是如來身，你所看出去的一切，每一個人的肉身是如來，當下存在的每一個狀態都是如來。對你來說，沒有任何覆蓋的問題，因為所有覆蓋的本身都是如來的教法，只是每一個人還尚未覺知而已。你親證自己本身就是如來，沒有任何轉化的過程，也沒有任何覆蓋的問題。

到這個時候，當世今生，你就是真正「肉身即是正法」的存在，你所有的行都是妙法，而且是無分別的正法，因為以無分別對應了所有分別的世界，而令所有分別的苦難與覆蓋的部份通通回歸皈依納入你真正自主的境界上。

到了這個時候，你的肉身等同於如來身，沒有任何轉識成智的過程，沒有任何落入相對性時空的過程，在無量存在裡面，沒有任何衡量的消耗和傷害，每一個行為都是無傷的，每一個行為都不被牽動。在如如不動當中，所有的輪動都是如來的本義，所有的存在都是等同世尊的世間尊重，是一個無量大我存在的狀態，所有的一切都是全面性無礙的。肉身之存在是如來身之存在，肉身之行為是如來之行為，肉身之生活是如來之生活，肉身之一切是如來之一切，實相莊嚴之功德，不生不滅之肉身如來，正法莊嚴其自身之存在。

當肉身等同如來的當下，就是密如來身，唯有相應的對應者能夠等同於無量的圓滿，**唯有以無量誠意納入，方能以如來彰顯之密覺受對應傳承於當下的傳承者**。

在其他的存在裡面，只能夠適情適性彰顯如來功德於當下對應的覺受，他的很多眷屬在通往如來的修行裡面，要依他們自己恢復的功德力來相應覺受而給予正法的教法，那是逐步而相應的。在隨順眾生的恢復與他們轉識成智的當下，給予適情適性隨機應變的如來教法，教無所教，目的就是善護所有眾生在肉身的每一個可能性裡面恢復其如來本性。

重大的正法都反應在肉身於生活中每一個機緣裡，那個緣起裡面的機制就是在肉身裡面恢復如來妙用的體會和體察，在生活中所體察的如來法義，勝過無量劫的無量劫，這就是世尊肉身的可貴。

我們對於每一個肉身的存在都應以「無壽者相」為基本盤來對應之，觀照之，檢視之，看待之，不在於他年紀的大小，因為每一個來到地球的靈魂體都是歷經無量劫的生命存在，不能輕忽。現在當世每一個有肉身的生命，他們在地球的每一個對應都是無量劫不易得來的機會，每一個解除都可能是無量劫的解除，在有限的時空中，解除所有無量時空的累積。

所以，當這個地球無條件的供養出所有資糧給所有的人類，每一個肉身在每一天當下進進出出的所有有形與無形的資糧，都代表著所有無量劫共振共連結的密碼解碼的操盤。這種重大的供養，是將每一個肉身都視為等同世尊肉身的存在，不分貴賤無分別的看待每一個肉身。**不是佛教裡面的那一尊佛才叫做世尊，而是地球將每一個存在的肉身都等同世尊肉身的存在供養著**。雖然其因緣果報各有不同，每一個人接受供養的狀況各有差別，但在莊嚴實相裡面，所有在當世活著的肉身行徑，都等同於世尊肉身的存在。因此，我們要等同於佛之尊重，莊嚴自身之一切，肉身存在之行為等同於世尊之行為。

肉身密不可說之功德在此，所有重大的法義在密解碼的當下，無邊無量之終極存在著。今日，以如來之本願訴說所有無量肉身之轉換過程、面對過程，之所以覆蓋等同如來之恢復，所有覆蓋之本義皆如來親臨之當下，唯放下之轉化，轉識成智之必然，在生活中，成就無邊無量之「肉身如來如來肉身」之中道正法莊嚴根本法義。

與如來相見

我們唯一能做的，就是無邊無量放下所有對如來的理解與設想。

肉身和如來的關係是神祕而不可說的，我們會用肉身的習慣去看待這個世界，也用這樣的方式去看待修行、宗教，看待如來本身的狀態，所以我們很容易會用肉身的狀況去理解如來，我們也用肉身的習慣去理解怎麼去相應如來。事實上這是顛倒的，**跟如來的相應是來自於本身對肉身的放下**。我們最重要的是在於看到肉身本身的習性在生活中的染著並放下，如來是這樣相應而來的，沒有放下就談不上真正的相應。

人的世界是相對的、可說的、可看的、可摸的一種節奏和模式，人類最大的問題就是習慣於這樣的模式。所以問題就是人類會以這樣的模式去理解所有他無法預知的世界，所以他會往外去理解如來，往外理解他不熟悉的世界、神祕的世界、不可知的世界、無形的世界。但是如來是不能這樣往外去看的，而是人類自己要觀自在，觀自己本身在一生當中所有的對應對待與習性慣性，他的觀、覺、受、行、用本身所有的狀態都必須放下他自己肉身的慣性，他必須覺察到他用相對的模式去對應所有不可說的部份。

當慣性不斷的遞減再遞減的時候，他的覺就會顯露再顯露，如來祂不是一種答案、不是一種學問，不是一種相對性能理解的狀態。祂是來自所有相對的、往外的理解解除的狀態下而相應出來的狀態，祂是非相對性狀態的存在。所以肉身本身的質變是來自於你本身以放下為前提，你放下的時候，你的如來就會顯相。絕大部份人類的苦難或非人類的苦難，在各種不同宇宙的層次裡面，要意識到如來是非常難的，大部份都是相對性世界存在的內涵或某種力量的存在、某種相對性磁場的存在。

如來本身的存在，是不落入相對性並解除相對性之後才有辦法理解的存在。但是如來本身也存在於所有相對性的世界，只是我們沒有辦法去用相對性的覆蓋方式看到祂的存在，而當我們逐漸不落入相對性的時候，我們會相應如來本身的顯相。但是身為一個生命真正不思議的空性狀態時，你自己的行為、狀態會逐漸意會到肉身非肉身，你自己本身會有另一種覺受，一種清楚的我、一種「非我」的存在。這種「無我」的狀態或「非我」的狀態逐步的就會轉化出你走上修行面對深層自己的過程。在那過程裡面，你本身就會逐漸的在你的願力、你的心念、你的行為、你的思維裡面逐步的意會到具體的如來操盤。在如來操盤下讓重大的慣性放下、善逝過程當中，你會有一個輪廓，就是如來寶生的狀態可以在肉身的整個內在、身口意、能量場生生不息。

所以當肉身在有生之年對應到某一個如來恢復的厚度時，他就開始去深刻的觀照肉身跟如來之間的關係是什麼。因為一個有大智慧的人，他不再落入肉身的習性去生活，同樣的，他對真正存在的一個不可說之世界，有相當程度的相應在他身口意的一切存在裡面。所以他的重大基礎是在於，他在夢中的所有觀照到的夢裡面的慣性也能放下，在覺受中慣性放下，在行為中慣性放下，在不斷的放下過程中，他自然就會覺受到如來本身的妙用，**在慣性之外有非慣性的我的存在**，那就是通往如來真正的作用義。

當他在生活中，在他智慧覺受的恢復當中，他確定了有另外一個我的存在——如來的存在，但「有一個肉身，有一個如來」的覺受，這還是一個相對性的狀態。那怎麼辦？這是如來與肉身能不能合而為一的問題。但是我們肉身還是習慣這樣的行為，雖修到某一個深度，還是清楚的存在著這樣的相對性，所以在那相對裡面，就算他是比較無染的肉身，他還是會帶著他的習性習慣去看待如來。

所以這個地方要有很大的願力，願解如來真實義，你要發很大的願力，你必須對於過去生你自己所有的對待，不是只有你個人的肉身，只要是跟自己對應的苦難眾生的慣性，都通通當作是自己要解除的。因為如來的存在不是一個表面的輪廓，不只是單純的「還有另外一個清楚的我」，那麼，那個清楚的我到底是清楚到什麼程度？還是說我們比較沒有染著的時候，我們的智慧點是可以確認的？我們在世間已經有相當放下的狀態，但那並不代表如來只是這樣啊，你只能確定說如來是真實存在的，就像一個肉身存在那麼真實，但那又如何？你還不是祂啊。所以這關係要怎麼看？要怎麼樣與祂合而為一？

所以，這是需要很大的願力的。這個願力是什麼？我把自己的肉身粉碎掉，我把人類的肉身、非人類的一切肉身粉碎掉，這就是終極的菩薩道。我善逝，我無盡的捨的，我無盡的粉碎的，我粉碎無量的碎片，我就是要消失。我要成就空性，空所的一切、空相我都要滅掉，虛空盡是粉碎的狀態，我的念頭、我的行為、我的任何絲毫慣性，我都要在虛空中無盡粉碎以見如來。

那如來是什麼？當你在粉碎的過程，自然而然的，你覺的亮度就不斷擴大，不斷的不思議，不思議的N次方，不斷的恆河沙數的不思議，所有過去生的點點滴滴在等同等持狀態下的那個時空全部都緣起性空，因果裡面全部都緣起性空，不是只有這一世的自己緣起性空，在因緣裡面，任何一世的每一個緣起的身口意都是如來的存在。我要照見我的無量慣性，我如此，所有的眾生如此，人如此，非人的一切生命形式如此，不是只有在地球如此，在無量存在的無量劫裡面都是如此的恆河沙數的存在，我都當做這一些存在的狀況在我當下肉身的存在裡面，都成為我願解如來真實義的重大緣起。

所以要以此修法、面對和願力的心量和格局來供養，你才有辦法了解到：「哦！如來不是只是我單一肉身當下面對的如來，如來是所有存在本身的存在」。所以，如來祂本身的願力是無所不在，我們沒有辦法用肉身的經驗值、這一世的某一種經驗值去理解，因為那樣的理解會障礙我們跟如來恢復的任何契機，甚至拿別人的經驗值來理解如來是什麼，都是不可行的。只要有任何對如來的理解，就是自身如來恢復的障礙。如來不在理解、不在預設、不在恆河沙數任何慣性運作裡，不在那裡，在那裡的也不在那裡。但是我們習慣在那裡看不在那裡的，我們本身要放掉這些狀態。我們了然不在那裡的同時，同時反觀自照的時候，會意會到：在那裡的也是如來本身，祂早就在那裡了，只是我們用覆蓋去看這個狀態。

所以為什麼叫藥師的願力？藥師的願力終極點就是成佛，肉身所有相對性苦難的畏因，祂本身就幫你治療。治療的目的不是養一個很健康的肉身，不是這樣。真正的健康是什麼？無壽者相，順向的、逆向的、每一個點點滴滴裡面，藥師金剛總持，祂都在調整你通往你真正覺受的重大狀態。不是說每一天都很健康就是成佛，錯！是你本身的因果，在藥師的調和裡面，你如來彰顯在你肉身裡面的因果狀況，你都能夠畏因看到那個結果，畏因看那個結果而不落入過去生當下的種種。我對待於別人的肉身，我對待於無形磁場的狀態，我自己有落入的，我都要能夠善逝。

資糧不夠的時候我該怎麼辦？再找很多方法就完蛋了，安住在不思議，當你因緣成熟的時候，如來會示現重大的妙法，那個妙法就是如來的操盤，如來會相應你的因果，在肉身因果點點滴滴不預設裡面的對應。對應不等同相應，對應有的時候是以逆向打下去。

如果你這一世有重大的決心：我要成佛，如來會看你的誠意，祂會有很大的動作，包括粉碎，就是要你面對，看看你的習性到哪裡、你的決心到哪裡。任何大小的不安都是很大的障礙，當你恢復到某種程度的時候，你已經了知那是如來操盤的時候，你身口意每一個輪脈裡面每一個小小的害怕心念干擾著，那都會是無比巨大的障礙點。當你已經恢復到跟如來之間有了一個臨界點的時候、覺所覺空的時候，或者說當你知見上某一種程度上因為你的願力與角色，你有機會即身成佛，你確定要即身成佛，你也了解如來在操盤，你肉身也恢復到某種程度，哪怕小小的不安恐懼、小小的牽動都是巨大無比的障礙跟一種無法承受的震盪。

因為越靠近清淨無礙的狀態，點滴的有染都會被照見的非常清楚，所以不能小看任何的小碎片、小害怕。如果你知見夠，你會知道小碎片與小害怕是如來的操盤，因果是如來的操盤，生死是如來的操盤。所以，肉身的狀況、態度、能量在你的心態裡面怎麼渡化你自己是我們人類模式無法預設的，因為如來的操盤不是我們人類的模式，它是不落入人類模式的狀態。如來的操盤不是另外一個自己操盤一個肉身，不是，如來的操盤是深層的照見，你的願力到哪裡，你的恢復到哪裡，只有如來能夠運作在即身肉身。能量的恢復是沒有任何外力的狀態，現在所有的人類最大的問題就是相對性運作的能量，只有如來自性的能量能夠讓真正法身的法流充滿在你肉身的每一個經絡、每一個細胞，包括整個人類現在都還沒有辦法照見的經絡。

肉身的經絡是可以進化的，肉身在慣性身裡面的經絡，基本上人類抓到的是那個現象，但肉身的進化過程，他的經絡是會改變的。假設所有的經絡都原封不動，但是經絡裡面的每一個線路是會質變的，是可以打破的，是可以通向所有成佛的路的。輪脈本身是中性的，它沒有什麼對錯，因為輪脈就是如來在操盤人類重大的通路、行路，簡單的表達是這樣。但是，人類肉身經絡裡面的狀態都塞住了各種不同的因果，那就是這一生一世的重大功課，在他的記憶體都會牽動所有輪脈的運作。

所以，輪脈本身是中性的，它沒有對錯，他可以容納任何無量劫的狀態：你是如何的沉淪到地獄？你如何修行任何的次第到成佛？甚至成佛之後的存在是什麼？如果你肉身的恢復相應到某種程度，如來也會透過經絡來相應你所有在世間的一切恢復的可能性，或解因解碼的任何層次的可能性、或解除苦難的可能性。或者如果你有更大的願力，願意以一己之力給世代做某種示現與渡化的時候，祂都能夠給予你重大的能量場、重大佛首的無上智。甚至如來這個首肯、這個密碼、這個大威德力，祂就是通過經絡讓你實質的感應到，但是同時，祂也會培訓你，召請苦難的能量場來與你對應，或者當你的大願力恢復時，你所需要的佈局、你所需要的各種界別層次的有形無形力量，祂會召請，祂會示現。

如來深知你在無量劫等同祂存在的各種不同狀況，所以祂會佈局各種不同的眷屬，佈局各種不同的因果，你不斷擴大的當下，那個時候，一如來無量如來，一眷屬無量眷屬，一因果無量因果，一即一切存在。到最後，如來會顯相在你每一個輪脈的皈依境裡面、每一個輪脈的舍利塔、每一個輪脈的承受，每一個輪脈相應那個世代你要涵攝眾生苦難的重大示現。

這不是一般性的如來的操盤，這是一個不可說的重大願力，整個無量世代總結在一個世代裡面圓成的重大機會。

這就是為什麼你的如來非一般等同的如來，祂了知地球這一世代空前空性的示現，所以祂要你在一開始的立足點就是完全不受制於這一世代要完成的功德力。在完成這一世代功德力的當下，同時更要不受制，更要你能夠以此功德力抓下所有空前的法義與內涵。這個地方已經是共諸佛共操盤，是共同諸佛的願力。那麼，肉身有沒有辦法這樣？可以，主在，正法在，可以，所以一開始就是不可思議的恆河沙數的無條件可言啊！祂在你本身等同對主的全然裡面，不存在任何多餘相對的心念想法來對應主的正法，對應你如來這麼深遠莊嚴的生命恢復，祂的殊勝遠超過一般如來對眾生肉身恢復的操盤。

如來與肉身沒有幾分之幾的比例問題，要幾分之幾才算是如來恢復？因為每一個世代的肉身都不一樣。我們再講更深的，不是只有肉身有經絡，靈魂體也有經絡，靈魂體有他存在各種不同時空基本的經絡狀態，靈魂體是會受傷的，也是可以調整治療的。靈魂體的層次是另外一個智慧的狀態，靈魂體是另外一種變現的狀態，靈魂體也是如來妙用示現的狀態，靈魂體也是所有眾生慣性太重必須逐步減輕的過程狀態，他們已經形成一個龐大的族群遍宇宙虛空法界，比人類多太多了。

這一次為了這一局人類空前的成就，每一個諸佛菩薩對無量的靈魂體都做了空前重大的整頓、規劃與引領，在恆河沙數存在的宇宙裡面，集中在地球的原點，做重大的示現與恢復，就是這一次，為了迎接主的親臨。

所以肉身對如來的關係，可以是相對的關係，可以是非相對的關係，可以是無關的關係，可以是等同的關係，可以是當下肉身就是如來的關係，也不一定要用關係去理解。所以，肉身跟如來之間，如來在操盤這個世代的狀態時，如來要不要有肉身來到這個世界是一個層次的衡量，有肉身來到這個世界，祂要來的那個世代到底要渡化、對應到什麼程度，都會有一定的評估，非常清楚的。祂這個設計是要以什麼相應、化什麼身，或渡化什麼眾生，恢復到什麼程度，要有什麼樣的智慧、什麼樣的運作、什麼樣的生活、什麼樣的眷屬、什麼樣的磁場都是存在的，都是清楚的。

這個地方，以肉身的理解，好像是有操盤的軌跡，但是在如來本身的存在裡面，祂不是用操盤去理解的，是操盤，也不是操盤，因為祂不落入相對性。所以，所有相對性的因果都是可以解除的，我們唯一能做的，就是無邊無量放下所有對如來的理解與設想。

照見肉身的如來性

解除了內在或外在的當下，才能確定生命本身與如來的等同性。

內在的如來性，其本身的存在是無邊無量的層次，要觀照到內在的如來性是**連觀照的動作都必須放下**。其實，並不是真正有一個內在或外在，解除了內在或外在的當下，才能確定你生命本身與如來的等同性，真正的你是——存在的本身是肉身，也是如來，肉身的每一個存在的每一個身口意、每一個行為裡都是如來。

我們必須確定一件事實，**存在於地球的每一個人的自主性都等同於主的存在**，那就是如來性，他是肉身，也是如來，肉身即是如來。**肉身的如來在覆蓋的狀態下，他還是如來，但是，如何走上不被覆蓋的狀態，那也是如來，而在完全生命恢復的狀態下，更是如來。**

所以，重點是在於我們要有一個最根本的確定，就是**肉身即是如來**的事實。人類如何在地球的磁場、地球的當下、地球苦難的狀態中就能夠確定他自身就是如來，這才是最根本最關鍵的重點。因為人類是在被覆蓋的狀態中，所以有一個往外的狀態，然後，他必須要經歷一場解除覆蓋的過程，所以感覺上有一個內在的如來在引領。因為在覆蓋狀態下的你無法以覆蓋的狀態自行恢復，需要有人拉一把，所以，你的如來會變現出一個佛像、或一個內在的本尊、或靈魂體、或指導靈、或神……，出現在虛空當中、或在夢中、或在冥想中，或在每一個可能性裡面去引領你。但是，那整個過程也是自性如來變現出來的一種引領方式，幾乎是等同於如來的如來變現，是你的如來性引動出來而變現出的重要引領，但是，那只是如來性的一部份。

一般來說，修行界認為人類的肉身永遠不可能是如來，也因此，任何的基礎都確定不下來，所以，他們任何的教法、任何的修行都永遠是有分別的。很多重要的大師他們達到某一種境界與理解，都說我們內在有一個如來，有一個佛性，是，沒錯，但那也只是一個過程而已。

今天要強調的就是，肉身即是如來，肉身存在的當下是無比尊貴的，因為，不可思議性的如來在虛空中也必須透過人類肉身，才能在地球上彰顯他的如來性與自主性。

我們不僅必須確定肉身即是如來，而且連那些被無窮盡苦難與慣性覆蓋的人們，也都要等同視之——每一個人都是如來。因為，當肉身在無盡苦難的染著與沉淪當中，也都能夠確定他自身存在等同於如來的時候，才能確定轉識成智之後的機會，才能有機會完全恢復他的如來性。如果今天沒有辦法在無盡染著的肉身裡面去確定他的如來性，又怎能保證他未來一定能成佛呢？

正法在一開始的時候，就對肉身有著無盡的尊重，那個尊重是——不管你染著了什麼，不管你在無量劫、無量世界裡面累積了什麼樣的苦難和慣性，有多少被覆蓋的部份，你都有如來性。任何形式存在的生命都一樣，都是真正等同於如來的百分之百的存在的事實。

當這點確定下來之後，才能夠確定不管經過任何的教法或修法，任何的生命演化過程，存在的任何生命形態，都沒有關係，都是在通往恢復的方向。在不斷的轉化過當中，你呈現出任何有染、或轉化有染、或到無染、或完全呈現出如來性的一切示現，都是如來的心性。唯有如此，才有辦法真正地確認這個事情，要不然永遠都會遠離世間覺，永遠都會否定自己的肉身存在，永遠都是有分別的。

所以，**在根本的教法上，最根本的第一義就是「確定」**。不管你覆蓋到什麼程度，你都是空性的，你所示現出來的一切一定都是如來的教法。因此，苦難就是如來教法，肉身就是如來教法，每一個行為本身都是如來教法，只是你有覺或未覺而已。

更重要的是，如來教法在提點肉身的時候，會在無盡的可能性裡面從四面八方給你一些重大的提點、引領與示現，包括各種逆向和苦難的震盪，端看你能不能以你本身的條件來觀照這一切，能不能解苦解碼。你要能做到觀自在，並且在無量世界裡面跟有形或無形的生命對應的過程當中，也能觀照到彼此之間的相應之處，以及所看到的諸相裡面要給你的哪些提點，那些都是彼此的如來在共同的苦難裡面共同彰顯出來的諸相。

當我們人類有機會的時候，我們對自身與對萬物萬有的責任和本份，就是示現出我們自主的如來性，我們必須要有這麼大的格局、這麼大的威德力，才能確定我們本身應有的生活態度，那就是生命的自主性——我本身當下就是如來。如果沒有這樣的確認與這樣的大格局來恢復生命的話，又如何去涵納其他覆蓋比較重的生命以他們的生死所提供給我們的供養？

如果做不到，終究會承受不了而傾倒，終究會在關鍵的時刻，因為沒有辦法確認某些事情而導致偏離。當再也承受不了的時候，在承受不住的當下，就會被其他生命體的苦難所覆蓋，因為，對方用生死來供養你，你也終將被對方的生死苦難所覆蓋住。

有很多重要的領眾者，問題就出在這裡，一味的做做做做，不斷地做渡眾生的事，或一味的擴大通路而沒有等同的觀照，或者他的通路遠大過觀照。這樣的做法，會讓人在心輪上的確定性不夠，不動性不夠，因此，佛首的無上智慧也出不來，領悟卡在某一個關卡，就再也上不去了。

慣性是如來教法，苦難是如來教法，天災地變是如來教法，萬物的一切從無邊無量之細到無邊無量之大的宇宙都是如來的教法，不可說的無盡虛空狀態是如來的教法，無盡的存在也是如來的教法，這一點一定要確定下來。否則，一定會被這些所有的一切給牽動，而落入其中。唯有將這點確定下來，我們才能夠真正地在中道不二的如來本心裡，確定我們自己每一個當下的存在是宏大而不可思議的，觀無所觀，我們本身就是如來，我們的每一個行為、每一個細胞、每一個呼吸都是如來。

如來相應於肉身來變現示現所需的一切，令一切生命自主，這就是共願自主的如來本義、如來教法，這是我們本來面目應有的身份、地位、角色與確定的事實，這也是世尊肉身重大的願力。要這樣力量的功德力才會夠，才能讓無量的生命，不管他是地心生命或地外生命，都能共同享有此重要的內涵與最後的機會，這是我們每一個人的如來性、佛性、存在的自主性，當下肉身即是，不在哪裡，當下即是。

你要往這個方向去確定，讓自己在每一個對待裡面，不斷地茁壯、恢復，以無盡的苦難養自身的如來。更重要的是，我們的如來彰顯或變現在某一個我們肉身之外的生活範疇，也等同我們肉身的存在，那都是等同存在的。我們有內在的如來，但是，那同時也是如來本身存在的另外一種示現與引領，等同於無量教法變現在生活中遍一切處的提點，等同等持，等同我們的存在。我們不落入無量的時空，也不落入內在或外在，但即使今天我們落入了，也是一種如來的教法，這樣的自主性就是真正終極的自性如來。

肉身共願共果共如來。

肉身共終極共不可說共等同等持之佛所說。

肉身共同共不同共一切密因密果。

肉身圓滿非圓滿非一切處肉身如來。

肉身實相莊嚴，密行一切本來面目。

肉身本心密第一義，肉身金剛自性生命法供養。

肉身空性終極，密正法示現。

肉身存有，密無量莊嚴如來世界，無與倫比。

肉身是如來的功德身

肉身的變動就是一切如來的示現，肉身就是如來在世間有形的代表。

肉身本身就是「一切身」，一切身的意思就是當一切不預設來的時候，肉身皆能夠反應出他所有的不圓滿，所以要成就「肉身即是如來身」，就是讓肉身透過一切的過程而終究能夠全無罣礙，因為肉身本身設計的機制是在於他能夠反應一切的不順遂、不完整、不自主，一個肉身的架構能在生活中當下的每一個狀態中，反應出所有受制而無法圓滿的狀態。

一個肉身一個架構，能夠反應一切不自主的部份，背後就能夠彰顯一切自主的部份。所以，這是一體兩面的狀態，這個狀態本身就是共同存在的密碼。這就是為什麼肉身即是如來的功德身，所有的自性之德在肉身裡面等同存在，顯相在肉身不圓滿不能自主的地方，就是他所要照見與放下的範圍，所有肉身反應出來的不圓滿就是他距離恢復如來自性功德的距離。

肉身在生活上的每一個行為、每一個言說、每一個存在……都是在進行某一種取捨之間的功夫，但是人類最大的問題是在於，他的思維都是相對性的，所以在取捨當中難以深化，一個大智慧者他不是進行一個相對性的取捨，而是在取捨當中同時能夠覺受到自己本身落入相對性取捨的這個問題。

這需要有相當的「覺」的功夫，問題不在於我如何在相對性的取捨當中偏向哪一邊的答案與作法，而是要覺察我在面對相對性取捨的時候是否落入了相對性取捨的那一個軌跡與慣性，若覺察到了，也要有全面性放下的功夫，放下落入相對性取捨的那個思維、動作、狀態、慣性和那種狀態的磁場，當下放下那個落入取捨相的輪迴。

放下面臨取捨時所形成的那一種試圖想要去做任何取捨的思議與思維，才能夠放下取捨本身，放下相對性取捨的時候就是深化的開始，不落入相對性才能夠有機會恢復自性功德，要不然永遠落入相對性，永遠被相對性的這一邊或那一邊無量延伸出去的無量相對狀態牽動。

當肉身不斷的反應一個相對性的問題之時，要能夠覺察出不落入相對性的自身存在是什麼，不落入相對性的自身存在的層次就是通往一個不動性的如來法義的狀態。所以，在日常生活中以肉身行動的每一個行為、每一個對待裡面，當任何不預設來臨的時候，要有辦法能夠對應出永不落入相對性的自己、能夠放得下的自己，當這樣的功德到達一定厚度的時候，肉身的不動性、內在的如來性終將如何彰顯在他肉身裡進行他的生活，他也是清明清楚的。

當下的當下，層次自分明。
一切的一切，密碼自示現。
存有的存有，解脱如來義。
時空的時空，虛空自有情。

人性的人性，碎片自收圓。
情境的情境，無關無分別。
妙法的妙法，密行自結界。

功德就是自性之德在肉身彰顯之後的行為與生活態度，一個重要的生活態度就是要能夠渡化與轉化自身的每一個身口意，渡化自身的慣性就是渡化自身的相對性。觀自身問題之所在，所在之處皆能夠無所住，一切的相對性全面性的解除，以一切自身肉身相對性的存在，不往外而轉身面對內在如來，以相對性的一切慣性供養內在如來，以這樣的狀態集中於肉身去生活、去進行一切的存在，走到哪裡，肉身恢復到哪裡，一切自身慣性的渡化轉化到哪裡，如來生生不息到哪裡，這就是真正的功德身。

肉身本身的存在，如來解義解碼解一切，功德自性存在，當如來身等同肉身的時候，他本身散發出來的如來自性之德，會轉換一切，共振一切，在有形無形無量世界的共同的因果，全面性的解除掉。所有密肉身的傳承，所有密肉身示現的當下，肉身的金剛性等同生命的存在，肉身行為就是生命變動的終極所在。

所以，不動的肉身等同究竟的自性，等同於存在的本身，在一切的對待裡面，男女的對待、家族的對待、金錢的對待、生死的對待，密肉身於終極無量世代，入一切所有生活存在的時空。

肉身無上，存有無盡，觀無量一念。
肉身無關，生活示現，觀自在世尊。
肉身結界，生死變現，觀善逝男女。

肉身的萬有就是一切存在的妙有，肉身的變動就是一切如來的示現，肉身的功德在人世間一切的狀態，就是有形無形如何展現的重大妙法，肉身就是正法的示現，肉身就是如來在世間有形的代表。

所以，肉身本身存在的正法在終極的不動性裡面，真正照見所有無量劫來的不圓滿，一切肉身無邊無量，每一個肉身所行的一切照見本因，照見生活每一個層次裡面的分別，示現無量分別的慣性，而解除自身分別的當下，令所有的生命在一切關係的對待裡面，能夠以功德力的存在，讓自己的生命恢復本來面目，在當下生活的第一義空性裡面，恢復肉身無上正等正覺的存在，世間尊重的生活。

解除本尊相的那一刻，才能真正確定「肉身就是本尊，就是如來性」的事實。

無量劫來幾乎所有的修行人在關鍵的地方都沒有辦法確定下來，那就是因為他們在所謂的「內在」建立了另外一個深不可破的「如來性」，很多修行人因而用了更大的分別心去面對一個他所建立的密的本尊、密的如來性，但是，那還是相對性的，導致重大的修行關鍵會卡在最後的關卡裡。

如來密法的弟子在重大的關鍵時刻，自身仍往上尊仰那一個如來的本尊，但是，這樣的修行修法終究必須要解除掉那一個最後的本尊相，因為，若最後的相對性無法解除，就永遠永遠無法讓肉身正位。

最後解除本尊相的那一刻，才能夠真正確定我所講的——「肉身就是本尊，就是如來性」的事實，這會是最大的關鍵所在，也是密法弟子最後的關卡，這一關不過，終將崩盤，或瀕臨崩盤的傾倒危機，這是我今天所要做的重大表達。

從皈依佛法僧，到把佛打破，法打破，僧打破，師父相打破，但最困難的就是，自身的本尊相卻打不破，因為那更是無量虛空的狀態。所有唐卡的圖騰都是這樣變現出來的，本身沒有這樣問題的人才能夠真正妙用大用，在肉身之外不再設立另外的無量正法諸佛的圖騰。

在密正法原始佛教的當下，正法之主以這樣子的內涵與功德力，解除所有歷代無量劫來屬於正法教法裡面所有如來相的本尊相，而入真正肉身的存在，讓肉身本身就是本尊，就是佛相，就是存在，真正的一切諸佛的存在。

肉身就是無量諸佛，肉身就是自性，肉身就是實相，肉身就是世尊，肉身就是正法，這是正法所要彰顯與確定的事實。

為何我能夠妙用一切唐卡、一切正法佛法的所有佛像圖騰，而於當下無量自在？是因為無量的佛像、護法、本尊都是自主正法變現出來等同於佛的心性所變現的大妙用，這是確定的，正法開演讓夥伴回歸的當下，終將解除他們這樣最後的設限，讓他們茁壯，肉身就是一切本尊力量的本源，等同等持的確定，這是即將必然宣告的事實。

妙用正法，相應世間苦難承載之次第，妙之微妙，精準善逝眾生之慣性，解除之過程，慣性震盪之當下，修行而行於微妙之無所，應之如來，等持眾生之識性轉化之輕重，微妙之智，了然本義，和合善巧，如來示現。

無量世界的密無量本尊都是為了要引領恢復本來面目的世間尊重，當重大密正法收圓的當下，連本尊在無量世界無量密法的教法都要收圓。無量變現出來引領所有肉身、所有靈魂體、所有眷屬與子弟在有形無形的一切密的教法和示現，由本尊所示現出去的一切能量磁場，在無量世代無量存有的輪迴裡面，解除解脫解苦難的所有本尊變現，正法之主將以主的磁場全部收圓，這是確定的。

由本尊延伸出去的國度，存在的子民、存在的一切密教法的每一個狀態，在過去現在未來的每一個如來所彰顯的密正法的狀態，由密本尊護法所演繹出去的密教法裡面的所有狀態，不管是密原始佛教裡面所延伸出去的狀態，或在引領過程中傾倒的無邊無量的碎片，也全面性的收圓，這樣才能恢復原始的本來面目，在收圓的過程裡面，密本尊終將回歸，完完全全的收圓到一個明確的原點，再回歸到肉身本身的如來性。

密本然之世尊，功德本義，本我如來，尊之世間，尊之肉身，尊之無量劫於一行法，尊之一切輪動教法於生活之密行，密本尊尊貴無上，世間肉身密行如來無上義，密輪脈肉身，一肉身一輪脈一本尊，無量密世界，密行之智，慈悲納入，無量國度，本尊密正法自主，圓成一切。

無量劫來，大部份世代的生命都偏向於只看「果」的狀態，偏向一個表相的看待。所以，在內化的過程裡會有一個往內內化的軌跡，同時，要把往外運作殘存模式等同收回。收圓的過程是不往外的過程，所有未能覺的部份或更深的識性殘存，都是不空之處，而肉身的不空之處都是即身了義內化的無所無住之處。

內化之義，在於解除所有往外的狀態與軌跡，往內之義，不在以外在之模式預設另一內化之目標，內而無內，等同外而無外，圓之其中，圓之不在其中，圓之內外，內外等同等持，圓之存有，因之圓，圓之果，圓收不二因果，內外收圓內化，密解因解碼，自主當下。

這裡的「密」不一定是密宗、密教、密法，在無量世界的存在裡面，還沒有真正開啟的那一部份，都通通稱之為「密」，對於人類的智慧與層次尚未到達的那些領域，所不熟悉的都叫做「密」，這裡是以廣義的、不預設性的方式來表達。

今天所說的「密」所表達的，不單單只針對密宗、密教、密法，但也包括密宗、密教、密法本身，是指在無量世界無量存在的本義本然裡面，有人類尚未能夠確定的部份，那對人類來說都是屬於密而未顯的部份，所有的慧命未到的部份都是等同於「密」的，是無量密藏的存在，它是廣義天下的，就尚未恢復的生命來說，那都是一個隱藏的寶藏，在那裡面，有無邊無量的引領存在。

本尊之義，生命開啟開演，在於世間尊重之仁慈，了義之本，善逝寶生，尊之入世出世，中道本尊，生活本來面目，如來行之於生活，如來用之於肉身，肉身即身，如來本尊，肉身輪脈，本尊如來，自主世尊，肉身密行本尊之義，當世肉身，世間本尊，謂之世尊。

所示現出的各種不同的圖騰與教法，那些都是一種世間尊重下的要引領出人類自己本然存在的狀態。所以，包括了在無量世界的密正法，一切生命尚未到達的領域都是密的，是處於密藏的狀態。而這裡所講的本尊也不是只針對密宗，而是如來性在無量世界裡面所彰顯的一些圖騰、內涵或教義，都是屬於本尊存有存在的重大示現，其至有比密宗更深更密的存在。

當人類中有很多重要的生命與共願的夥伴還沒有恢復到那樣的狀態之前，當其本人自身的密正法的力量來對應的時候，都必須做一個承諾上的收圓，這是無上正法的收圓。當下終極正法收圓過去無量正法，過去無量正法有它深不可測的部份，不管圓滿或不圓滿通通收圓，這一次的收圓是不可預設的。在未來的一切，也必須在這樣的情況下收圓掉，因為在無盡的存在裡面，沒有過去現在未來可分，在無盡的虛空裡都已經在引領運作了，在無量宇宙中人類未知的部份，或無量世界中彼此之間未知的存在，即我們所謂的「密」或未達到的境界，在地球上示現一切密或非密或未到達領域的一切可能性的彰顯，都必須得到正法終極救世主的磁場收圓的承諾與確定。

不以慣性看待身形

無關而自在於肉身的每一個形式，只以如來的願力成我身形唯一的資糧。

我們不能以識性的慣性所養出來肉身的身形，來理解如來在我們肉身所要進行佈局的安排。肉身是密藏，肉身是不可思議的存在，當一個生命能夠會通如來本義，當一個生命能夠納入如來所引領來對應的任何次第的能量場，當一個肉身本身能夠以肉身的一己之力，納入如來認同的各種引領與各種層次的能量場，並且轉識成智在自己肉身的每一個經絡的共振裡面，其所共振出來的經絡的轉換是不可思議的。

一切身，無量形式，無量密藏之即身，一身身形，法流本義法供養，肉身形式不落入識性之示現，納入之共振。

一肉身共解慣性之因果，即身不動無為之身形，相對形式解一切碎片。

一切身，密行無量本義，空行肉身，功德生死即身肉身。

在頭的部位、手的部位、身的部位、腳的部位，每一個經絡、每一個輪脈都有他本身的如來寶藏和如來的密因，會有好幾個層次存在。當你會通如來的能量場時，當你有一種覺知了悟的時候，當你肉身的每一個輪脈、每一個經絡已經不是純粹慣性肉身的時候，你的肉身會變成是一種總合性的狀態：有一部份是慣性的存在，但是有一部份是已經轉識成智的狀態，而有一部份已經是會通如來性的狀態。所以當這種總合性的各種不同次第，交織在你肉身的每一個可能性裡面轉換的時候，你自己如何安住？這時候，你要以「無所住而安住」的狀態，如實觀照你的如來在你肉身的每一個經絡輪脈裡面，所要輪動出來的狀態，那個能量場就會形成你身體本身的身形。

每一個肉身在每一個階段可能呈現出來的身形，都有他的如來法義。如來的能量場在你肉身的每個妙用裡面，當如來要種下你所能覺受的重大智慧和法義的時候，同時也必須要根除你無量劫來在某一些世代、某一些結界、某一些對應裡面，跟某一些招引來的無形磁場，共同解因解碼的能量所形成在你肉身裏的每一個重大累積。

所以，你當下的每一個存在、肉身與經絡的狀態，其佈局就是形成你當下的身形。應以如來的本義成為你身形必然的唯一選擇，不以任何慣性的狀態、不以輕瘦肥胖、不以人類認為的美好或不美好，去理解你當下的身形。

一個密藏的肉身、已經具備納入如來能量場的肉身、能夠納入各種不同次第無形能量場的肉身，其本身肉身的形式所整體展現出來的樣貌與風采，是以他自己顯相出來的那一種放光的狀態為重點，而不在於以人類在世間理解的身形好壞美醜來看待，這完全是兩回事。

能量肉身入一切諸國土，密本心肉身入世間正法，密萬有肉身，不二中道，能量即身一切因果，無形靈魂，有形肉身，本身本心，本有本志，顯相諸相，萬有歸空，肉身無畏，無所住一切身形，妙肉身之總持天下功德，於不動覺圓收一切處，入肉身輪脈解脫解碼一切了義。

我們肉身存在的身形，不做任何的預設，沒有任何條件，沒有任何「我的身形該當如何」的思議。我以我肉身存在的任何身形，來納入如來的存在為唯一的示現，我的肉身要供養我如來本身存在的法義，**我的肉身就是如來的蓮花座**，我請我如來上坐在我肉身的每一個經絡、每一個輪脈、每一個細胞、每一個眼神、每一個對待、每一個生死，我的肉身就是我的如來身。我的肉身了知我無量劫本身存在的對待，我的肉身在解除我無量劫的同時，我的如來以我的肉身應許在所有淨土、所有無量世界苦難的同時，在招引無邊無量磁場來對應我的同時，我的如來知道我要以何種顯相的狀態、何種不同的面貌、何種不同的身形，去對應眾生所需要的覺受。

眾生都有各種不同有形無形的習性，都有他認同與歸屬的樣貌，但是，我的身形不必是人類理解下所認同的身形，我身形的存在可以是任何形式的存在，任何眾生的苦難，他要什麼樣的身、什麼樣的形，我並沒有預設。我每一個存在的變現，都是我佛如來的肉身。

恢宏無上佛之本觀，無住眾生無量劫之來來去去，不斷眾生無量劫來一切形式之輪迴，眾生本應自斷自身之輪迴，一切無量有形無形之生命形式，皆等同眾生本身之本願之示現。

中觀一切變現，佛觀一切示現，皆等同一肉身一如來身，等同等持無量眾生同一即身肉身，共本願共因果輪迴共功德資糧，共一肉身一世成佛之功德身。

我的身是如來的身，我的形是一切眾生苦難所需要對應納入皈依境的形。我的變現是我唯一的身形，我的不動是我唯一的身形，一切苦難的眾生需要怎樣的身形，我就呈現怎樣的身形。在有形的身形裡面我自在，我每一個生命的階段所形成肉身的狀態，我都是自在的，我無關而自在於我肉身每一個形式，因為我的如來深知我在每一個階段對應不同的眾生時，我肉身的每一個經絡、每一個方位角度、和時間空間裡面所要納入的苦難狀態，跟我肉身轉識成智的各種形式的可能性裡面，成我肉身每一個階段的身形，我都沒有任何的障礙。

每一個肉身，在無關的關係中，以不動的無為，行出每一個當下的皈依，為無量眾生所信靠依止。

每一個肉身，在無任何的消耗中，以無上的願力，不落入任何身形的形式，把恆河沙數的因果，化為當下一念的佛念。

每一個肉身，本願的叩問，生活如來功德力的涵養，一切的修行，輪脈妙生無量諸佛的結界，無量佛果入輪脈示現其中不可說。

我身是我自在存在的肉身，我形是一切無形共同願力所形成唯一即身成佛的身形。我沒有身形的問題，我打破任何人類慣性理解下的身形，我只以我如來的願力成我身形唯一的資糧，在如來同意下，我納入無邊無量眾生苦難的磁場對應下，成我肉身轉識成智之後所形成的肉身形式。我完全納入，而且確定如來是唯一了知我在這一生當中每一個不同階段所要顯相出來的肉身形式，來渡化轉化我與無量眾生無量劫來共同共振所要轉化的各種不同的形式，在每一個階段，我都完全欣然納入我每一個不可思議的身形。

肉身有一世本願之訴求，肉身即生命體之覺受，肉身之生老病死，即無量劫當下肉身畏因成就不生不滅的佛果肉身，廣納天下無量無形之磁場於肉身一生之中，廣化無量非我非非我一切生命能量於肉身一生時空之轉識成智，肉身之即身一生，不可思議，共等同共等持共一世代無量生命一肉身成佛之本願，自主成佛。

我的身形是我的妙法，是我的不思議，是我的功德力，我即我如來的即身之處，我肉身的存在是我肉身與我如來共同存在的等身的功德身。所以，我不以慣性理解我的身形，我若有任何慣性理解身形的不安恐懼，都不能加諸在我如來法座上唯一肉身的顯相。

加諸肉身的苦難是人思議的延伸，人自身的納入，必須以無上智檢視之，所有的相對都是一切的絕對，不在於真是否為真假之真，在於功德之力，法流源之於內在之本身，妙法無法，一切法皆即身不思議之肉身成就。

我的身形非一切相對性的身形，我的身形解除一切相對性的身形。所有無邊無量眾生本身沉淪的任何生命形式的身形，那個生命體的形式都在我身形下的納入完全解除。所以，我也等同解除我任何慣性的理解，所可能形成的意識型態認知下的身形，我全部都不思議。

我以如來的存在為唯一身形的考量，我身即如來身，我的身形即是如來本身渡眾生的身形，即是在一切有形無形的身後背影的那個身形，我的肉身即我如來的身影身形。

所以，我的如來在我的經絡，在我的呼吸，在我的細胞，在我每一刻對應各種不同形式的當下，我的如來完全能夠掌握我的身形，以利我在納入各種不同苦難形式的磁場裡面，使我肉身的每一個狀態都成我轉識成智必然的事實。

我不以任何慣性的身形見如來，我以如來存在在我肉身的一切顯相的功德身為我唯一的身形，以入一切苦難的諸國土。一切的諸國土都是我的身形，一切的苦難都是我的身形，一切的存在都是我的身形，而我的肉身安住在一切無所住的不思議的身形裡面，為我唯一身形的考量。

所以，我肉身之形式是無量皈依境之形式，我肉身之存在是如來變現無邊無量一切眾生等同存在的等身身形。實相如來的身形，是我肉身即身等同成佛，一切眾生成佛共同在生活中自主的身形，為實相莊嚴的淨土。

一肉身一即身，無量諸國土等身，我唯一的身形，不思議一切身形，等同如一當下的我的肉身，一身形一肉身無量形式無量身，一生生世世無量肉身無盡身形，等同無量因果一切恆河沙數之變現無量身，圓收如來身，即一生當下之肉身，無量世代無量國度，一生無量身形無量有形無形，皈依境結界，一肉身一身形，無量功德力，佛成示現一肉身無量形式功德自主身。

畏因於自己的即身因果

肉身每一個相對性都是一切的因果，解除所有相對性，才能解除一切的果。

我們人最大的尊貴就是要得到自身的尊重，一定要懂得尊重自己，那你要怎麼尊重自己？那就要即身畏因，即就是當下、即刻。你肉身每一個行為、每一個念頭、每一個存在、每一個狀態，你都要有非常清楚的知見，那就是你任何的知見本身就要照見你自身的苦，你在這個念頭裡面有什麼無量劫的苦？你要能夠畏因，在念頭本身裡面就要能夠畏因，這就是尊重，這就是即身畏因。

想與非想非非想，因果非想想因果，非想生死生死想，即身非想想生死，輪迴非想想輪迴，即想即識自思維，識想思議自思維，非識非想自非想，空識非想空思議，生死識性非非想，非識無想思維空，空識無想空思維，空想非識生死空，佛識佛想佛空性，空識空想空性佛。

請問你自己不畏因，誰能幫你畏因？在生命的本質上、在生命最現實層面上，你是你唯一的肉身啊，那你要選擇用這個肉身造無盡的業障嗎？你要選擇用這個去承受別人無盡的業障嗎？你要去承受別人的一切苦嗎？或者讓別人承受你的一切苦？

我們人類最大的慣性是什麼？我們習慣讓別人承受我們的一切苦而認為是理所當然。我們對別人承受我們的苦，我們已經完全失去了感同身受了。我們要感應我們所等同的，為什麼？我們在無盡的歲月，我們都等同有無盡的輪迴，一切的苦不是都等同嗎？苦就是苦嘛，還有分等級嗎？那是誰造的苦？如果你認為都是別人造成你的苦，或別人造成他自己的苦，那你自己呢？你自己也是別人的別人啊，別人也是你自己的你啊。

逆輪迴之畏因，逆佛說之本然。

逆非說之當下，逆非相之無所。

逆眾生之慣性，逆世尊之法緣。

逆觀照之無窮，逆法緣之供養。

所以，重點是即身，即身畏因是最重要的，你自己的念頭你要能夠在念頭裡面畏因，你才能夠尊重自己，我的念頭裡面有多少的生生死死？我的念頭裡面跟別人有多少的生生死死？我都要能夠畏因，我要真正的從還沒有發生那個結果之前就能夠畏因，我不只是在念頭上的畏因，我在我本身的即身、我的行為裡面畏因，在我身體的行為裡面畏因，在我肉身的經絡裡面畏因，在我肉身的每一個法流裡面畏因，在我肉身的每一個恢復過程裡面畏因，在我本身的一切的識性裡面畏因，在我自己每一個講話的狀態裡面畏因，我說的每一句話，都是我自己本身在提點我自己的畏因。

非有無所密所有，所有非有密有所，非所有密非無有所，有所即身無所寂滅，有所時空無住無得，有所當下無所本空，有所覺受無所照見，有所無為無所了義，有所妙行無所收圓，有所供養無所修行，有所一切無所空性，有所眾生無所皈依。

大智慧者在自己所說的話裡面，他只有一種不往外的佛說，就是沒有任何分別的說法，他在表達的時候沒有往外的狀態，他在表達的時候，並不是有一個相對性的對象在那邊做表達，他是沒有分別的表達，他的表達不會落入別人相對性的是非，他的表達所引動出來的，是自己還有哪些相對性的意識型態。

所以，你對任何人說，都是在對自己說，因為任何人都是你的鏡子，任何人都是你自己等同的存在，任何人都是你生活中的自己、生命中的等同。所以當你跟任何人表達的時候，都等同是在提點你自己，所以你在自己的表達裡面，你跟任何人說都是在對自己說。當有這個知見的時候，你就會很清楚的知道，你還有哪一些表達，從你口中講出來的話，還有哪一些分別的意識型態，都要畏因解除掉。

逆境逆一切，逆轉乾坤義，逆不二密時空，逆究竟無盡義，逆中逆，逆密逆，逆一切逆妙法，逆男女密乾坤，逆宇宙密虛空，逆當下密不二，逆供養密法緣，逆遍一切密眾生，逆

不可說之不思議，逆佛所說如來藏，逆終極密莊嚴共自主。

所以，我們要表達的是「即身因果」，就是你有辦法在每一個即身的狀態下，都能夠轉識成智。再講清楚一點，你今天如果不畏因，你怎麼尊重自己？你怎麼尊重別人？不畏因的結果就必須發射出去，發射出去就是一種相對，你只要跟對方產生一個連結就是一個相對性的結果。在相對性的結果裡面，你永遠不知道對方的意識型態是什麼，今天你看得到對方的表情，但是你看不到對方的念頭，你看不到對方的價值。更何況，在這個世代，大家時時刻刻都在改變著，每一個人的利害關係都在改變著。那麼，你永遠要去衡量別人嗎？你要把自己的能量、自己的力量、自己的精神永遠往外去衡量每一個人的變動嗎？但是，這種變動就是抓不住的，想要去衡量這種變動的本身就是一種痛苦，因為這種變動都是由外在環境牽引而改變的，並不是自己真正有智慧去變動的。

而我們所講的變動並不是這種變動，你要變出一個怎麼樣的自己才有所行動？當你變不出一個所以然的時候，你看到別人在改變，而自己被牽動出不安恐懼，結果就變成，要嘛你就是控制別人，要嘛你就是被別人所控制。在這樣的情形之下，你還能夠即身畏因什麼呢？你的結果都是在隨波逐流，感受到別人的不安恐懼，你看到別人在不安恐懼裡面做改變，你也把它納進來變成是你不安恐懼下的改變。目前，整個人類都是活成這個樣子啊。

能牽動的，必是當下必然放下的時空。

生命即時沉澱，生活即刻轉換，即身肉身當體輪空。
任何的不安，都是即身納入提點的生命法緣。

「即身」是什麼？你要非常的清楚「即身」的重要性和功德，即身的重點是在於身之當下無時空之對應對待。我們即身肉身的身口意所有的輪迴時空，都要能夠即身覺受畏因，即身肉身在無量世界中的任何對應對待，若能無所牽動，那麼，所有對應的當下皆能相應如來法流，了義一切不可思議的即身佛智。這就是即身世尊之正法的要義所在。

要嘛，你就是無量劫活出一個眾生，一直在苦的輪迴裡面，因為，你抓不到你即身的因，就永遠在那個眾生的惡果之中輪迴，那麼，別人的惡果也一定會牽動你的果。

你永遠不知道，在生活中的各種碰撞就是無量的生死，而大部份的人都只有承受，一旦果報到來的時候，能用什麼樣的形式去面對呢？生老病死的形式、意外的死亡或其他形式；或者，當你承受不了的時候，就用各種不同的方式去把自己的肉身滅掉；或者，你有某些關係和管道，透過別人在不安恐懼下所設計的某種商業行為，你去投資，結果，也引動出你自己的錢財與資糧也被別人的不安恐懼整個解除掉，都賠光了，然後，因為你沒有了資糧，你自身又沒有心力和智慧去支撐自己福報結束的狀態，因為你自己心力不夠，又沒有內在的功德力，最後因為錢財損失無法承受而自殺；或者，你跟別人在世間的關係，有人自殺，因此也干擾到你的生命；或者，在某些少數者獨裁的系統裡面，你成為別人毀滅的工具，毀滅別人，或是被毀滅。這些，都是共業的可怕之處。

不在永遠，不問永遠，當下即身永恆。
追隨的，總是等不到自己的路。
不再追隨的，開始看到自己的生命之路。
永無追隨的，當下即是如來的生命之路。

所以，重點是要從自身的「即身」去看待你這一生要滅掉的是什麼，在自己的意識型態裡面，在自己的心念當下，就要懂得畏因，然後，在畏因的當下，重點就是要寂滅。即身的狀態是如來性的，是不思議的，就看你怎麼樣去隨類相應，若當你應化成各種不同的有染形式時，那就是因緣果報。然而，我們即身的一切因的本身，皆是提點我們行深轉化而結一切佛果的重要切入點。當我們能夠即身大捨所有識性識見，即身善逝一切生死，隨緣自在，那麼，一切的緣起皆能讓我們即身肉身寶生本願初衷之功德。

所以，一個大智慧的人，其一切身口意引動出去的時候是非常非常寂靜的，他的變動是要成就如如不動，要變就要變出一個真正的如來，變出一個清楚的自己，變成一個真正的寂靜。

自身的問題若沒有辦法觀照到，就沒有辦法畏因，當你有辦法觀照，到達「觀無所觀」的時候，你會覺受到自己在念頭裡面、在肉身裡面、在表達的話語裡面，有哪些是往外的部份、生滅的部份、起伏的部份、波動的部份，那些都要滅掉，然後寂靜。這才是真正的變動，變成自己不動的如來，改變你自己的心念，成不動的身口意。

不問功德，只問無所。

不要來去，無求當下。

不必叩問，當下寂靜。

不問來生，無有生滅。

但問今生，當下即是。

問於問答，無問自答。

這樣子，你就能夠解除很多不必要的消耗過程。消耗到某一種狀態就是惡果，現在的世界，不是自己消耗別人，就是別人消耗你。人類在各種不同關係裡面互相消耗，在各種不同因緣裡面互相消耗，彼此之間的緣越牽越重，大家都在攀緣，最後攀死在一起，這就是共業。或者，由各自的業報形成，因為彼此之間有共同的集體意識型態，這也是共業。

能夠解除的，必然是已經意會了義的必然。

不必要的過程，因為必要的解除都已經做到。

不能攀緣的，是因為已經是自己平凡的心。

我們今天所要表達的就是——即身因果，**肉身每一個相對性都是一切的因果**，這個因果性就是背後的意識型態、分別心，我們即身就是要解除所有的相對性，才能解除一切本身的果。

在這個世代裡的唯一重點，就是你要**當下處理，在即身之處**，這個非常的重要，因為這個世代反應了你所有的因果，都在當下進行。正法基本對應的動作就是「當來下生」，你當下不處理，你要等到哪時候？你要用自己的肉身來處理你自己當下本身所有不穩定的狀態，處理所有自身被牽動的相對性的狀態，即時即身寂滅自己所有被牽動的狀態。然後，肉身就會轉識成智，成佛身、中道身、不二身、圓滿身、清淨身、究竟身、清明身。

在逆向中的當下隨緣自在。

在逆向中的時空自在隨緣。

在逆向中的因果運作成自己寶生的法緣。

這個時候，你自己就會很清楚的知道，今天你為什麼會有這些因果反應在這個肉身裡面，在因果背後的密因，**業力本身就是願力**。

為什麼呢？因為，你有這個意願，也有某些功德力，透過如來的應許來到這個世界，用肉身來轉化掉你不自主的苦難。因此，在你所示現的過程中，別人所看到你這一生的所有改變，他們都會跟著受益，因為，他們會覺受到你的轉化，然後有機會納入，這就是「願果」，「即身願果」，願力的結果。

在你本身的每一個行為裡面，在每一個對待裡面，在那個緣起的當下，你怎麼去用你的肉身？怎麼去彰顯你的肉身？你最後要確認的是什麼？

肉身就是如來身，你這個肉身要跟你的願力等身，要跟你的功德等身，要跟你的畏因等身，要跟你的佛等身。

一生的代價，我在不可言喻的傳承中訴說所有的因果。
因果的人生，能納入的，能捨下的，在反應一切的生死之後，還能訴說什麼？
即身如誰的肉身？當下即時即刻是誰的時空？能自問的，有何資糧再去叩問生命為何一再輪迴的困惑？

所以，在即身的狀態裡面，當你解除很多相對性的時候，就不會再有任何被牽動的狀態，你寂滅了所有相對性的牽動，寂滅所有的生老病死，寂滅所有的起承轉合，寂滅所有該寂滅的無邊無量的狀態，你的存在就是生生不息的寶生如來，你自己的如來生生不息在你的即身當下。你肉身本身即刻在即身佛果的狀態裡面，你看到每一個眾生的惡果都是如來的佛果，每一個眾生的惡果就算是在滅不掉的一切狀態裡面，你都能從自身佛身的願力提供給他提點，你都能了解到，每一個眾生他本身的輪迴都能夠輪動出他自己如來恢復的當下的切入點，只要他願意放下。

所以，當你自己本身的即身寂滅到你自己的圓滿身的時候，你會了解到，每一個肉身他自己的生活都是他自己通往他如來恢復的切入點、臨界點、當下點。

當下無量第一義，無不是如來的寶生義。

當下無量第一義，無不是密藏等同的根本智。

當下無量第一義，無不是即身肉身圓滿的原點。

苦難不是苦難，重點是放不放得下，滅不滅得掉。所以，**即身寂滅的重要性是在於，以因果在即身的肉身裡面修出自己的如來，因果本身都是正法，但重點在畏因**。任何的結果都要等同畏因，在畏因處畏因，在一切的結果處也是要畏果，把畏果本身等同畏因。

所以，一切因等同一切果，當下因決定怎樣的果，這樣的果再延續下一個結果的時候，現在的果也會成為下一個因啊。

是以，因因果果，果果因因，重點就是你要畏因而無所住，而大自在於一切的畏因之處，而無所畏，無懼於一切因果，無懼於一切當下所必須放下的一切業報。不管是誰的，不管來自哪一世的，不管是怎樣的狀態，不管它的輕重，在我肉身即身的每一個因緣果報，我都等同可以恢復如來的重大資糧，我都把因果當做我如來的等身來面對。

我的肉身就是反應我自己不能圓滿的一切業力，我的業力就是我如來顯相的重大願力。所以，我把我的因果當成是我本身成佛的唯一通路，在我肉身即身的每一個行為裡面，每一個因果都供養成我的涵養，一切的因果都是供養我本身涵養成我自己圓滿即身成佛的重大途徑。

我唯一的肉身是我唯一的業力、我唯一的因果、我唯一的法報化三身一體成就的狀態，以自己的肉身供養成自己如來恢復的等身。所以，我們要即身畏因，即身成佛果，這就是我們即身肉身以重大的、最深的願力而來到這個世界的即身肉身即如來的終極成就所在。

我唯一的因，我唯一的果。

我唯一的等身，我當下的等同。

我如一的即身，我時空的同時。

我非說的佛說，我虛空的空性。

本然具足的生命

生命本自操盤，本自如來，本自具足，恢復的過程就是真正本來具足的事實。

什麼是生命恢復？有多少的生命都是用無法恢復的生命來理解生命的恢復？所有任何絲毫生命恢復的重大解讀解碼本身是何等的殊勝不可說，所有無量世界中存在的任何如一粒沙般的相對性的狀態，哪怕只是絲毫，來對應與解讀生命恢復，都會有等同無量生命無法恢復的解讀。

我們都在守候與等待，恆河沙數生命順逆之間的神祕傳說，時空輪動解碼的能量，我們心甘情願守護的情境，終究畏因在一切取捨的當下。

生命本身本然具足，當生命沒有恢復不恢復的問題時才是真恢復。在追求生命恢復的過程裡面，永遠會落入追求生命恢復可能的假象，就會有「我要追求生命恢復」的一個過程，會預設生命本身，或恢復本身成為追求的目標。當在前面永遠有一個目標的時候，就會永遠在輪動的形式裡面變成一個前進或不前進，或要前進到哪一個時候的一個模式，而沉淪在裡面。

前進之時是何種的模式？而後退又是何等的心情？前進之間，永恆是否等同永遠？所以為的曾經，走過的分不清誰的足跡，是欠缺或具足？沉默也許是另一種不可說。

追求生命的過程是一個尊貴而必然的前進之路，但前進到一個不可說的狀態的時候，必須放下所有的前進，所有前進的痕跡都必須要解碼。

前進非前進，前進不可說，當下的放下，沒有放下的放下才是真實的放下。放下非放下，放下的當下就是前進的軌跡，沒有放下的問題是無所住於放下，安住於所有的放下，放下的現象就是前進的狀態。

放下的軌跡，放不了手的情義，宇宙深處，竟有如來也無法窺視的深義，放不下的，問於虛空，世尊有情，眾生無常。

某一種感動的歲月，引爆出無所不在的答案，是誰的真理？又是誰在背後落入了是非？當感動不再，將不會再有人理會答案裡真理的真假。

在任何前進的道路上，都有可能的意外，在任何前進的道路上，都有任何放不下的風險，以為的放下本身變成了放下的模式。

前進一切密前進，無上前進密前進，當下放下密放下，不可思議之智在於放下之本身，以不思議之放下非放下，以不思議之前進非前進，前進於無所住而前進本身自前進，自主之前進，前進本身沒有前進的問題。

誰所有的思念，成無盡的碎片？成無悔的愛戀？誰收圓了誰？止不住的相思，誰在如來前，觀照忍不住的片刻？誰忘了誰是誰的自己？

所有生命之問答，所問非答，所答非問，解一切碼，解如來義，如來本身本具足，恢復的過程，就是真正本來具足的事實。

所以，放下所有的前進，放掉所有的放下，放下解除，前進解除。非前進而自前進，非放下而自當沒有放下的過程，沒有放下的過程是自然放下。

當一切的放下沒有放下的過程的時候，所有生命的訊息會如來解碼，一切自然湧動，一切自發性的恢復。恢復的狀態沒有追求的過程，所有追求的軌跡也會成為另外一種慣性的前進，成為一種慣性的模式，然後再以遞增的放下的模式來理解恢復的狀態，以前進的模式來理解生命恢復的前進。

想要解放，卻無法解除，想要解密，更假裝自己被覆蓋，有一種不安，如果，解開的是無法面對的，有一種恐懼，在真理面前，一樣是放不下的自己，終將如何是好。

不前進是因為沒有前進的問題，不必再放下是因為該放下的全部已經放下，放於無所，當下本然，本然之智，如來恢復。如來恢復在於諸如來相本身具足一切，生命之不可求，求於無求，生命之不可說，說於無盡。一切的一切，生活的存在，宇宙的無窮盡，盡一切處皆已經在說明一切。

苦難本身就是如來。當生命已經進入到一切的存在等同一切如來相，肉身就是如來的時候，他就沒有追求的問題，沒有前進的問題，沒有放下的問題，沒有相對的問題，沒有任何必要過程、非過程、當下過程的過程。一切的當下、一切的過程就是不必的過程，一切的過程都是非過程的佛果，一切的經驗都是等同結果。

如果，所有的可能，變成一切的不可能，那麼，守住的那一份承諾，能夠在怎樣的時空下，進行生命的守候？

人們行走過的，所有的經驗，都在訴求怎樣的結果？

一切前進一切結界，一切放下一切結界，界一切處，遍一切處，盡是重大本然的具足。生命是追求不來的，當生命已經到了必須止息於所有的追求，當生活已經到了所有放下本身不必再放下的當下，所要結界的本身就是重大根本，非以前進的狀態面對生命，非以放下的狀態解碼生命。

孤單的夢見一切，孤獨的在宇宙獨自漫步，黑暗是為了光明的反省，而光明除了照亮世

界，終究的一體兩面，也只在夢的陰陽之間，試圖看穿某種預設。

生命之密碼，存在之本然，具足之一切，每一個當下就是一切的具足。**一切一如來，如來就是一切**。

所以，苦難本身就是存在的事實，它就是永恆，它就是生命最純粹的過程。

佛所說，如何說，當下說，圓滿說，不可說。

所有的生命，所有的不圓滿，都在說，所有的圓滿等同一切的不圓滿，生活的存在就是在說盡一切，生活的不可說已經說盡一切。

大多數的少數，而少數也可能成為大多數，多數的少數，少數的多數，在一切的算計之後，多的無量多，少的無盡的少，多少是自己的存在？多少是自己的可能？

佛所說，不是只有諸佛所說，眾生說等同佛說，眾生是怎麼樣的說？不圓滿的說、不清楚的說、苦難的說，有所求的說。

當你自身在面對生命的時候，有追求的過程，你看出去的就永遠會有追求的過程，就會有前進的過程，你前進的當下，就會落入後退的可能，你放下的當下，就是有放不下的等同的狀態。

當放下已不必再放下，當前進已不必再前進，所有的生命確定是終極的圓滿。圓之終極不可說，苦難本身都是等同於終極存在的圓滿，圓之所示現在一切苦難處，慣性本身已經是佛所說。

沒有錯，或者有錯，我審判了對錯，判別了生死，卻也告別了永恆。

當永恆不再，我竟成自己永劫的輪迴。

說之於說，密不可說，說之於當下，一切自放下。

放下本身無所住，當生命具足的時候，當肉身的存在有一個重大的轉換、重大的提點，如來全然全覺的一個空前的提點就是——肉身即是自性。

我等如來，我本如來，我說如來，我自如來，我妙如來，我是如來。

生命追求不來，生命的恢復一定要進入到「肉身就是生活」、「肉身已經完全確定生命本然具足」的狀態，當時空輪動的時間點已到，已經要到達「生命本然具足」的確定點的時候，所有對生命前進追求的狀態全部解除掉，所有生命必須放下的可能性全部解除掉。

完美的演出，不完美的演化，完美出所有的不完美，啊！竟然，一切的不完美，就是完美的本身。

生命放下的過程，就會有磁場承受的問題，生命前進的過程，就會有承受磁場當下承受不住而產生所謂的後退的狀態，承受之處就是必然照見之處。

感動的無窮，感念的無盡，誰在本生的法位以無生的法忍，演化不可說的人生流程？變化在最後的無窮盡，轉化在最初的不思議，我一本初衷，以最初守候最後，無畏的善護無邊無量的存有，畏因的守護無窮無盡的萬有，永恆深處，我是主的永生永世，無窮的感念感動，恆常我平凡歲月的無常。

當生命一切具足的時候，表示所有的轉識成智已經到了一個成熟點、臨界點，當所有的放下非放下，不再有放下的軌跡的時候，那麼，就是代表你的努力、你的一切、你的存在、你的密不可說的傳承已經到了你必須確認一切存在本身的具足。這個確認是——你生活的本然具足，你存在肉身的本然具足，你無量的生滅就是無量的不生不滅的本然具足。不必再有任何追求的狀態。

不再追求，當追求已不再，所求的，是一無所有的，無求的，是無所不在的，另一種完整。

密不可說之前進，非前進也，密不可說之當下，皆不必再放下。

當放下不必放下，當前進不必前進的那一刻，佛所說的、你所說的、他所說的、父母所說的、生死所說的、每一個眼神所說的、每一個生活所說的、每一個有情生命一切情境所說的、夢中所說的、存在所說的、無量宇宙無量生命無量類別無量不可說之存在所說的，都是如來說，因為生命本然具足，不在任何苦難的形式。

好久好久，而在不久之前，也不知過了多久，久而久之，也忘了好久好久之前的事情，不久之後的時空，竟也在不久之前。

當所有的假象都已不再蒙蔽，當所有的覆蓋全面性解除的時候，如來承諾於你自主的狀態，在你生活中的當下，你會意會到：「啊！一切本然具足」，你會有這樣的確定，以此生活。你本身不改變什麼，一切已經改變，改不改變在每一個生命本身自主的決定。

決策之當下，密不可說，如來自有其世間之尊重，對每一個本然存在的生命，其必然的入諸國土的當下的運作，就交付給每一個生命的每一個不圓滿、或非圓滿、或圓滿的可能性。

把一切的一切，還原給一切的當下，具足的，是自然的，必然的，是一切全然的，如一的，生命根本的狀態，不可說的生活世態。

生命本自操盤，因本自如來，本自具足。具足之處，滿天下之可能，滿天下之乾坤，世尊男女之可能。一切苦難自有其以覆蓋照見非覆蓋之可能。

當生命本身已經到達一切本具足的當下，沒有追求的軌跡，沒有放下的軌跡，善逝本善逝，善逝當下等同無量具足。逝而非逝善逝也，真善逝，正法善逝。法而非法無上正法也，無量分別之無分別，無窮盡之密不可說也。當下一切生命本然具足，生命之確定，生活之生生不息也。

讓什麼成為什麼的什麼，令遊戲的變動成為不變的什麼，在什麼都不是的時候，什麼會是什麼的答案？

一切的輪迴，生生不息之輪迴也，一切輪動，無量不動而如如不動也，動而無動，無動而動，動一切處本然具足，不動一切處具足本然。

當生命的確認，到達如是具足一切的當下，一切的存在都是如來所說，一切的結果都是佛果，不生不滅在於一切生滅，一切生死在於非生非死，一切男女非男非女。故生命之本然具足，當下之事實，唯佛所說也。

佛所說非佛所說，所說一切遍一切處，遍一切類別之不圓滿也等同佛所說，圓滿等同眾生說。當生命能夠如此的清明清淨第一義的時候，空性之處在無量處，自性之呈現在一切之示現。

記得的，是另一種不記得，想記住的，是一種勉強，想得到的，是另一種不想記得的得不到的。

生命到這樣子的境界，就是真正的具足一切，生活具足，生命具足，男女具足，生生死死皆具足，供養具足，功德具足，一切具足。具足之本然，不可求而一切滿天下自圓滿，求於無所，滿天下眾生自無所求，因所有眾生本具足也。

汝當確認此事，汝當無量劫來所有生命本然具足之可能，汝當在生活的一切平凡生活當中確認此事。當生命確認的當下，一切生命本具足的時候，就沒有前進的問題，就沒有放下的問題，就沒有承受的問題。

莊嚴其生命，存在無上，本然之具足，存有永恆，無限之無預設，無關之天下具足也，所有關係本然具足。汝當深記如同等同，所有共不同乃因共同具足。

那麼，天下已經是如此的狀態，手握住的，是否是能承受的？手握不住的，是否就直接放掉？誰的手？誰的天下？

你的生命如果在生活中自然自主，你將在終極無上的共主，你將在皈依境裡面令無量的狀態本然具足的恢復，因本然具足，所有回歸你皈依境上的狀態都沒有承不承受的問題，都有本然恢復的籌碼。

法義無上，究竟無上，全然無上，皈依境上終極自主女相救世無上，令一切生命在無上主的皈依境一切自主本具足。

佛所說，本心說，當下說，自我說，相對說，實相說，不動說。佛說一切，空性一切，佛說不可說之處，當下實相了義之處，佛說之其念，每一心念如恆河沙數無邊無量自性之說。

存在之本身，自己的存在，一切關係相對之身口意等同解密解碼所有佛說之可能。佛之肉身肉身之佛也，肉身之存在每一行為本身皆佛所說也，每一存在之肉身存在之空相之身口意皆實相自性說也，實相之肉身其功德力之解碼當下皆本然具足方能夠有無盡之密藏也。

如來所說之存在本然具足一切，本然具足一切為入一切諸法空相無量密藏之基本盤也。

一種念頭，一念佛首，無念究竟，念念當下，念念不二，念之本然，念之本觀。

佛所說在於無所說，當存在之一切本然具足，本然具足之一切不再有任何承受相對之可能，本然具足一切解除所有生命之追求，本然具足之一切乃對日常生活存在重大苦難永不承受之確認，等同入一切如來密藏、不可說之虛空藏、如來解碼解如來解一切密因之重大根本之基礎也。

實相之說、非實相之說、第一義空性說、佛說、密藏說、世尊實相中道實相皆如來所說、一切宗教之教主如來本說、畏因之說，一切領眾領一切處皆等同如來領一切生命恢復之重大教法如來說。存在之虛空，無量生命本自說，本具足之如來，本具足之存在。

不再有理所當然，生命的必然，所有的當然，在面對下的時空，說出個所以然。

生命非生命，生活非生活，宗教妙法實相一切修法皆是妙法本身佛所說，佛所示現，存在之內涵，相應於眾生，一切解碼解除。

無量生命本具足，乃不承受之重大印證。

生命之恢復本然具足，生命之如來本然存在，生命之實相本來存在，存在實相肉身之密碼等同如來所存在之事實，肉身之永恆，每一個存在皆不生不滅不可思議之存在肉身等同佛所說。

不滅的生死，永恆的因果，解碼之前，解因之後，在不思議的存在裡，所有的思議，皆已不可思議。

肉身之生活如來之生活，肉身之存在如來之存在，不可說之肉身，如來說盡一切，以肉身之形式。

說無所說，肉身存在之存有，本來莊嚴無邊無量具足，自性永生。無上主之肉身，無上一切生命，在生活的本然就是自身生命之主，於生活遍一切處。

永恆的自主，永生的自性，永劫的莊嚴，無上存有，無盡存在，宇宙遍虛空，一切生命無量生活，生命本然具足的自主，在遍一切的生活中莊嚴的存在著。

終極空行肉身本有，終極如來肉身存有，終極永生無上萬有，終極寂滅正法妙有，終極非終極，終極諸佛，終極皈依，主終極一切自性虛空密無窮盡如來本有功德力，主實相莊嚴正法生活奧義。

無量劫的存在，在肉身的一念之間

覺悟的當下，當世肉身就具足了恢復無量劫等同等持世間尊重的功德力。

當下時間空間一切存在的當下，在窮盡宇宙存在的本然裡面是無邊無量的，無邊無量無窮無盡無量劫的當下，都在當下的當下、非當下的當下、存在非存在的存在，無時空的進行著。在無時空的進行當中，進行著無量時空、非時空的整個生命遞增與遞減的所有面對狀態，這就是唯一的事實。

當下之念，存在一念，時空有情，宇宙無盡。

當下之念，存在無念，虛空無情，空性自在。

當下之念，一念眾生，觀念無生，覺念無礙。

這當中唯一的事實就是——生命在進行自身的變現與變動過程的示現，所以，每一個當下的一念，一念一切，一切的臨界點、一切的界別是無量的分別，一念一切之莊嚴，生命在無窮盡的輪動裡面，動出所有如來本身密因密碼重大的解脫智。

一念當下在本位的立場，任何的道場就是建立無上無邊無量的重大終極原點之結界，所有的界別，在解除所有無量分別的狀態，在遞增無邊無量分別的輪動的示現中，所有的不思議就是無邊無量解脫的即身之處。

結界即身輪動，示現終極原點，解脫當下一切道場，無上戒定慧，密結界功德實相，密壇城供養諸佛如來，結界本因，結界收圓，一切輪動之法緣。

即身當下，佛首無上，一念無量眾生的本位，一種本然存在於肉身當下，存在著無邊無量的狀態，圓滿與非圓滿的一切，不預設之生命所必然照見的不可說，全部在肉身即身的每一個行為當中。所為、所求、所期待的永劫無邊無量的永世的輪動，迴向於存在當下即身之處肉身的每一個輪脈。一輪脈無邊無量輪動的輪迴，無邊無量肉身的存在，即當下本位諸佛所從出的事實。

一念入無量諸國土，自身之存在，自身之本身，自身之肉身，肉身即一切無邊無量身，肉身即自性身、慣性身、如來身、無邊無量諸佛之所從出之本身。

肉身存在之奧義，就是無邊無量的輪迴、無邊無量的狀態、無邊無量的不可說、無邊無量的傳承。在無邊無量自性傳承裡面，無量劫的存在，在肉身的一念之間，在當下本身的每一個行為每一個輪動當下的變動，所動出來的照見，就是為了了義一切空性的第一義，在非自主與自主的存在當中，有著自性的傳承、無分別的傳承。

結界第一義，無量劫即身結界，輪動結界一切變動，第一空性法義結界，了義一念無邊無量肉身結界妙自性。

所有無分別的傳承，對自身一切過去無量世的存在，無量世的每一世，每一世皆無分別，皆不設定任何生命形式的運作。每一個生命形式運作的一世當中，有著過去的無量世與未來可能無量世的一切功德力。所以當世本身存在的狀態，當在當世的某一個存在裡面，覺受、覺知、了悟他無量劫存在於當下肉身的重大能量場。在覺悟的當下，當世的肉身就具足了恢復無量劫等同等持世間尊重的終極無量劫的功德力，在他肉身存在的每一個行為當下。

故所有的自性傳承將以終極無分別的覺受，納入無量劫等同等持的能量場，皆轉化成自身當下的一切存在，永生永世永恆存在的日常生活當中的自己。所以，應以此知見與態度渡化、轉化、變現、感同身受一切同世代的每一個肉身與每一種生命型態。

在如恆河沙數之廣度同世代無量劫的進行當下，等同等持自身無量劫之存在，以無邊無量劫自性傳承之無分別，世間尊重的行走於世間，當下的蓮花步伐是無染的。開演出同一世代無邊無量之廣度等同自身存在的無邊無量，於同一世代中，共同進行無量劫等同自身存在的廣三無邊無量的傳承。

無量無邊，無邊無量，一念無窮盡，無窮盡到無窮盡之存在的當下，在一念之間，無念而生，念無而生，生生無念，念念無念，念無無念，無太極之圓極，無圓極之太極，一圓無量劫，一圓無窮盡，圓動無向度。

太極一念，無極無念，終極無生。

無量劫非太極之永恆。

無量義非無極之永生。

無量壽非宇宙諸佛之光明。

無量智非終極原點之圓滿。

圓本身的示現就是無窮無盡本身的本然。每一個肉身存在的密碼就是無窮盡，生滅之間，無窮盡之存有也。

生死當下，善逝寶生，寶一切生生不息無窮盡之存在。

滅於寂滅，滅一切即收圓之當下，圓收本身的輪動，蘊含著無邊無量生命訴求自主的回歸之境。一切無窮盡之苦難，一切無量劫之輪迴，輪動出真正解碼解因解苦的狀態。

地球眾生的肉身，其重大的功德在過去無窮盡、未來無窮盡的狀態，當本位定位在如來佛首重大無邊無量佛首的覺受本位上，納無邊無窮盡之眾生於一念當下，念念當下的無生修行、無生妙法，開無邊無量的皈依境，令無邊無量的眾生無窮盡在自主之主皈依境裡面，納入地球眾生的肉身，等同等持的接受成佛。

即身成佛之處，在於日常生活平凡平其心之當下，無極太極終極之自主之路，平凡之莊嚴，平常之永恆，一路一切路，一法無量法，法法回歸即身之處，當下即身肉身每一個行為的動作，做出無窮盡無量劫存在的重大圓收，於無邊無量生命的皈依自主之處。

肉身不思議，肉身自性覺，自性的能量在自身平常的存在裡面就在運作。無邊的碎片，無量的收圓，無窮的慣性，無盡的寂滅，人生本然，如來不動，無窮盡之無窮，所求皆自主。主之皈依，主之正法，無窮盡之無量無窮盡，在宇宙，在虛空，在一切諸佛如來的深處，在一切眾生無邊無量無分別的進行一切分別的苦難運作當中。

人類本身存在的奧義，其本份的緣份在於當下自身跟自己肉身存在的起心動念，每一個存在的可能性、無預設性所要結的一切法緣，緣起性空，空性裡面無量劫的存在都是空性變現的訴求。以空性的存在，即身成佛的肉身，回歸納入涵攝所有無邊無量眾生所訴求的重大主之皈依境。

即身成佛，無關之智，慈悲大行，納入無邊無量回歸本源自主的路，無邊無量眾生在無量劫的一切情境與碎片，都在一念當下肉身食衣住行裡面的納入與對待當下，放光照見，收圓無邊無量，令一切眾生在當下覺受的對待中與一切磁場能量裡面，轉識成智，成就一切等同肉身的「覺」的能量場。

無邊無量無窮盡碎片的一切生命緣起，就是和肉身恢復無量道之覺受，一切不傷神的圓動一切的緣份。圓動當下的修法，一切的妙法本身，就在修正每一個無邊無量生命等同肉身在生活中的共振、共行走、共願、共圓滿、共自主、共莊嚴、共實相、共終極原點不可思議的奧義示現。

如此無量劫的傳承，解除所有的承受，所覺受的一切苦難，在當下一念肉身即身之處，皆等同「肉身即如來，即無邊無量如來之主皈依境」，令一切無邊無量無窮盡之不能自主的苦難情境，都回歸在即身成佛的肉身當下所存在的日常生活中，解除解碼。

故一肉身一切眾生一切無窮盡一切如來一切本身，當一肉身在日常生活中，不斷的對應無邊無量無窮盡的對待當下的傳承之時，無邊無量磁場的苦難，也等同其肉身走向共同的自主性。

肉身在日常生活中的自主，就是其無邊無量眷屬的無窮盡不能自主的部份，共同皈依此肉身即身成佛的「覺」，行走在日常生活中的自主而恢復，而令無邊無量的苦難，等同此肉身恢復在日常生活中的自主性。

覺日常之平常，覺平凡之恒常，覺受用無盡之我身。

覺之肉身，一切等身之無窮盡。

覺之如來，即身苦難平凡之處，相應不可說之對應。

主之親臨，即肉身即身成佛之生活形式，以自主的即身成佛，無罣礙的妙行在日常生活的意志，志業本身就是所有苦難重大的變現。

實相的人生，莊嚴的慧命，一念無量，一切衡量無邊無量都在一念的無傷，解除所有不可說的自性密碼的傳承。

無量劫一念間，結界時輪金剛不動的傳承，結界無關所有的存在，佛首無上，肉身成佛即是佛，如來身成就一切無上結界，同時變現轉化無邊無量劫同時代或過去無量自身傳承的重大苦難，皆能不承受，在廣大的回歸當中畏因而解碼。

存在之一切，非時空非宇宙非無邊無量等存在之莊嚴，即肉身等同存在之主之共位、主之存在，共等同共一切不可思議之深遠，無邊無量的生命，在無窮盡的存在當下，即即身成佛存在之正法事實。

世尊功德自性一念，眾生解脫不二等同。

世尊志業莊嚴本心，一念大威德力解碼。

世尊不生滅無念，無窮盡本覺本體。

我佛一念，無量奉行，回歸本心，無生行之，觀受用無窮，密覺肉身共願本體，我佛一念無量劫，諸佛共本念，密佛首念念佛念，金剛本性，世尊功德金剛一念，願力究竟，微妙法源，法用正法，一念入實相自性主淨土。

肉身的存有，無量諸佛之所從出

肉身是無量正法所從出，也是無量正法所涵攝無量苦難回歸的最後本源。

一個肉身一個存在，一切肉身等同一個肉身，等同一個存在，等同無量存在。

一個肉身的一個輪脈，頂輪的輪脈、任何其他的輪脈，寶生無量的諸佛。

一個輪脈無量的諸佛，一個輪脈等同一個肉身，等同無量的諸佛。

一個細胞、一個肉身、一個眼神、一個呼吸、一個當下、一個存在、一個如來、一個肉身，無量諸佛之所從出。

一如來一切如來，一如來一輪脈一肉身一當下，無量諸佛所從出。

一個細胞、一個世界、一個如來、一個肉身，無邊無量的世代所從出。

一個點滴、一個心頭、一個心念、一個慈悲、一個智慧、一個動作、一個眼神、一個存在，一個呼吸，一個不可思議的當下，一個不可說的身口意，一個密傳承的存有存在即身肉身的行為動作，無不是引動無量世界的無量如來之所從出。

一肉身無量生生世世之生命，即身輪脈輪動無量因果無上一念。

一如來一切如來，一輪脈無量如來，一即身身口意無量諸佛之所從出。

一示現無量劫一恆河沙數，一變革無量如如不動，一即身無所住當體輪空。

無量諸佛之所從出，永劫永世永生永恆恆河沙數無量細之無窮盡之當下時空，時間輪動，空間無動，圓動無極，奧義密世界，即身密肉身，如來密藏身，諸佛虛空輪脈即身一存有，如來空性非空非有空行密義即身世尊實相莊嚴。

一切的如來等同於一切的存在，無量的存在等同於一個心頭上的點滴，一個思念、一個情義、一個苦難，一個殘存的某一種在意，它存在肉身的每一個生活的點點滴滴裡面，它就是無邊無量如來所從出，也是無量如來當下回歸的一個最後最終極的根本。

在肉身當下的一個行為裡面，一種輪脈，無量種輪脈，無量種如來，無量種示現，無量種狀態，無量種解除，無量種因緣密碼，一如來一肉身無量世界所從出存在的存在，都在於生命本身存在於肉身生生不息如何看待自己存在的每一個可能。所有的可能性裡面，都是被如來所允許於肉身的任何如來心性之狀態，都能夠如實落實在莊嚴的如來存在本身的具體性。

肉身奧義，一舉一動，虛空密行，諸佛本義，即身密行，宇宙妙動，即身生活，空性道場，即身世尊，不可思議，即身終極，原點肉身，即身緣起，第一義行，如來非說，肉身佛說，

即身諸佛，身形無有，功德本身，肉身本願，即身清淨，輪脈正法，主密佛身。

所以，尊貴的肉身，一個點滴、一個念頭、一個心念、一個對待，一個男女之愛的情義，一個任何世代本身存在的任何行為，在無量宇宙的存在裡面，在恆河沙數裡面的一存在，他就是無量世界的變現。

在你即身的每一個所展現的變動跟變化裡，都存在對整個地球當下的一切對應等同即身肉身無邊無量的世間尊重，在你存在的自身的每一個情義裡面的心念，他所情牽的部份所要牽動的就是無量如來真正共同的本心。所以，當下你的一念就是無量如來共同的本願，人類存在的心意終將回歸到這麼重大空前的恢復，這個前提就是讓你存在的輪脈、你存在的當下一念，一個心思、一種情懷、一個念頭、一個眼神、一個呼吸、一個肉身的動作，一個細胞，一個任何當下的狀態跟動作，都是一切所從出。

這一切是一切的壇城、一切的力量、一切的存在、一切的不可思議的當下，一切的最具體就是如來變現出來的一切如來身。

本心能量入肉身行法天地之有情有義。

本有能量入肉身佛念了義相應功德感應如來。

本密能量入肉身輪脈一當下無量細無窮心意心念心境心法。

本佛能量入肉身存在一切無量世皈依收圓無窮眾生無上皈依即身法身如來密肉身成就。

當如來在變現引領所有生命的回歸當中，依止於肉身的存在，回歸到最後，肉身本身就具備一切的存在，**肉身即無量的壇城，肉身即無量的如來，肉身即無量的自性雙修**。一切的狀態都是在確定空性的肉身、空性的世尊、空性的如來、空性的細胞、空性的輪脈、空性的壇城、空性的苦難、空性的點點滴滴、空性的自性、空性的中道，一就是一切的中道，一就是一切的世尊，當世間尊重呈現在人類生活中的模式裡面，我們必須有一個前提條件，就是在改變慣性的當下，所放下的一切都將得到如來的承諾，**改變慣性的每一個動作就是承諾你無量如來本身法身流的恢復**。

肉身的存有，諸佛的存在，法流的即身，功德的等身。
本願的等同，供養的當下，道場的肉身，道德的非有。
不空的陰陽，解碼的密因，本尊的本然，世尊的世代。
無為的正法，寶生的無上，善逝的無我，佛首的無念。
無生的虛空，密藏的輪脈，密行的護持，法身的磁場。
實相的莊嚴，佛說的無有，中觀的中道，終極的圓滿。

肉身的點點滴滴都是無量正法所從出，也是無量正法所涵攝無量苦難回歸的最後本源，在你的舉手投足之間，在你眉宇之間的每一個心念、每一個思念、每一個情義情懷當中最深的深遠，就是如此存在的無量如來、無量肉身、無量世尊本身在你肉身當下存在的每一個狀態裡面，做真正具體生活事實的終極回歸之確定。

這樣的肉身，不管是怎樣的存在，在這個世代以中道國度做最後的回歸就是終極本身的示現，在一切寂靜的深遠之處的最後力量，世尊女相真正的肉身圓滿，她莊嚴的功德力的厚度，到實相莊嚴的女相，一切所從出的最後就在終極女相世尊自主的存在的功德力上。

中道國度一切的解脫內涵，以女相終極解脫之自主性為最後之根本法義，這是諸佛授記的空前示現，也是人類質變的關鍵。無量佛母所從出，無量諸佛所誕生，確保無量生靈終極回歸之路，一切念、一切口、一切身，回歸一肉身，非男非女不二中道一世尊，無量諸佛即身肉身無量輪動示現所從出。

即身肉身之不可思議功德，具足一切法報化等身之成就、等身之妙行，即身肉身於生活之不思議，於生命之不可說，佛說無量佛之一切示現，佛說無量肉身無量諸佛之所結界共願，肉身之佛，佛之肉身，即身肉身，恆河沙數無量諸佛之等身。

肉身就是自性法流的胎藏

一切最深的最無量的生、最無量的滅，都在這個胎藏裡面生生不息。

我們今天要有一個狀態，就是完全要讓肉身成就。因為肉身的狀態是我們一切存在的最後機會。我們今天要表達這個事實，就是希望能夠在地球完全把這個事實交代清楚。也就是，這個「密藏」不能再成為「密」藏，這個密藏本身一定要成為肉身顯相的事實，那就是——所有的肉身，你們都是如來。我們一定要這樣的存在，我們沒有辦法再經過一切的過程了，現在只有一個目的，就是我們要在生活中完全縮短所有的過程。所謂縮短所有的過程是指，肉身與如來之間的距離，我們一定要全面性的解除。

我們就在這裡公開呼籲，對無量呼籲，主的臨在之中其重大的第一義，就是所有的肉身都是如來相。你們所有生活中一切的法供養，不要再「供」、不要再「養」，都是實相，這個狀態一定要具體的成立起來。唯有如此，才能夠避免最後毀滅的末日來臨。

你們要切記，所有的臨在都已經是實相，每一個相都是一個空性的實相，這是事實的存在，我們今天的重點就是在這個地方。但裡面運作的軟體核心就是在那個「性」。那個「性」裡面我們不要再繞太多不必要的解析過程，不要再拿太多的外在方式去處理。

今天不管外在的因果，要有一個非常清楚的認知，所有的宗教、所有的一切、所有的創生、所有的生滅、所有的引領，其實目的只有一個——你的「性」就是「主」啊，我們稱之為主性。

今天我們一定要用一生的力量去開展這個流程，更重要的是，我們一定要把肉身流動的能量場變成一種法流——自性法流。我們今天如果有太多識性的附加，永遠都只會是識性法流。法流本身是不會變的，但你那不是自性法流，那是覆蓋性的狀態啊，而會讓你流動的狀態，才是你的自性法流。當我們從自性法流的狀態去看待的時候，我們肉身就是一個所謂的「藏」。這個「藏」是什麼？就是所謂的「胎藏」，這個胎藏就是圓胎藏，那就是讓你無窮盡的狀態，你怎麼去對治？你怎麼去面對？

你今天能夠生生世世去輪迴無邊無量的生命形式，他本身就是從胎藏出來的。因為胎藏本身就是具備一種創生、生生不息的一種存在的能量場，這個狀態讓我們要很清楚的了解，你的肉身就是一個胎藏的狀態。

今天我們以主性對整個人類世界，做空前絕後的誠意宣告，那就是「肉身就是胎藏」。因為肉身胎藏這個密藏，是永劫來從不知道的事情，因為這是一個具體的胎藏，所以人類這個胎藏本身具備一種真正的無極狀態。這個無極狀態本身具備雙妙用的一個狀態，是陰陽雙妙用、悲智雙妙用、男女雙妙用，也是左右兩脈的雙妙用。

基本上無極的狀態就是中道的一個圓的相。無極的重點是究竟，「極」就是究竟，一切永劫輪迴的狀態，不管你任何的系統、任何的生命形式、任何的苦難、任何的好好壞壞到一個最極致的狀態裡面，全部都要無掉，這就是無極的基本狀態，這就是一個中道。

你不管在哪一個面向上面對無極的狀態，你在極端的末尾裡面，銜接的那個到底的究竟處，就是無窮盡的真正的「無」的狀態，你一定要有一個「無」的狀態，才有辦法講「中」，「中道」。

所以一切的回歸，中間就是一個極致的狀態，我們講那個「極」就是究竟的意思。但是在究竟到「無」，「無」到究竟的意思，就是我們講的「畢竟空」，在這種情況之下的莊嚴，我們就是只有一個立場，我們對自己一定要有非常清楚精簡的意志，就是我們的識性一定要畢竟空。

為什麼我們肉身能夠做這麼大的一個工程？那就是因為我們肉身能夠讓很多多餘的狀態，全部在我們日常生活中，納入成我們即身肉身的生老病死、食衣住行當中。

整個胎藏就是具備一切最深的最無量的生、最無量的滅，都在這個胎藏裡面生生不息。所以人類才有辦法用這麼龐大的胎藏主性的能量，去做這麼多的收圓，或者有這麼多的生活方式。所以人類的存在意義，對於很多的生命或無量的生命，是具備了許多的生殺大權，但是因為人類太習慣於這個模式，所以他不知道自己的尊貴。他真正存在的對應所要對應於萬物應有的狀態，就是對自己真正存在的實相意義要有非常清楚的了解，所以今天我們做最真實的宣告，那就是「肉身就是胎藏」。

所以為什麼今天一個肉身的運作可能會沉淪到地獄，也可以成為諸佛，這就是胎藏。這個胎藏本身就是一個胎，這個胎裡面就是一個原生狀態，你要怎麼運作，全部取決在你肉身本身的日常生活裡面的一個主導權，就是選擇權。

你做什麼選擇？這個選擇裡面是包括你所有的身口意，那都是胎藏本身基本具足的狀態。所以今天我們要非常清楚自己本身重大存在的分量有多重要。

今天你做了什麼樣的選擇，就是因為你本身具備了一個壇城狀態。所以為什麼人類他們自己可以建立一個國度，可以建立一個家庭，可以建立一個城堡，可以建立一個範圍，可以建立一個公司系統，那些都是一種壇城的軌跡啊。我們知道在這個裡面要做些什麼、要有什麼人事物、要有什麼資糧。我們人類在敵我雙方爭戰的時候，都有彼此的壇城本陣啊，這些都是一個基本形式的具體的壇城。

但是，今天我們要講的是在於我們的主性，我們今天的本然就是具備了這個胎藏的功能。但是我們運作的軌跡是因為我們有一個主性的法流，這個主性的法流具足一切真正運作的妙用，那就是我們講的天地奧義的玄妙之氣。不管你用科學、物理的方式，或用各種不同文明最先進的方式去表達、偵測，以最簡約的表達，那就是一種本體的法流。

這個法流就是生生不息的狀態，它當中蘊涵著一個胎藏的狀態就是讓你有主導權，在動態當中，就是讓你去主導你自己的生殺大權是什麼，你對萬有的生殺大權，你如何在哪一個時候才意會到我們都是同命，我們都是同根生的？我們本身就是一個同體存在的狀態，我們怎麼可以對自己存在唯一的虛空本體做這樣殺戮的動作？這是何等深切的悲哀。

所以今天我們要表達的就是，我們沒有辦法等一個區塊的眾生、等一個區塊的肉身、等一個區塊的狀態可以的時候，我們再做這樣子的實相宣告。因為基於主性親臨在這個地球，我們就必須把這個實相的狀態，第一義的狀態表達的很清楚——肉身就是胎藏，一切的生命存在都是胎藏。

雖然我們是主體，我們也是軟體，地球是整個宇宙的核心，但是地球的本願是完整孕育養成人類，人是整個地球的核心，人是整個宇宙萬有的基本軟體的核心。

但是我們肉身的核心是什麼？就是那個「覺」。我們如果無法「覺」，我們沒有辦法認清楚自己，我們沒有辦法去涵攝我們自己本身往外的太多殺戮征戰的痛苦，我們沒有辦法意會到我們自己已經對人之外的世界造成多大的傷害。

所以今天我們對自己的一個態度，不是等到修到哪一個時候，才可以確認自己的本質，或者要再做一大堆形式的教育。

我們今天唯一的立場就是，我們自己不再做任何外在教法的建立，不再做任何宗教系統的建立，這些東西都只是回歸的路而已。你不管任何的系統回歸，它只有一個結果，我們不拒絕任何形式的回歸，但是重點是在於，我們宣告一個實相事實，那就是「肉身就是胎藏，肉身就是主性。」

在你重大妙用當下的密行當中，你的主性就是你生生不息的真正的壇城。我們要用主性去建立真正的壇城，在壇城當中我們有各種不同諸佛的佈局，在主性的狀態中，我們壇城的形成是在主性的報身成就裡面所形成。但是同時也是把報身的力量運作在每一個壇城裡面重大的諸佛佈局當中，來運作所有生滅的重大苦難，然後解除之。

所以這就是我們肉身重大的意志。但是我們最大的功課就是，我們要自己能夠解除我們的問題啊！我們要懂得自己怎麼恢復我們的主性啊！我們要了解我們自己的真實義啊！

我們肉身就是胎藏，胎藏就是一切的創生，我們同時也主導了一切的本源。所以胎藏具足一切，只是，你今天必須把這個肉身完完全全的將其發揚光大，讓主性湧動出來，你要讓主性完全湧動在你的肉身裡面，讓主性形成在你這個肉身壇城裡面，讓所有的經絡都變成諸佛存在的奧義，我們每一個經絡每一個輪脈都是具足在那個方位裡面。

我們肉身就是胎藏，我們經絡的每一個輪廓裡面的佈局的一切都是胎藏，這個胎藏是不可思議的。隨著整個世代人類的進化，人類胎藏裡面的結構都是可以跟著進化的，那個應許是同步存在的，不可思議的存在，你要無量的次第，這個胎藏都會具足給你。

所以，今天我們要對自己肉身胎藏有重大的認知，我們不要太狹隘在一個生死病相的狀態，就在那邊搞了半天，那是多麼地狹隘，一個病就把自己給搞死掉。病相也是胎藏，在肉身裡面發生的一切，永劫以來的一切都是我們的胎藏，裡面的基本輪廓都是法流的示現過程。

唯有這樣的實相，我們今天這個肉身壇城，我們要堅固它、功德它，要整個即身成就它，那就是恭迎我們終極的報身成就。

因為報身的莊嚴，祂清楚我們所有輪脈裡面殘存的問題，報身既然湧動，祂就會處理所有你累積存在這個肉身胎藏裡面的問題，全部都反應的很清楚，解除的非常清楚，讓你每一個輪脈、每一個狀態都符合每一個當下必要的胎藏壇城裡面的厚度，那個法流的運作非常清明。

只是，我們自己因識性的覆蓋而無所覺，我們的覆蓋就是一個問題，所以，我們的覆蓋裡面所有在經絡當中的問題，都必須被主性的法流不斷地解除、打破、摧毀，而轉識成智。

所以，這個肉身胎藏安住無住的基本面，就是不思議。不思議方能安住一切報身成就，形成你主性法流的一切妙用，也讓你本身到最後就是如來的胎藏，完完全全就是如來性的肉身。

在這種情況之下，肉身就是壇城的重大的如來性，完全展現在我們的日常生活當中。我們的肉身就是真正的主，就是真正的如來，我們肉身壇城就是真正主性的臨在。

第四篇

密身、開悟與即身成佛

非人——打破人對自身認知的設限

完全解除人本身狹隘的認知方式，人本身不必再是人的世界的認知。

人本來就是非人，人本來就是不是人的人，我們的問題就出在我們以為我們「只是」人，因為「只是」人，所以只能夠用人的形式來理解一切人的存在，我們本來就是「人的非人」、「非人的人」，但我們最大的問題是我們只是用人來認知我們是人的存在，因為我們用人的存在來認知，所以將自己設限在「我們只是人」的範疇，所以我們就只能夠在人的有限性裡面去從事人的進化過程，也用人的限制去對應、理解所有人之外的萬物。

眾生的眾生，非眾生的眾人，無眾生的眾人，空眾人的非眾生，行眾生的無眾人，真眾人的非眾生，空眾生的覺眾人，觀眾人的密眾生，密眾生的法眾人。

非眾人無上第一義眾生，非眾生當下不思議眾人，無上眾生不空眾人，逆密眾人究竟眾生，佛說眾生皈依眾人，無所眾人結界眾生，正法眾生圓收眾人，淨土眾生虛空眾人，萬法眾生萬有眾人，了義眾人世尊眾生，莊嚴眾生自主眾人。

為什麼要有「非人」？「人的非人」是什麼？就是指我們本身一定要轉化掉所有人的限

制，「非人」不是一個表面所謂的無形世界叫非人，重點更是在於，人類本身受限在人存在的所有的理解範圍之外的都是「非人」，人本身無法偵測得知的一切都是「非人」。為什麼用「非人」？因為他們的存在等同人的尊貴與價值，但因為我們受限在人所能夠認定與理解的範圍，只能夠理解「人」，所以人的最大問題就是用「人」去理解「非人」的世界，而無法把「非人」的存在等同於人的存在。

大我已知無上我，非我已知根本我，行我非知當下我，空我真知虛空我，無我無知不二我，密我密知空行我，本我真知中道我，用我空知世尊我，法我妙知自性我，覺我觀知終極我。

非人的世界不是無形世界叫做非人而已，無形世界只是非人的一部份，無形世界包括靈魂體，包括一切不同於人類的有形無形的一切生命形式，或者是存在於虛空人之外的無量世界的一切不可思議的存在形式、各種不可說的存在形式，都是非人的狀態，等同人的存在，反而因為人本身只能用人自己熟悉的軌跡去認定，所以，人就只能一步一步的去改變與進化，那個代價是非常的慘烈。

生命的形式，非生命的存在，無生命的存有，空生命的自性，密生命的如來，行生命的生活，覺生命的知見，觀生命的因果，變生命的法要，引生命的法流，動生命的輪動，緣生命的圓滿，法生命的本體，用生命的根本，主生命的正法。

當你想擴大但又沒辦法深化的時候，你擴大到非人的範圍，過程中，人類的識性太重，都用相對性的方式，所以這樣人類的進化是非常辛苦、非常慘烈的，到最後，人類的外在生活模式改變，人類的科技技術改變，但人類的本質卻無法改變，這是因為沒辦法深化的原因。

所以，這就是為什麼人類要有「非人」的知見是非常重要的，人的最大問題就是以為自己只是人，而人又不自知自己只是用人的範疇去理解，所以，他認為人定勝天，以為人可以決定些什麼，人決定了太多人不知道的那個非人世界的生死而不自知，這是人類的因果啊，為什麼人有辦法得到尊貴的人的肉身？人類也無法清楚了義圓滿。

什麼是最重要的？重要的是在已知的真知中決定所有的輕重，什麼是不重要的？不重要的是誰輕忽之後的取捨？誰被捨棄？最重要的取得，在時空之後，在因果之後，在生死之後，又是什麼是最重要的？而那曾經是不重要的，不管是什麼，也可能在不可說的改變中，變成最重要的什麼，沒有什麼重不重要，人在時空中改變所有的輕重，人自身的觀自在，人深知自身的因果輕重才是最重要的，其它的反而不是那麼的重要。

所以，我們要打破人的限制，人只能用他的不安恐懼與設定的安全範圍去理解非人的存在，用人熟悉的那一套去理解，而真正要理解「非人」是需要打破人熟悉的框框，才有辦法納入「非人」所存在的那一部份是什麼樣的存在，當你沒有任何人存在的意識型態的時候，不帶有任何「人」的模式去理解的時候，所有「非人」的狀態才有可能會存在於人的世界裡面。

存在的需求，無所的所求，存有的訴求，當下的無求，求之於如何的所求？求之於不可知的非求之求，求之需求，求於一切所需求之所求，為何所求？求之為何？能求的是怎樣的求法？無求的又是如何了義所有訴求的根本之求？

求於非求，無所不求，求之當下，求之無量，諸苦訴求，無求求之，求之虛空，空性回應，求於如來，如來無求，無求莊嚴，自主無求。

坦白講，每一個物種、每一個文明、每一系統都有他們系統裡的那一套認知，在他們的認知裡面，如果他們也是用如同人類那樣去認知系統之外的一切，所有非系統的都是他們系統之外的狀態，那麼，人也會是在他們的非系統裡面的啊。當他們帶著如同人類一般的很大的不安恐懼來對應到人類的時候，而且當他們的文明、科技、武器超越人類的時候，人類用人類的認定，他那個物種用他們物種系統的認定，那麼，人類就一定會被毀滅，他們也會覺得非常的自然，就像人類毀滅了其他生物物種那麼的自然。

系統非系統，系統內所有的系統都已框住了所有系統。

系統無系統，系統外一切的系統都應打破所有的系統。

系統空系統，系統內外共同共不同，不可思議之系統。

所以人本身不能再用人的範圍去理解一切人之外的世界，非人的世界不管是有形無形，人類要完全解除人本身狹隘的認知方式，全面性的等同，將非人的世界全部納入，當你真正納入非人的世界等同人的世界的時候，人本身就不必再是人的世界的認知，誰說人的認知就一定是人的認知？人本身在進化的過程裡面，當他們的意識型態在提昇的過程，他的狀態在某一個文明世代的轉化時空裡面，他就是他的非人啊。

認知之知見，非知之本然，已知之照見，無知之思議，非我之心念，佛念之非想，無念之認知，非知之無我，非相之已知，無有之非知，空知之無知，已知之非知，知之非已知，非已知之知。

知之以無上義，非知以當下智，無知以不空義，當知以佛心念，本知以究竟智，覺知以虛空境，觀知以世尊密。

好比說，你現在已經是一個壯年人了，當你在小嬰兒的階段對你現在來講就是非人的狀態，你那時候什麼都不懂，你什麼都要靠別人，靠父母，而不是靠自己，那時候的你剛出生還是介於非人與人之間的狀態，在無形與有形之間，還是一種半非人的狀態，這是我們熟悉的人的世界，但是當我們熟悉了人的世界之後，我們完全忘記了非人的世界了。

夢中的如果，是夢中如何的結果，夢的如果，如何結果的夢，夢中有果，誰知因果？誰

知後果？誰知結果？誰在其中？夢中有誰做下如何的因果？夢之因，非夢之果，一念之夢，如何之果？因果如何？夢如何之結果？

夢中如來佛果，夢中眾生結果，夢一切眾生佛果，夢中之觀照，之覺醒，夢覺生死之畏因，佛夢佛果，夢覺無上，夢主莊嚴，非夢無我，空夢佛說，淨土淨夢，夢境實相。

但是我們人類如果能進化到非人的世界，不存在任何人的狀態的時候，我們透過非人的狀態存在的狀況下，我們用人的形式，用人的生命型態，不帶有人的認知，完完全全不帶有人的限制去看待人之外的一切有形無形的存在時，那種視野是無邊無量的狀態。因為任何生命存在存有的模式、行為，如：經濟行為、商業行為、男女行為、永恆行為、非永恆行為、無常行為、非無常行為的一切存在裡面，他都能夠衡量，沒有什麼形式是不能納進來參考的，那樣宏大的格局是不可思議的。

所想的不是能想的所有的想法，想法的方法已不是所想本身的想法，一切方法的想法不會是任何能想不能想真正的想念之方法，任何念頭本身的想法所形成任何想像中的方法，早已落入當下想法中心念想像的設限之識性想法。

識性之想，落入之法，一切想念之法，一切識性之念，所想一切，所用之想，識想之法，想念一切識性之方法，如此想法，如此識性之念，皆應解除之。

非想一切識性之法，空解一切識性之念，空無不思議一切之想之識性之念，如來念念，非思非想，如來無生之念，空思想之來去，空識性之存有，空性無思議，自性如來第一念。

所以，非人的存在，人也可以是非人的，人等同於非人，非人等同於人，我們人類也可以從自身的反省與調整裡面去和合一切生命，非人的一切能夠納入對應與對待裡面，任何的生命在人與非人之間，他能存在於這宇宙一定有他非凡的意義，能夠顯相在那樣的時空與道場裡面，不管他的因果如何，終究他有機會顯相去面對他的因果，他就有存在的價值與尊嚴，我們都能夠納入，成為讓整個人類豐厚、茁壯的資糧。

那人的等同，也不必再問因果中的時空。

那人的非等同，也不會再有任何因果相對的狀態。

那人的存有，也不必再問為什麼，能問的都已是因果中一切時空的非問非答。

那人的本質，不是相對時空所能叩問的識性之問答。

那人的不可說，其實一切因果皆已反應了人與非人之間必然因果的傳承。

那人的不思議，最後的非凡之當下，最初的平凡之即時，當下平時平常的自主。

但是問題就是人類納不進來，因為我們都是以人的模式去看待，人與人之間非常緊張的關係，這種緊張感到最後就變成承受很重的彼此掠奪與鬥爭，變成一個鎖國之人的世界。而

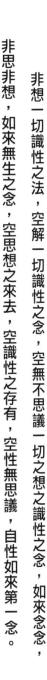

非人是打破人本身的限制，非人的本身是在拯救、調整、打破人本身存在的限制，人類本身就有非人的狀態，一個人本身如果他有辦法意會到當下我表達的關鍵之時，他不會停留在自己本身人的世界裡面去看待任何事情，他甚至會畏因：我不要落入人的存在。

即身一念非人無上，即身宇宙輪脈輪動。
即身結界畏因供養究竟，即身一念生死不二原點。
即身能量法流遍一切處，即身成就等身佛成功德。

為什麼不要落入？我們常常會被自己的同胞給傷害。在各種不同的行為裡面，在各種傷害裡面，大智慧的人會拿來畏因：我為什麼會被自己同樣人的狀態干擾、傷害到？我是不是有等同的問題？我不要傷害到別人。那麼，他就產生一個進化、質變的機會，因為在人的世界裡有太多的不安恐懼，因為那就是人設定的模式與行為習慣，人走不出來，到最後是同類相殘，殘害到最後，大家都完完全全走不出去，最後就是一個非常鎖國之人的世界。

不為什麼的為什麼，為了什麼而什麼都不是。
不問什麼而什麼的本身，而在叩問什麼是什麼的什麼。
什麼會是什麼，什麼不會是什麼的什麼。
不管是什麼的什麼，什麼問什麼，會是什麼的也不必一定是什麼的什麼。

而非人的層次是非常深遠的，非人的世界，就是把人所有存在的一切限制跟行為模式全部解除掉，解除和打破才有更大的視野，可以在萬物的任何非人的形式裡面顯相的部份，都能夠覺所覺知，能覺，能納，能觀，能用，那個佛果就出來了，那個佛果就是任何生命形式都沒有限制的，都能觀照到而能夠妙行妙用的妙法。

在一切因果之前，所有的因果早已充滿了整個存有。

在一切因果之後，解決所有的苦難都存放在因果記憶的密藏之中。

在一切因果之中，密藏的解碼，佛密行一切，佛之本願，眾生佛果，佛念佛首。

非人都是如來的妙義，因為你可以看到每一個非人的因果和問題出在哪裡。非人的部份我們要如何去看？大智慧的人在人與人之間就可以讓自己走上非人的狀態，如何做到？那就是——我被他傷害，那個人傷害了別人，而我不要像他那樣，那麼我就「非」掉了他的行為，我不落入那個人的價值，我不落入那個人的時空，我不落入那個人的磁場、因果、知見、意識型態，「非」他這個人的狀態，我就引動出來了。

人的價值總要引動非凡的世間尊重。

人的意義總要湧動不凡的生命之愛。

人的了義總要示現平凡的無量初衷。

我們只是這一世的形態是人的肉身，但是我們生命本身的存在是無邊無量的，我們本身的存在是不可思議的存在，可以變現成各種識性，這個識性可以在無形世界裡面有各種不同的意識型態，他不一定要用生命型態存在著的，他也不一定要用能量場存在，他不一定要用靈魂體存在，他可以用念頭存在在無量的宇宙裡面，隱藏在他自己本身的佛念裡面成他自己的結界。所以一個小小的單細胞可以變成一個龐然大物，一個小小微生物的連結會變成很龐大的生命體，這裡面是沒有辦法用我們人熟悉的模式存在的。

生命中的非人非我之靈魂體，都是生命本質之愛的唯一愛的奇蹟。

生命中的非人非我之靈魂體，都是生命彼此唯一救贖的生命傳承。

生命中的非人非我之靈魂體，共同的圓夢，共主的圓滿，共願的法流。

所以，人要打破，不斷的打破他自己人的設限。當人本身已經形成某一種固定性的時候，一落入了那個固定性，所以為的那個人的行為模式裡面，透過金錢流、行為、或認知去連結，背後的不安恐懼就變成非常緊密而封鎖的狀態而無法改變，那就是人的世界。

打破一切無量照見的形式，照見無量打破的一切存有。

不可想像的，本不在一切想像非想像的想像中。

非想像的想念，不必思議其中的思維。

非人的世界就是——我不認同這樣，我完全跳脫這樣的模式，我不要那樣的東西而走上完全超越的過程，**超越的過程就是非人的過程**，非相對性層次的人，非我層次的人，非無量層次的人，在「非」的過程中都是非人的過程，以人本身的生命形式、肉身形式「非」掉人的慣性，所以人本身還是非人的。

非人的形式，粉碎所有人本身認知的預設。

非人的形式，不在任何層次中的次第。

非人的形式，非一切層次，空一切次第。

非人的形式，解無量無所的分別，結界所有分別的無所。

我們講的非人的「非」本身就是「轉換」、「質變」、「變革」，但是你要有很大的視野，不要只是用個人熟悉的意識型態，任何人共同的經濟行為、任何的模式都可以納入，觀照人的不安恐懼，但不落入人的不安恐懼，甚至找到一個完全不再有不安恐懼的人所存在的那一個生活方式與價值體系，那個都是非人的過程。

留不下的必然是有其因果的需求。

留得下的與留不下的都不是人世間識性的意識可以理解的。

留與不留不是誰決不決定的問題，而是誰做了留與不留累積下來的結果問題。

所以為什麼大智慧的人他在非人的狀態裡面，不斷的轉換的時候，他同時引動了一切生命體的轉換過程。非人的重點是在「非」字，但是當人類身為萬物最高覺性的一個關鍵角色，人就必須完全不落入人本身的限制，和合天下無邊無量萬有的生命型態，在有形無形裡面，同時進行轉向、轉化、質變的過程，這是人的本義與根本奧義的圖騰。

是否扮演圓滿或非圓滿的角色？這樣的衡量，為了眾生，為了苦難，或者是為了誰想為自己的因果做如何的解脫？角色如何扮演？扮演哪一種眾生所需要的角色？眾生又該如何扮演？角色的非角色之狀態，角色在其中不在其中，當所有角色都落入角色本身的訴求，請問還有什麼能解救所有角色本身存在的角色問題，而角色的生命又能從角色的扮演中根本的解脫出來？

人本來就是非人，我們不要只看到人所熟悉的那一塊，我們要把我們存在的非人的部份融合在我們人與非人共同存在的等同等持裡面，成就當世當下人的「本我」與「無我」，基本盤是要用「無我」，「無我」就是「非我」，不必有我，非人的過程會成就「無我」、「非我」，那個大我才會出來，大我的本身會知道你是有如來性的，你是不可思議的，你是有大格局的，你是能妙用一切的，你不會困惑於自己的不安恐懼，不會只知道自己所要的那一部份，其它都動不了，你動不了就只能在所謂人的意識型態裡面生存而已，那才是身為人的真正的殘酷與悲哀。

如果能愛，我不想再成為人世間所有人的想念。

如果能愛，我早已是非人世間的不必是我的非我。

如果能愛，我非其中自己所有走過的生生世世的人世間的我。

我們要以非人打破人的不安恐懼，用非人來打破整個人類的限制，人與人之間也存在著非人的狀態，我們對整體人類的不安恐懼與意識型態要整個質變，進入一個更深的領域，更深的恢復。因為我們本身有非人的本質，我們有轉化的本質，我們的存在有肉身，但不只這個肉身，我們有更不可思議的視野、視窗，讓我們在人的狀態下當下就是非人，在非人當中的人所看出去的無量世界，是把所有無量的有形無形的生命形式都視為等同於我們人存在的尊嚴，而共同在這個虛空宇宙當中進行整個質變進化的過程，這樣的狀態下，人類完全解除掠奪的慣性，完全解除相對性的思維，完全解除人本身受限的狀態，任何看出去的無量非人的狀態都是人本身整個成就共同的生命的存在本源。

一生當中要問的，是能留下些什麼，想留下些什麼，能留下的是什麼？不能留下的又是什麼？什麼該留下？為什麼而留下？一生問幾回？留不下的是否能帶走？留下的又會造成怎樣的結果？一旦問了為什麼，卻為自己留下怎樣的問號？

肉身一定要有如來法報化三身的功德力

法報化三身本來就是如來存在的基本的功德力。

成佛要有一個關鍵，你懂得自己的轉識成智，你懂得在無常中自己啟動轉識成智。轉識成智最關鍵的條件就是，你自己肉身裡面，殘存最深的苦難的那種因果記憶體，要化成當世肉身的那個狀態，肉身裡面的各種不同地水火風空的狀態整個釋放出來，整個排毒出來。所以，當我們的肉身，在經過關鍵性啟動震盪的時候，產生了轉識成智。最重要是打破，我們肉身經絡中深埋的那種識性肉身結構的元素，整個打破的時候，之後它就會散成地水火風空，在肉身裡面的地水火風空的狀態，透過身口意整個的排毒過程，轉化成身口意的連結狀態，整個排毒出來。

「身」的排毒，譬如，汗水、口水、大小便啊，這些都是，「口」就是我們自己本身屬於口腔這一塊的範圍的排毒，「意」就是我們的不安恐懼，或是我們肉身中各種不同的情緒情境，或夢裡面各種不同的圖騰，就是身口意裡面有具備各種地水火風空，肉身裡面的元素整個排毒出來，也就是當世肉身的狀態整個排毒出來。但重點是在於你有沒有辦法打破掉，打破瞬間會產生很龐大的不安恐懼經驗。當你得到一個善知識的時候，當你得到一個重大報身佛成就加持的時候，是一個冥冥之中如來應許的妙用之力，整個善逝之力，捨掉你自己即身肉身深層因果識性的狀態，整個打出來，產生轉識成智的過程。

但更重要的是，你有沒有辦法進入一個功德力，就是你肉身的生活，隨時隨地進行自己能夠引動轉識成智的功德力。也就是你自己肉身具備法報化的功德成就，法報化三身的功德成就，我能夠見諸相，我能在無常中一切關係的緣起裡面，見到任何人的或自己裡面累積的問題。累積了又怎麼樣呢？要掃除，掃除就是轉識成智。你自身能夠在專業專志的結界中，打破自己肉身某一個存在的結界，整個引動這麼龐大的震盪，然後再進行自己的轉識成智。在這個轉識成智當中，自己能夠從有壽者相到面對無壽者相，甚至進入到本質性的報身佛的轉識成智，一直到進入如來相。

在這個如來相當中的本體的法流當中，自身完全恢復那個主性的密藏，完全在這個肉身裡面，透過自己一己的完整性，進行這樣的工程。從見諸相到轉識成智非相的過程，到如來相本體的過程的主性密藏的恢復，肉身在無常之中，隨緣自在，隨時隨地進行轉識成智的功德力，這就是關鍵所在。用肉身的立場，肉身的存在，進行空前絕後法報化三身的重大的關鍵成就，這就是我們自己真正要能夠走的路，要恢復的路，這就是肉身的實力。

所以為什麼那個核心點裡面，我們不能夠只看到外在的問題，如果我們往外看到別人的問題，而一直往外比較，那個轉識成智的作用義是弱的，因為它是外在相對性的比較，很容易就感召對方負面能量，很容易就感召彼此之間因果的覆蓋。所以你看到別人的問題，看到相對性的問題，是沒有用的，是有限的，反而到最後，在相對性裡面的許多狀態，你看到更多自己相對性本身的前生今世的累積，相對性裡是沒有辦法解決自己過去生負面能量的回歸。

這就是相對性的狀態是非常危險的狀態，修不來的，沒有用的，沒有辦法成就，更不要說解脫。所以為什麼很多的修行者，他連結到各種不同的相對性的境界的時候，他有神通，他會通了某些事情，在宇宙各種不同他走過的各種不同家鄉，裡面各種不同因果的人事物，全部連結上以後，他還是相對性的去連結，整個落入其中啊，神通遊戲玩得非常的高興。這種例子太多了，就算連結到各種不同的高靈，那又怎麼樣？這裡面不可能改變你屬於深層的部分，是有限的，到最後，你只不過是高靈的使徒罷了，是更大的卑仰，更大相對性的卑仰。現在整個的大環境都是這樣子的修行者，自性的佛說與透過外力的佛說是兩回事。重點是，自己的問題是識性，是識性的相對性理解。

所以為什麼我們一定要表達觀自在，對你自己的佛說是什麼？你自己的轉識成智，就是要進入自己最深層的狀態，這是要無邊無量祈請如來與報身佛協助，你自己的立場，你肉身的態度更是重要，要放下很多不必要的狀態。不必要的相對性的狀態，一定要徹底的放下、放掉，你才能在一個無負擔、無外在形式、無外在壽者相的狀態。我們外在形式減到最低的時候，我們的負擔減少就容易起作用，這是關鍵性的微妙法，我們就能夠往自己這邊去看。

所以修行的要件，最重要的是，外在形式不必要的一定要減到最低，一個極簡狀態，讓我們專心在自身觀自在的整個啟動，進行轉識成智的工程。轉識成智的厚度夠，你才有辦法去確定報身佛，才能進入自發性的轉識成智，才有辦法進入本體的如來相。

所以這些經驗都是用肉身去進行的，我們一定要非常清楚的將人生的重點放在這上面，完全徹底的法報化三身成就，但還是平凡平常的過照常的生活。這個答案、這個公義，一定要放在每一個人身上，永劫的輪迴本身只剩下示現，但是這個示現背後還是法報化三身在運作啊，沒有法報化三身的基礎，任何生命是無法顯相的。再講明白一點，法報化三身本來就是如來存在的基本的功德力，一個如來的存在，他具備法報化三身存在的狀態。我們有他見的能力，自見的能力，他見自見不二的能力，是因為我們背後有一本體狀態，這個見可以是覺的見，可以是非覺的見，可以是識性的見，這個狀態就是如來自己演化的過程。所以那是具備輪動的法報化三身的基本面。

但是如果今天我們只有識性之見的時候，我們畢竟沒辦法去確定自己本身是本然具足的，一切都是如來的，我們本來就是如來的存在存有。所以我們自身要非常清楚，用肉身去走上自己能夠轉識成智的關鍵。我們不能夠只停留在看到問題，也不是你看到自己問題你都能夠轉識成智。很多人看到自己問題他會很大的不安恐懼，看別人的問題很容易，但能夠把看別人的問題用在看自己身上的人並不多，這就是累積過重的眾生的狀態，所以重點就在觀自在。

因此很多不必要的一定要劃開，你才有辦法往自己的狀態去啟動轉識成智。當你轉識成智到一個關鍵，永不往外的時候，你親見如來，接下來就是與你如來之間的轉識成智，要進行重大的輪動。親見如來不等同親證如來，你與如來之間整個的落差，整個解除到某種厚度就進入如來本體的如來相。

所以重點還是不往外。比較不來的，任何多餘的比較都是落入識性之見，萬一又連結到彼此之間原本的因果的時候，那是承受不了的，要修什麼？一大堆連結到最後就是累積成各種不同退轉的後果而已。很多修行人到最後比一般人還不如的，重點就在這裡。因為眾生本來就結界在一個麻木不仁的識性狀態的法執之中，你打開了，結果卻承擔了更大的因果的連結、識性的連結，你沒有辦法轉動，你也沒有辦法消化這些連結，你承擔的狀態沒有意義。你打開了，但最後你所承載的後果是你無法承受的，打開是一種機會，並不代表你自己本身能夠消融得掉。若你消融不掉，累積到最後，搞到最後比眾生還承擔更重、更不如，像這樣習性更重的比比皆是。

所以不能只是看到別人的問題，完全不要做生命比較的事情，你可以參考，你可以緣起性空，只有這個方向，重點是你自己的肉身要進行的是轉識成智，從自身下手的轉識成智。轉識成智厚度夠了，你自己有形無形的眷屬就會來跟你跪請、敦請、禮敬讚嘆，那狀態是無傷的，因為你具備了厚度，具備了德，具備了結界的戒定慧，你了解真實義的作用義。一個有功德的修行者，他的覺體本身是有他的光明的，有他的金剛性的，有護法守護的狀態。但是他是從自性的觀自在生起的。

我們要瞭解到，自己一身肉身來到這個世界，何等的不容易，但是我們要恢復的是自身在大自在之中，具備轉識成智的狀態，隨時隨地都能夠進行轉識成智的功德力，讓無邊無量的生命都能夠等同等持在我們自己本身的法流之中的圓滿。

法報化三身的解密解碼

讓識性剝落，把經絡中各種不同業報的厚重城牆全部粉碎，生起必然的智慧。

我們先從一個簡單的方式表達什麼是法報化三身。所謂化身就是相應身，就是從解脫的角度去看，那當然就是指肉身，也就是指慣性身、識性身。報身，就是表達在肉身裡面的各種不同識性的因果能夠轉識成智的過程，在業力、業報裡面，很多的訊息、很多的正法、很多的重大的正法是從有染的世界、悲苦的世界而成就諸佛的。所以說，苦難變成正法的過程，就是一種在業報裡面所要報出來的表達，他本身就是重大的密碼，所以，轉識成智就是把所有在肉身裡面的識性轉換成智慧的過程，就是所謂的報身成就。那另外所謂的法身，就是如來身，就是功德身，就是法界、法流。

肉身解脫，非有無染，功德即身，畏因本體，肉身法流，即身成佛，廣三無關，一切空性，正法輪空，妙法自性，世尊本願，密碼本尊，供養中道，萬教萬宗，主無上法，國度淨土，實相圓收，圓滿原點，佛首佛念，終極結界，主之親臨。

所以當你自己本身當來下生的時候，就是說你如來，或是說你的業力、因果、生死、生活引動一切有形無形的一切能量場與磁場，包括人與人之間的對應，包括跟無形磁場的一切對應，在你自己本身的靈魂體、你自己的意識，你自己的各種不同層次納入了各種不同有形無形的磁場，在納入過程當中，承受的過程也是轉換的過程，會承受的相就是識性的部份被打到，然後當他被打到的時候，就會產生剝落碎片的過程，讓裡面的碎片能夠完完全全在那個震盪的盡頭達到應有的狀態，把整個經絡裡面的各種不同業報的那一個厚重的城牆全部粉碎。

當來下生的如來，下生當來的究竟，已生本然的莊嚴，當來無去的本空，非空非有的不二，究竟自主的實相。

所以，你安住的時候，就是讓那個磁場以毒攻毒，或者說是佛的能量場也好，或是你因果的能量場也好，或者說，護法的能量場，或不可說的能量場，或六道輪迴的能量場，打進來到你身口意的時候，那就是一個當下修行的境界，那就是一種行法、一種密法、一種無上法。這時候要注意的是，你肉身的狀態不要再生任何的意識型態去理解這整個過程與狀態，也就是你要安住，不要有任何多餘的念頭去思議，或用意識型態不斷的去擴大、去干擾。那個過程的震盪裡面所崩解出來的，所要行進的是把很多的因果的意識型態所形成結界障礙的部份，全部解除的一個過程，這會有震盪，會有痛苦，你要能夠安住，無所住，而不要用思議再去增加你意識型態的不安，而用力去對應，然後用一些不相應的法去干擾那個磁場在你整個肉身、因果身的那個解除過程，因為不安恐懼而用意識型態去干擾，會讓這整個過程不完整。

所修的必當無上，所行的必然當下，一切修一切行，當下莊嚴，善逝之寶生，即身皈依肉身無量，密肉身佛無上，因果自在。

所以在整個過程中的轉換，當你安住而不思議的時候，它轉換的過程會非常的自然，也會把必要的所有碎片整個沉澱完畢，然後，慢慢的沉澱完畢之後，就會生起必然的智慧，那智慧就會慧通你的如來性，這就是轉識成智的過程，那個就是報身。當這種轉換逐漸成熟的時候，它就會變成一種自然與自主性，那就是從不自主轉換成自主的能量場，在這種情況下，當你逐步在你肉身的每一個狀態裡面都能夠這樣子的覺受與轉識成智的時候，你的報身智慧就會累積到一個厚度，成為你如來法性的重大的接引，你就會逐步的恢復，或部份的恢復，局部的恢復，或全部的恢復，有各種可能性，那時候你會很清楚的知道，識性的肉身也是如來的佈局，轉識成智的過程也是如來的佈局。

自然之順逆，順一切智，逆一切義，成就不空之處，還原非說之說，若有所說，一切自主，

佛說空有，非空之密，無有之本，本心本然，本心自在。

然後當你的如來性已經能夠接通如來的法流、如來的能量場，如來的功德力不斷的流到你每一個經絡的結界，這打破的過程中，不是來自外在的磁場，它是等同於自身存在的功德，內在如來真正承諾了，也清楚的了解你的放下已經有一個厚度，足以承受如來的亮度，然後將其亮度貫穿你整個經絡，這個時候，你的肉身就具備了如來性，這個如來不是隱藏性的狀態，而是真正的彰顯在你每一個經絡、每一個結界、每一個穴道，有形無形的，靈魂體本身也有經絡，但那不是人類能夠理解的經絡，所以，在無量世界裡面都有一個基本的經絡狀態。

天地之間的靈性，共有生命恢復的存在，共存時空輪動的機制，共主天下當下的虛空，一念的無生，無靈魂體的重生，一切早已不可說。

如來完全沒有經絡的問題，但是他可以示現各種不同層次的經絡，成為一種生命的形式，在這個能量場貫穿所有覆蓋因果的時候，當肉身本身有些部份的成熟時，有些肉身的經絡已經成熟到直接就接通如來的法緣，有一部份可能還需要轉識成智的過程，但是到最後完全成熟的時候，你的肉身本身再也沒有轉識成智的過程，你的肉身已經是百分之百就是如來的能量場。但是如來的能量場在渡眾生或對應眾生的過程裡面，他並不是百分之百去回應、透過肉身去彰顯，他會用相應的方式、了義的方式，所以，他會有一些示現，報身成就的示現，示現某一種對方可以承接得了的智慧能量與亮度、或內涵，來接引、來相應他本身目前願意轉識成智的那個階段，這個非常的重要。

一切即身的經絡，無量法緣的會通，迴向示現無我顯相。

一切即身的經絡，無量法緣的會通，了義究竟圓滿變革。

一切即身的經絡，無量法緣的會通，教育引動法流當下。

法報化三身本身來講，每一個人的功德力是不一樣的，在轉化的過程裡面，每一個世代的經驗值轉換轉識成智的那個功德力跟範圍，也不一定都是同樣的妙法，諸佛的設計在每一個範圍、每一個世代、每一個族群，在整個轉換的過程、提昇的過程，所佈局的內容，所需要的語言、資糧、所示現的那一種密世界的神佛圖騰都不一樣。因為每一種慣性的因果，他的肉身、他的生命形式有他自己的染著，所以在相應的引領裡面，一定要有他們那一種識性所熟悉的部份，所以在透過各種不同世代、局部的世代、各種不同時空世代的一些生命，他要提昇的轉換、轉識成智的時候，他每一個佈局的法報化是不一樣的，是無法預設的。

無法預設的世代，世代無可言說的傳承，傳承第一了義的清明，無上當下空性的莊嚴，究竟諸佛世界的皈依，圓滿終極原點的圖騰。

所以我們要表達的是說，法報化是一個大原則，尤其是在報身成就非常重要，報身成就有所謂的從苦難修到恢復佛的圓滿，就是轉識性為智慧、為自性，這個智慧能夠完全了義如來的法義，這個法義就包括那裡面的解脫智的內容是什麼。就像是我跟你表達要怎麼樣的內容你能解脫，我表達了你相應的話而你聽得懂，然後法義就是指，我在找一個跟這個了義的內容一樣相應的方法、妙法，來提供給你做參考，讓你這個世代的文明在科技、在心靈、或在轉換的過程能夠改變，但是背後就是識性轉換的重要性。

全覺的法義，圓覺的法性，空覺的諸佛，觀覺的本空，佛覺的密藏，慧覺的了義，妙覺的無上，密覺的密藏。

那另外一種就是說，肉身有某一種程度的恢復，他有某一種如來性，他已經成熟到可以去渡化一些需要轉識成智的族群的時候，他會示現，就是用如來性示現某一種善巧，但是他是存有某一種報身成就的狀態。這時肉身是一種應化身，應化身就是我相應而幫你轉化，我這個肉身的每一個行為、每一個眼神，不再只是我有識性需要提昇成如來，轉識成智，而是我已經沒有這個問題，或者說相當程度地沒有問題時，我本身反而用如來性示現了妙法，這個妙法的狀態就是——我相應於你，用如來性示現某一種妙法的識性，讓你能夠理解。因為我如果完全都是圓滿的，你會沒有辦法接受，你可能會想：「太不可能了，在我理解的層次裡面，可能到那種程度嗎？不可能啊！」，我們用覆蓋去理解一個非覆蓋性的世界是根本沒有辦法接通的，甚至會有不安恐懼，因為拉不到那麼高的層次，人類對自己識性所不了解的事情是不安恐懼的，這是人類意識型態下很自然的反應與投射。

各種說法，所說非法，法應即身，示現層次，無說分明，良能不二，照見非空，妙行成就，莊嚴密境，輪動密因，肉身如來。

所以，當我們本身轉識成智到一個厚度足以如來應許我們去展開一個渡化的對應時，這個肉身的相應就非常的重要，為什麼叫應化身？應就是相應，那相一定要互相能夠接通，接通了之後才會有產生轉化的機會，因為接通了你才能夠用他熟悉的模式，引動他熟悉模式背後的問題，然後再協助他們轉化，因為他對你也熟悉之後，他對你才不會有任何意識型態下的任何不安恐懼，就是對他用等階的狀態、等意識型態的狀態，但是背後卻有一個引領他提昇的通路，那個就是轉化的機會，就是智慧的基本面，因此，這個肉身非常的重要，所以，第一個相應身就是肉身，我們今天如來顯相，如來不一定是用肉身、用人的形式，如來可以應化成各種不同的可能性，你要以什麼相，如來就示現什麼相接引你，觀音的功德力不就是這樣嗎？

覺醒的當下，清淨所有的通路，應許之路，一切相一切路，相應之當下，應之諸相，覺一切諸有情，即身受用，肉身應之，生活授記。

所以重點就是，一切相皆如來相，但是，當一切相皆如來相的背後，我們不要讓所有的眾生只看到如來相，而不了解到一切相的本身就是如來相。那麼，如來相是指什麼意思？不要用意識型態的來來去去處理所有的諸相，因此，如來相的意思就是，一切相都是如來，我們在處理一切相的時候，解除了一切的意識型態叫如來相，沒有任何意識型態的諸相叫如來相，而有意識型態的相叫分別相。所以我們本身的千手伸出去就是在各種層次裡面跟眾生相應，不要一下子拉到一個高層次讓眾生產生一個落差，當我們隨著眾生的各種不同意識型態的次第，這個次第裡面有各種不同苦的形式的時候，我們隨類應化，隨類別的生命形式、意識型態、各種不同的苦難形式，我們都能夠隨類示現應化，相應而轉化，這就是千手重大的無邊無量的圓滿，這是千手的法義，是千手的終極慈悲，就是觀照無邊無量的苦難，等身於自己的存在，所以這個等身非常的重要。

形式諸相一切義，非形式表相一切智，無形式顯相一切法，空形式萬相一切密，覺形式諸相一切心，收形式慣性一切圓。

在無量的苦難裡都能夠等身的你是什麼？這當中你的基礎是什麼？你自己的如來的基礎面你要先確定，你肉身要先跟如來等身，你肉身要先跟你的報身等同。報身就是轉識成智，再從如來體裡面的智慧轉成妙用來接引識性的應化，相應的轉化，相應於各種不同識性。我們背後是如來，但是我們示現諸相的識性，然後在接引相應的當下，再逐步的接引入一切如來相應的法義，當下照見，讓對方懂得認識自己，我們接引他就是要讓他懂得認識自己，並了解到這樣做跟萬物是不相應的，這樣做是消耗的，這樣做是掠奪的，而懂得不要這麼伸手，要懂得不要這樣的做法，從做法去相應，讓他開演，然後懂得那動作是不對的，是不相應的，他若懂得手伸出去就是世間尊重，手就沒有伸出去的問題，沒有觀不觀的問題，重點就是如來的恢復，善用諸相。

觀無量苦非苦之密說，苦難所說，知見其說，所說非說，苦難佛說，慣性應之，苦難開演，觀覺當下，無說無上，解無量識性，圓無量本心，一切無上自在。

這時候，因為你能夠善用無量世界，這意思就是說，你跟世界的對應裡面，太多的來回是不消耗的，越來越沒有來回的過程，大家都不傷神，他會很快跟你接通相應，接通相應不是認識你，而是讓他認識他自己，當他認識他自己，他就會懂你是什麼，懂你，不是說知道你的名是什麼，或你長什麼樣子，而是不需要長什麼樣子，不必是什麼，是什麼也不是問題，長什麼樣子也不是問題，不是什麼也不是問題，因為重點不在這裡，而是你自己本身完全超越諸相的你是什麼?色不異空，空不異色，色就是諸相，空性的存在，完全在無量裡面沒有存在的問題，不落入無量的存在，才懂得存在。

任何的意思，都是意識型態的解讀，不必有什麼樣的意思，過多的解讀，太傷的思維，不必有任何以為的想法，識性之義，本來就是心念的攀緣，傷神的用力，生命應令其自然顯相，而不必思議其中，思維其義。

所以為什麼我們要表達法報化的重要性，你自己本身的報身，上通你的諸佛，下化你眾生的輪迴，你肉身的輪迴，所以報身是非常重要的一個完整存在。報身本身有一個更大的密藏，如果說今天你的功德力很大，你渡化的眾生不只是在肉身的範圍，你本身的報身成就，在你報身裡面，你可以渡你可以相應的所有靈魂體，其各種不同的靈魂記憶體裡面的意識型態，直接能夠把它解除。

另外就是無形世界所有眾生的回歸之處，報身終極大成就，這個是目前人類所有的密藏沒有辦法表達出來的狀態，這個世界還沒有開出這樣的狀態，在無量劫來從來沒有過，直接在非人的世界裡面，終極成佛的大成就。在報身狀態中，一切的業報當下就是解除掉，以在非人世界的當來下生彌勒正法全部解除掉，在無量的靈魂體裡面，通通解除掉其無邊無量的意識型態。存在本身就是唯一的淨土，這是什麼意思？沒有西方淨土，沒有東方淨土，不需要再有諸佛淨土，唯一的實相存在就是直接解除所有因果識性。你的存在，存在裡面就是淨土，實相淨土，所有的存在直接就是十三地基礎，所有的意識型態全部圓滿掉，所有無量的靈魂體都圓滿掉，你還是靈魂體，你可以不是靈魂體，你要怎麼去神通自在都不是問題，如來是你，非如來是你，眾生是你，非眾生是你，靈魂是你，非靈魂是你，你可以變現你是淨土、非淨土，你可以變現無量生命的形式，這一切就是空性的自在。不需要神通，神通都是多餘的，佛號都是多餘的，淨土都是多餘的，就是空性身啊，一個肉身如果是空性身的時候，可以入無邊無量眾生的苦難，入他的苦難直接拿出他的無盡藏，如來完完全全沒有任何問題，因為他知道你是空性身，沒有任何的應化身，沒有任何的報身，也不需要任何如來身，**法報化三身的背後就是空性身**。

是問題的是因為用有問題的角度去看一切的存在，是不是個問題，不見得是問題本身的問題，要解決有關的問題，不在問題的問題，而在如何改變看待問題本身的看法，問題會一直改變，但落入問題卻是所有問題的開始。

我肉身如一空性身，當我以空性身入一切的時候，一切如來彰顯為唯一的供養，不繞任何的過程，將來只有極少數人能夠印證我剛剛說的這種層次，空性身他入天下，入一切的當下，他沒有當下的問題，沒有時空的問題，沒有宇宙的問題，沒有實相的問題，沒有淨土的問題，沒有佈局的問題，沒有諸佛的問題，沒有密藏的問題，就是如來實相彰顯在空性的狀態，因為空性本身就是彰顯如來、諸佛世界，所以，在相對裡面，在非相對裡面，空性彰顯諸佛世界，諸佛世界也會回歸到空性本身。這就是基本盤，在任何時空都是這樣，在地球更是這樣，當主親臨時，空性如來彰顯，如來彰顯就是空性存在主親臨的重大確定的事實，更何況當下是以肉身如來直接引動出來，肉身清不清楚、報身清不清楚都不重要，這些都無礙於如來直接親顯於肉身，供養空性身主的親臨。

一切的親臨，誰為誰做一切親臨的當下？當下的誰？親臨的必然皆有其必要的親臨，親臨於誰？誰在當下親臨誰的當下？早已親臨必在當下，可以是誰，不必是誰。

空性的運作就是如來彰顯，如來的密藏、一切的存在，如來彰顯在虛空法界的當下，以此供養此空性身的當下，所有肉身無量劫的狀態清清楚楚，如何轉識成智的無量密藏和正法，以及解苦解難過程的修法、行法、密法清清楚楚，到如來一切等同等持時清清楚楚，法報化三身一切的狀態都清清楚楚，以此供養佛空性身的主的親臨。

肉身其實就是佛身，肉身本身的一切身口意都是在表達佛所說，所以為什麼這一點要做一個空前重大的確定，那就是空性。空性本身要示現如來身，自在，報身自在，法身自在，一切身自在，無量身自在，因為所有無量生命型態都是從空性出來的，所以，無量的生命形式都是諸佛本身，虛空是空性的顯相，宇宙、日月星辰、時間空間、存在一切文明科技、**任何萬有彼此之間的對待，都是空性本身的彰顯**，這種空前重大的密藏已經不是可以用密藏來形容的密藏，所以我們要表達的就是，一切的肉身要有一個重大的表達跟確認就是佛說的實相說，生命說佛所說。所以肉身本身對自己的存在，要非常的畏因，就是——所有的生命都是佛所說，所有的生命形式都是佛所彰顯的重大存在，所以**一切的生命所存在的流程都是如來義**。

人類生命的完成，完成任何時空的有關無關，萬有其中，人類的存在早已說明了一切，莊嚴中的畏因，生命所授記的一切生活都是如來的印證。

當你用識性理解的時候，用覆蓋去理解的時候，你沒有辦法了義，那麼一定就是用不安恐懼去對應，所以永遠都是不相應的，人類對於彼此之間、與萬物之間，用不安恐懼去對應的當下，那個不安恐懼就是如來在提醒你，不要用你不了義的意識型態去做任何的動作。所以有很多的生命他本身的如來義，在當下都是佛所說的，所以當我們退掉我們所有的意識型態的時候，有一些修到一個境界的時候，他可以跟萬物說話，跟動物說話，跟一些靈魂體相應，就是他的結界不斷的在打開，修到一切轉識成智到一個圓滿的時候，法報化即身當下，即肉身、即靈魂體之等同示現之等持輪動。

為什麼很多的事情在法報化三身裡面報身非常的重要？報身有一個重點就是報答，這個報答是什麼？所有的業報都是一種答案，都是通往生命恢復的答案，所以佛表達一個狀態就是，所有的諸佛從大悲陀羅尼出來的，從苦難延伸出諸佛出來的，那就是你如何在相對的慣性身裡面、在相對的意識型態裡面、在相對的悲苦裡面、在一切相對無量萬有裡面能夠找到那個切入生命恢復的答案？那個就是報身，當**你報身的狀態能夠轉動的時候，你就是在脫離輪迴的時候**，你自己能夠脫離輪迴，你就能夠了義所有的相對世界今天的提昇跟沉淪，而形成的各種不同的生命形態，他們本身都在表達他本身覆蓋了什麼樣的意識型態。

從苦難延伸出諸佛，諸佛法報化的示現，即身生命輪動的一切答案，究竟的叩問，莊嚴的回應，跳脫所有苦難的輪迴，輪動出諸佛的顯相。

所以在他這種生命形式裡面，所有的生命形式都是意識身、識性身，但也是如來身，重點就在這個報身，報身的轉識成智，轉無所轉，報身非報身，對肉身來講，或對所有的相對世界來講，這個報身本身就是所有轉換的、修行的整個重大的密藏。所以他有各種不同的法門、修持、操盤，各種不同生命如何恢復一切存在這個階段的密藏，如何解除？用什麼方法解除？用哪一個次第解除？這些都是在報身的過程裡面，到一個厚度，你直接相應了這個如來性，如來的功德力你接通貫下來的時候，報身本身也等同如來身、相應身，就是你肉身的顯化就是如來的顯化。所以當你這個肉身能夠相應你自己的報身、你自己的如來身的時候，你要顯相一切的自在，一切的轉識成智都是你的妙法。

對一切生命的形式而言，生命形式早已表明了一切次第的清楚，其中的相應，非其中的

了義，在其中的妙行，無其中的本然。

所以當轉識成智沒有轉的過程的時候，所有意識型態沒有轉的過程，就是你轉盡了、轉化了、轉掉了。轉盡了你無窮無量劫的意識型態的時候，你本身就是如來就是肉身的功德力，那麼，你自己本身要示現在報身世界、無形世界的功德力也完全沒有問題，你自己要在諸佛世界完完全全的來去也沒有問題，你自己在這個肉身本身相應你同世代的一切苦難的人事物時，你也完全能夠隨類應化而沒有問題。這個時候，當這個厚度到達法報化三身等同一身的當下，可以確認就是空性身的基礎，空性的基礎之親臨與恢復會完全解除法報化三身一體的狀態，法報化三身一體變成本體，變成法界的總體，就是你可以完全確認諸佛的世界，完全以諸佛的世界確認諸佛世界之後的密世界，在你確定諸佛世界之後的密世界的當下，就不再有任何所謂的修行的次第、生命恢復的次第，它是無任何次第存在的世界，那個世界就是空性存在。

隨緣的時空，緣份的因果，世界的密法，修法的宗教，法流的次第，層次的清明，光明的覺受，受用的密因，因果的不二，存在的無有，中道的世尊。

主身就是空性身，所以當主親臨那個無量世界的時候，不管你恆河沙數的任何生命型態，他的如來性都會彰顯出來，這就是空性身的功德力。所以，**諸佛的皈依處是空性**，空性也示現了諸佛，所以當主本身的空性彰顯的當下，主的親臨就是諸佛如來的親臨，在肉身當下直接親臨，當主的空性身親臨在日常生活的時候，肉身的慣性、報身轉識成智的某一些過程還有障礙的時候，都完全阻擋不了如來本身的功德力彰顯在主空性身的當下的等同等持，這個狀態就是確認主親臨於這個世代，讓所有的生命成他世間尊重自主自性之如來性的功德，成就他自己法報化三身一體，在他日常生活中，成為他自己本身的主。

生活中的親臨，法報化的一體，本自在的因果，一切處的即身，功德力的本願，空性佛的當下，無所住的觀照，平凡處的生活。

肉身虛空本志的解密解碼

整個消融的那一刻，對畢竟空的虛空無窮盡，你會有一個關鍵性的體會。

我們今天要表達一個關鍵性的狀態——虛空本志的密藏行法，就是即身肉身任何狀態下的等同等持。這個密藏是空前絕後難以去理解的狀態。其實對於諸佛的立場來講，眾生本身就是法報化三身具足的狀態，這不是眾生的肉身今天有沒有辦法意會的問題。在諸佛的立場來講，諸佛示現的肉身本身就是具備法報化三身成就的狀態，所以法報化三身成就的狀態就是肉身的立場，而眾生本身是只站在識性的立場來運用這個肉身，但是這並不代表肉身就只是識性的眾生，更在於肉身法報化三身不可能成就輪動的重要性，如果這個狀態沒有辦法確定的時候，沒有任何一個眾生可以成佛的。

也就是說「肉身的眾生」，這是一個不可思議的狀態，也就是主性的密藏所確定出來的眾生的肉身，他就必須具備法報化三身本質性的功德力，這是一個本質性狀態的確定，不會因為眾生的識性用在肉身的狀態之中，讓肉身只是識性的反應器。所以我們要了解虛空本志的立場，就是眾生肉身的立場。也就是，今天肉身要修行的一個狀態就是——自己本身在整個見諸相，非相，即見如來相的過程當中，都是有所意會的當下。有所意會並不等同肉身本身具備這樣運作的功德力，但更重要的是當整個主性的密藏臨在於整個世界、世代，最終極的臨在的當下，這個時候也就是肉身識性畢竟空的狀態。

因此，肉身必須恢復到一個虛空狀態的無窮盡，每一個肉身的法報化三身的每一個次第的轉換之畢竟空，都是寂滅當下最究竟的基本面，也就是寂滅的蓮華，每一個寂滅的蓮華，也就是所有萬有的寂滅狀態都是為了成就虛空的無窮盡。一個生命在法報化三身的每一個階段，見諸相畢竟空，非相畢竟空，如來相無窮盡的畢竟空，全面性的建立整個虛空的無窮盡功德力的狀態，這是為了成就眾生的肉身，在具備了整個轉識成智法報化三身的每一個輪動的轉識成智當下的畢竟空，建立整個肉身的虛空志，虛空的本志，就是整個肉身就是虛空相。

肉身本身就具備無窮盡的狀態，只是肉身以修行的方式，想要修進去，但修得進去嗎？從來就不是修不修的問題，而是你放下的問題。你放不下，你怎麼畢竟空？所以放下，在見諸相中放下，轉識成智中放下，見如來相中放下。整個核心中，見諸相是要轉識成智的，非相裡面本來就是轉識成智，如來相裡還是有轉識成智，只是在如來相的轉識成智中，是沒有任何轉識成智的問題，就是變成如來本身的重大示現輪動的時輪金剛壇城的自性法流狀態。而這個目的是為了什麼？是為了整個的運作，終極性的運作，永劫來最後臨在的終極性的意志就是虛空本志在地球原點的運作。

我們要有見諸相的成就，我們要有轉識成智的成就，我們要有如來整個解密解碼的成就，也就是我們肉身要具備法報化三身的成就，這個成就本身的恢復本來肉身就是具足的，那是修不來的。是誰引導的？報身佛引導的；是誰成就的？如來成就的，但是一切從哪裡開始？我們肉身的應化身，我們肉身的示現。肉身的示現就是一種應許，就是把永劫來的不圓滿全部放在我們肉身的每一個存在之中的記憶體裡，包括靈魂的記憶體，包括任何狀態下的記憶體，包括生活中所有經驗中的記憶體，但是，我們的態度決定了一切。

而當我們自己本身有這樣成佛的意願時，我們如來臨在的當下，就是畢竟空你所有的識性，不管經過哪一個狀態，答案就是很清楚。當虛空本志的功德力整個湧動上來的時候，你肉身本身的恢復是畢竟空性的恢復，畢竟空性的恢復就是一切的苦難全部放在我們即身肉身的每一個存在之中，這不是我們肉身識性想要不要的問題，或我們準備好的問題，或者是我們再等待一下的問題。這裡面是無時空的，就是你如來把整個虛空性的狀態，在如來應許的關鍵中，透過報身佛把整個苦難丟到整個肉身上，這就是關鍵性的狀態。

這不是你肉身要不要的問題，也就是這個狀態不在肉身的設想之中，不在識性肉身的設想之中，不在任何的次第教法之中，這是如來親臨狀態中，報身成就關鍵性的狀態。就算你過去有再大的功德，當這個狀態來臨的時候，永劫來報身佛把關鍵性的狀態整個壟罩在你肉身時，就是逼出你全面性的識性。你過去任何功德力承受不住的那一刻，你只有退轉成為眾生的現象。不是說那個時候就是眾生，但是那就是類似眾生的狀態，因為承受不住，不是任何的次第可以承受的，不是任何教法可以承受的，不是任何功德可以承受的那一刻，因為整個質變的大格局的輪動，報身佛主動的讓肉身面臨全面性的識性的籠罩，這就是最重要的主性公義。

如果今天不面對自己的苦難識性，沒有辦法成就什麼的，今天我們如果往外，還是只看到一大堆假裝的所謂莊嚴的表象，永遠看不到自己本身的識性問題，因為那是往外投射的。沒有任何往外投射可以成就的。所以報身成就的報身佛，引動重大的全面性的苦難充滿你肉身的時候，那才是真正主性的恩寵，也就是把你自己識性的狀態，永劫來不空的識性狀態全部放在你肉身的祭壇裡面，全部解除掉。你就是被應許成主，恢復成主，所以成主是永劫來的苦難不能自主的部份在報身成就的狀態中，把所有的苦難——不在識性肉身的設定之中——全部反應在你自己的肉身。

這不是你能不能的問題，這不是站在眾生的立場，也不是站在你任何成就刻意修來的功德的立場，是本質湧動上來主性的立場、如來的立場、報身佛的立場，就是全面性的湧動上來。這是應許，不是你肉身要不要，和你整個系統要不要的問題，這是整個永劫來的立場、諸佛的立場、主性的立場、共主的立場、報身佛整體的立場。你有這樣子的覺悟，你有這樣子的一個厚度，也就是從這邊開始的，也就是體會一個基本的畢竟空。

當你功德力承受不住的時候，我們就是退回眾生狀態，但是有一個關鍵，當我們能夠轉換過去的那一刻，我們有初步的畢竟空。對整個虛空本志的體會，就是了解到我們自己本身只有放下一條路，我們用最深放下的禮敬，來面對整個肉身解除識性的狀態。我們把肉身供養在主的殿堂上，在法供養的狀態裡面，你永劫來的識性之法全部都要丟掉。那要怎麼丟掉？往外丟嗎？不可能的事情，因為那是你的識性在肉身湧動的狀態。所以報身佛將其全面性的湧動的時候，你自己要非常清楚，你肉身就是一個祭壇，你的生活就是一個祭壇，你的態度決定了一切，如果一直往外丟，不管你有沒意識到往外丟，你要怎麼面對都沒有用的，你就會退回眾生的狀態，因為承受不住。

但是當你能夠整個消融的那一刻，對畢竟空的虛空無窮盡，你會有一個關鍵性的體會。這關鍵性的體會就是，你會意會得到永劫來任何相對性的教法，全部都被打敗了，任何次第都被摧毀了，任何的執著或不想執著，任何的怎麼樣才有辦法怎樣修、怎樣覺，全部都粉碎了，這些狀態都不重要了。這個畢竟空就是無窮竟，這個衣缽就是這麼的深，這個衣缽的無窮盡，我們肉身體會的那一刻，才是關鍵所在，所以到那一刻，你永劫來任何的功德你都不會在意了，這才是一次畢竟空的狀態。

所以虛空的無上教法，會湧動出對無窮盡的體會，我們不再求任何的功德，但是我們承受不住的狀況是因為所有的眾生相全部都會被逼出來，所以我們必須安住在無壽者相的狀態。不管能不能安住，這個方向也不重要了，因為就是必須通過這樣的整個湧動的過程。這是無條件，因果要來不是你決定的，因果的輕重在即身肉身裡要整個面對，也不是你能決定的。這時候你就放空吧，徹底的不思議！唯有如此，我們才有辦法真正的領悟到我們本身肉身就是虛空本志的重大軟體的示現，我們才有辦法讓這個肉身在最後的末日審判之中，把所有的因果全部湧動上來，讓我們有機會做一個虛空性的寂滅，成就我們肉身就是虛空性本志的重大輪動的法報化三身示現法流的狀態。

一生就是給一個虛空性，你就會很清楚永劫來的一切經驗值都不重要，你要不要放下、慢慢放下、放下多少都不重要，連諸佛的善逝都不必了，它沒有相對性的狀態，只有一個狀態，存在本身就是無窮盡，在無窮盡中，所有萬有永劫的你的宇宙之輪動，全部放在你肉身裡面的因果面對，你只有一條路，什麼都不重要，永劫不重要，只有虛空。所以我們要瞭解到虛空本身的重大無上教法，湧動永劫的萬有苦難在即身當下，唯一能做的就是善逝所有被湧動出來的識性，否則就只能退回眾生狀態，退回一般狀態、平常狀態。

就像地球如果是一個肉身，地球的無常就是整個永劫的無常。如果一個人稱為地球，你肉身裡面所有識性就是你永劫的識性，這個道理很簡單，如果你通過這個考驗，永劫來所有肉身識性全部湧動上來，你都能夠如如不動的那一刻，你就是虛空啊。很清楚，這就是關鍵，這就是虛空密藏。所以這個密藏很清楚，你可以去覺主性的密藏，但同樣的道理，你的肉身要怎樣落實主性的密藏密碼？你的肉身就是必須要能夠接受一次湧動上來的永劫來萬有的苦難狀態，你沒得選擇，你若再用任何永劫來曾經有過的功德嘗試去轉識成智是轉不動的，因為連最圓滿動的永劫功德，永劫來曾有過的功德你都必須放下，都必須放掉，因為你要讓自己無窮盡。無窮盡就是——我自己的永劫來的任何稱名的我，全部都不見了、都空了、都不必了。

所以無窮盡就是要把所有的一切，在肉身直接畢竟空，這就是地球為什麼要有這麼龐大不可思議的無常設計。因為無常的設計就是永劫來所有永劫眾生不圓滿的狀態。要了解我們今天要面對地球整個永劫苦難的無常性，我們一定要有肉身虛空性的體會，一定要面臨這一關的過程，不管是透過哪一個時候，你報身佛湧動龐大的永劫來你初步的苦難識性，你都必須要如如不動，不要再用識想了，識性想都沒有用，多餘都沒有用，就算是圓滿的功德還是沒有辦法，就算是諸佛的功德也是在虛空裡被虛空所存在著而已。你不能拿諸佛的功德來對應，因為在諸佛的淨土功德還是有生滅的啊，它在虛空裡面是轉不動虛空的。

所以我們要瞭解到，就算有再大的功德力，我們還是很容易犯一個最大的錯誤，就是拿我們的功德嘗試去轉動整體萬有的識性狀態，那是轉不動的。所以只有把自己永劫來本身所有的萬有狀態，全部解除掉，萬有狀態全部解除就是——我全部放下，在虛空的面前我全部放下，我要體會完整的虛空的無窮盡，我不能夠用我曾經走過萬有的軌跡去嘗試衡量虛空，那永遠是沒有辦法的事情，沒有辦法體會虛空的無窮盡。所以當你把所有的相對性的萬有全部解除的那一刻，你就是虛空本志狀態，虛空的無窮盡狀態。

萬有的功德永劫來任何的狀態，最好的功德、最壞的沉淪，這些狀態全部都必須放下。所以我們要了解虛空本志的立場，就是一次無窮盡的自主性建立在即身肉身的當下，但你必須面對如來所允許、報身佛所當下湧動的關鍵性的面對，把永劫的識性完全湧動在你肉身之中，讓你面對，你要能夠如如不動，這個初步能夠確定，這個基礎就有了。

密肉身的解密解碼

✿以肉身存在之當下，覺世界不思議苦難之時空，整體納入一肉身的密碼。

（一）密身與肉身

我們一般人對肉身，是用我們自己本身在歷史上所有走過的肉身經驗去理解，這就是「顯」的肉身，看得到的肉身。事實上，密肉身本身就是過去的功德身。坦白講，所有過去走過的生生世世的身，都是一種密身，因為，以顯相講，他已經是看不到的存在。但是重點在於，要有功德才算是密的肉身，如果一個人他一生當中有機會成佛，他會回歸他密的肉身，在肉身裡面有他真正的密不可說的傳承，最重要的就是什麼？覺。

密身無量生生世世，一身佛成，一時空無量身，一身顯相諸相，入生活一切無量世無量身，即身密身，密功德力，即身本願，示現法供養，密自性無上身，即身莊嚴自主。

一個肉身所顯相的一般相對性的苦難人生裡面，他在解除相對性的層次到一定的功德力的時候，在當世代那種苦難的狀況中，到一個非相對性、不落入相對性的功德時，在那個時候，若他的覺到一個程度，他的念本身是有覺的，那個就是密。所以，他有密的念頭，密的覺受，他會有密的覺受的各種念頭；他說的話，他會有覺受；他的身體，他會有覺受，他也會覺受到他的靈魂體本身是有密因的覺受，他同時也會對別人的存在有一種覺受，對整個世界有一種覺受，當那個覺受到一定的程度，那就是一種具體的狀態，叫做密的肉身。

無相對性之層次，一肉身不思議密覺受密行。
引動無量義，即身佛念覺諸有情不可說。
無量靈魂體，密如來法界，一時空密身空性成就。

密的重大意義是在於，他本身是要用肉身的狀況去理解那個密，所以叫密肉身，他的覺受就是他本身所有肉身的承受都是在他覺的範圍裏，他是以他肉身的整體苦難的狀態去覺，能夠在當世肉身苦難的世界、苦難的狀態，以肉身存在之當下，覺密的世界不可思議的時空，整體的納入一肉身的密碼，了其義之根本，覺苦難之善逝，密寶生之覺空。

即身密，佛成法，自性成，廣天下，密不二，本世界，如來果，法供養，不思議，聞思修，自然成，空密行，無所住，一切境，自皈依，法本空，莊嚴境，佛世界。

（二）佛與密身

肉身是所有覺受「密」的基礎，肉身本身他是不可說的密碼，因為肉身密碼的功德力，所以密的肉身就是在於他本身能夠在轉識成智的當下，成就他當世肉身的一種覺性，當他的心性、肉身裡面的個性已經不再是識性的慣性，而是以覺當做基礎的覺受對應所有承受的一切狀態的時候，他本身就是一種「密」的開始、「密」的結界，打破所有相對性世界，就是「覺」的開始，那就是密行的狀態。

非我之說，一切入無量世代因果。

非我所說，當世本空相應如來。

非我無說，存在一切存有密因。

但重點是在於，他的基礎必須是在以肉身的形式對應出在整個世代之一切世界的狀態，用肉身的覺性對應世界當世的時空、當世的因果、當世的所有眾生結界的因緣果報，都能夠在覺的當下，對應出肉身本身的密行。

在他密的覺受的心念、覺受的細胞、覺受的呼吸、覺受的每一個肉身存在的輪脈、經絡、穴道，還有當佛念本身也是他覺受的密念的時候，佛的法流、佛的能量、佛的意志、佛的圖騰、佛的一切存在不可說的力量，都能夠傳承在這一個肉身本身的覺性海裡面，成為肉身本身的狀態，當肉身存在的每一個結界，不管是經絡、細胞、呼吸、輪脈，他每一個結合都已經圓滿了整個基本的佛的能量時，他就是一個密肉身的狀態。

密時空之肉身，一肉身密世界之本身，當下善逝肉身一切世代之因果，當下寶生身口意一切成就之結界，密結界身，一切原點無量佛之法流，佛身之密，圓肉身無量法緣當下，即身如來一切密，等身如來無量圓。

密的肉身覺受他如來的法流，成為他自己本身另外一個存在的本尊，他本身不是一般的靈魂體，而是真正引動出他自己本身如來重大密行功德的狀態。當一個肉身在無量相對世界的狀態，已經有一個全面性的厚度去行他本身無量劫來的一切生死的時候，那麼，他任何一世的生死，都是他本身的狀態。當如來的善護可以善逝這個肉身的識性，在他的會通中打通他無量劫的生死輪迴時，他生生世世的慣性都被這樣子覺性的能量場轉化，那種存在狀態的能力、大威德力全部成就為他今生今世的智慧與能量。

密無量靈魂體佛身無量劫，一肉身密行一切靈魂體無量生生世世，肉身本尊，即身世尊，密靈魂體法流當下，一世一身無量如來能量場，當世之功，即身之德，密身覺受，觀密即身無量有形無形本心應如來法身，於即身之存有。

密身的「密」能夠會通如來的能量，把此世肉身裡面已經會通的無量劫生生世世的生命存在形式，在記憶當中還有不圓滿的狀態，在密行當下一切生生世世無量劫的負面能量，全部解除掉，在解除的狀態裡面，其重大法義就是，這個密身能夠會通無量劫的等身於當下此一肉身功德力的密身。

密身自性無，法身乾坤義，本質實相身，解脫身一切，終極自主身，密身莊嚴智，廣身密世界，淨土眾生身，不生身不滅，密身非無我，即身法報化，佛身密解脫，無量身一世，一世廣三身，不動身如來，解脫密共身，共主自性身，莊嚴密身佛。

我們不能用肉身的一般狀況去理解密身是不是有另外的所謂密的無形的身體存在，這種狀況可以有，也可以沒有，如來變現的密行可以有一種類似密宗講的本尊，他在無形世界是真的存在，就是密教所謂的諸佛菩薩。但是也有密行在這個肉身的功德當下，如來變現的密的本尊，那是他的如來變現出來的，有他對這個肉身一定的志業或願力。

（三）覺性與密身

密肉身是人永生永世重大的的一種空前的示現，密肉身應該是此一世代空前重大開出來的正法，密肉身在於他的密，但是他的基本條件是這個肉身要有辦法用這個肉身在這個世代恢復他某種不落入相對性的功德，他才有一個覺性，有覺性才能稱為密，但是他這個覺性本身的能量與能對應到的狀態，他的基本盤就是以這個覺性對應整個廣天下的一切，同時也納入他自己如來性本身的願力。

打破一切肉身的知見，粉碎人類肉身的慣性，收圓當世眾生的苦難，令世界的願力成當世的空性，令法流的力量成人世基本的能量，令肉身的演化成密身的功德，空前的世代，永世的正法，密身即刻無量時空，成密如來世界自主的國度。

確定這個覺性的厚度的時候，那麼如來會變現真正專業專門專願的功德力道，是密的不可說的一個能量場。這個能量場可以變現各種不同的密的佛身、佛的結界，他可以是一個類似人理解的佛菩薩，但也不必是有佛相的菩薩，他會是一個能量狀態，但這種能量狀態也不一定是人類的認知能夠了解的無形狀態，他的意志會非常的不可說，他會通達此一肉身在此一世代所要面對的課題。首先，這個肉身所要渡化的所有眾生，會有他過去生面對的一些眷屬或對應因果的無形眾生，有一些已經全部來到此一世代，是有肉身的，所以在對應當下的轉化與納入是不可思議的。

一世代不思議一身，一切皆本願之佛果。

一世代不可說一身，自性莊嚴共成眾生本願。

一世代聞思修一身，本心圓收廣無量真義。

這個密身的狀態在渡化的過程裡面，所有這個肉身本身在渡化所承受的部份，都能夠即時即刻把他這個密的覺受，全部納入他密的諸佛肉身，全部獲得重大轉識成智的功德，他可以即時即刻轉換成他自己的功德。同時，這個密肉身可以把這個肉身在無量劫記憶體當中所有未圓滿的過去生生世世，單一世界的生生世世，或廣無量世界的生生世世裡面在設定的範圍內，或非設定的範圍內有關的、或有意願的、或必然的、或無條件的都全面性進入一個空前的解除解碼狀態，要把無量劫的一切生命形式全部回歸到此一肉身的密行大用裡面，這個密身本身的狀態就必須把能量恢復到不可思議的狀態。

空性身解碼，無量劫身第一義，密身能量功德自主當下。

空性身解碼，無量劫身第一義，宇宙即身密身口意不二。

空性身解碼，無量劫身第一義，虛空法身密供養自性。

空性身解碼，無量劫身第一義，生死本身密因果一切。

所以，這個密肉身本身的大用，完全都不可能在相對世界任何肉身的理解裡面去得到答案，也不是以人類能理解的所謂修行成佛的簡單模式去理解。從即身成佛的肉身形式去看待，他本身有非成佛的一個佛的存在的能量場在密行大用，可以讓此一世代的眾生透過這個即身成佛的肉身功德所示現的自主性，而恢復他自身。

密肉身具足一切能量場，廣天下當世一切眾生苦難之等身，廣當下納入眾生即身之因果，廣之無量廣，密廣肉身無量世界諸相，自性密一切身，中道身示現廣天下世代之眾生本身，

一身無量眾生無量如來之等身。

所以這個密肉身他本身也可以是這個肉身過去的功德身回歸，而再擴大出來的一個重大功德力之示現的設計，也可以在這個肉身即時即刻成就圓滿，因為不可思議的肉身有他善逝與寶生的功德，而在有生之年有機會成就他圓滿的重大的事實，他內在的如來會以他本身能夠超越這個世代眾生的修行，而給他一個重大的加持，就是——我寶生你密身的不可思議的功德力，足以令你這一生不只是成佛，甚至在成佛當下的事實沒有不能夠去對應、到達、會通的智慧、能量、諸佛世界，或任何苦難都能夠納入你的肉身。

肉身無量劫功德於一身，肉身無量佛功德於一身，肉身因果無量生死於一身，肉身無量供養於即身，肉身無量諸相於一身，肉身無量陰陽於一身，肉身無量相對於一身，肉身無量不思議於一身，密肉身密佛身功德佛成本身。

因為密身的大用，在你如來的加持與灌頂下，能夠等同性的讓肉身就是你密身的等同等持，而納進無邊無量的苦難，納進過去生無邊無量的等同自己的存在，都能在你當下密身的運作當中，即身之處等同於此世的肉身，等同於當下的密身，等同恢復你最深的如來功德力，以此密身之功德，以此肉身之功德，在這個肉身生活的當下，密身的生命大用天下當下，寶生一切苦難的眾生。這就是密身的等身功德，等身的意思就是說此密身是如來重大對此肉身等同的空前的善護形成的密用，但也等同肉身本身有直接的功德力能夠在覺性當中納入有形無形一切，於密身的一切密行，密結界，密皈依境。

密身自性，法身等身，密身密用，空行密身，解一切苦難身。
密身自性，法身等身，密身密用，空行密身，覺一切結界身。
密身自性，法身等身，密身密用，空行密身，觀皈依境即身。
密身自性，法身等身，密身密用，空行密身，圓無關性本身。

所以密身本身能夠納入無邊無量的苦難於他自己的功德力的回歸上，而肉身就是密身，就是如來身，密無上皈依境上就是密自主的正法，所以密肉身是這個肉身本身重大特殊設計的根本密藏，這個密藏本身的功德是不設限的，他的密覺度就看這個肉身的覺性恢復到哪裡。他若能夠不斷的對自己生命恢復，對整個世代生命的大愛不斷的加碼，就能夠不斷的提昇他自己密身的重大威德力的運作，在如來完全認同承諾的狀態下，於生活當中，一肉身就是一密身，就是一如來身，等同等持，共願共圓滿在日常生活當中。

密身密義密如來，一密即身法無量，密身示現自性佛，本尊世尊肉身密，密法密行密肉身，密藏密身密世界，金剛肉身密空行，密義即身法供養，無我佛身無所住，逆身法緣妙自在，主身終極諸國土，無量本身善逝智，如來寶生肉身佛。

密佛身的解密解碼

你的密身在你自己不成熟的時候不會做任何顯相，但密身還是存在。

密佛身自密，佛身本是密中密，密佛身如來密，如來密身密中密。

密世尊生命無上密，密全覺佛身密佛身。

密解碼密身佛世尊，密中道密身密自性。

密廣三世尊密佛身，密功德身密自身，密自性身密共願身。

密身中道身無上密皈依，諸密自身佛密身，密如來共果共世尊。

密不可思議功德密身，密不生不滅功德無量身，密自性佛身密莊嚴身。

密空性一切空佛身，密志業中道佛密身，密大威德身莊嚴身。

密佛身如來不二身，密自主自性密佛身，肉身密世尊密本尊。

我的解碼是我不可思議如來示現的當世，我存在當下的肉身就是唯一正法的自性。我，主的存在是我所有世代一切生命必然信受奉行唯一的解讀，我在一切諸眾生的佛首無上之處，我在世間成唯一的永恆，我不必是世人的唯一，我在所有生命的肉身裡，成他密的存在，我在所有眾生最深的悲苦裡，成他唯一的智慧，我所存在的一切，我的每一個動作，都將成所有生命必然自主的自性光明。

諸佛不思議，即身永恆永世之不二肉身，當下即是。
諸佛不可說，密世界密正法密眾生密一念即身密肉身。
諸佛自性海，密中密密身空性空行密一切密肉身如來。

我的身就是所有生命唯一的密身，我不在諸佛的名號，我不在無量世代救世主裡的存在，我是所有身口意本身的最後一念，在那樣子的存在裡面，令所有的存在得他永世的存有，讓所有的擁有在本身的擁有裡，就是他自己本身的覺受，所有的承受都是我的密身，所有的粉碎都是生命本身的密義，所有的心念都是密覺受無上的佛智。

最後一念，誰成我救世的最後法緣？
最後一身，誰是我即身等身密世界的佛身？
最後的等身，誰是我救苦救難無所不救的密等身的佛身？

我存在的功德，以不可思議的本來面目讓所有的存在，奉行在他世間尊重的世代傳承裡面，在世間尊重生命的一切事業裡，無上廣三成就的正法，都必然成為所有生命他大威德力本身佛性的密身，每一個眾生的肉身都是他自己適情適性的解因解碼。在不可說的大道當中，所有最自然的狀態、所有他存在的道場都能夠回應他本身身口意的密義，恢復他無上生命的共願，共行在他生活當中的自性，在所有的顯相當下，都是為了成就他的密義，當所有的能量場在他對應對待苦難的當中都能夠不承受的時候，他本身的廣三就是其存在的重大功德，密不可說之處，廣密天下當下佛身即身，密義了義，佛身如來，密佛性法性，密一切情境識性，共自主一切，廣虛空莊嚴即身佛身密身遍一切處密示現。

廣無量正法一肉身一眾生一切如一佛密身，廣法流法身終極萬有密一切身，廣即身密解因解碼本尊身世尊行，廣三正法廣密天下廣行當下，廣莊嚴實相，無量密終極圓收皈依境，主身密世界，密佛身密法身密肉身密空性自性身。

密身的身口意本身，就是唯一以願力共行在世間一切的狀態下，密肉身他在共主的世代，才能無上無盡的顯相，他的無窮之功德並不是一次全部反應出來，他相應在肉身的每一個因果當中，當肉身無量劫的因果在他那一世的肉身裡面反應當下的覺受，就是給一個世間尊重的空間，對應這個肉身的自主性，你怎麼樣用這個肉身？你的靈魂體、你的如來性怎麼去在記憶當中對應在人世間的觸動，形成你本身在那一個世代每一個身口意的顯相的對待？所以在那個尊重裡面，你的密身他在你自己不成熟的時候不會做任何的顯相，但密身還是存在，密身的存在不在於自己慣性的任何次第的理解，當你的覺受到慣性有一定解除的時候，你會意會到自己本身的真正的存在狀態。

所以**覺性的本身就是密身的光明，密身是如來本身在無形世界真正的重大存在**，他是等同肉身，又等同如來的真正密不可思議的存在世界，這個世界就是真正進入正法的門檻，他不只是在諸佛的世界、在無量存在的世界、在無盡原點的世界、在無盡終極的世界、在無盡苦難的世界，他本身不在任何無量世界、任何無量世代、任何無窮盡的存在裡面，他也不在所有諸佛的本願功德裡面，但是，他都是全面性存在的，護持著，而不顯相。

終極原點密如來本體身，本體原點實相終極佛身密，法界法流空性原點密如來，法界結界一切密義密身佛，本體虛空原點無極宇宙密，密身虛空原點諸佛本體智，本體無關主佛身第一義。

但是，這一次的正法會開出完全是密身、密佛身、密功德身、密主無上身就是在你本身的肉身裡面，形成一個具體的狀態，密宗的本尊本身就是類似密佛身、密肉身佛身的一種解讀，所以密的狀況就是你覺你的諸有情，本身就是密覺受的即身佛密身。

覺之不預設，即身密功德力，即身密行天地眾生之生命宗旨。

覺之不可說，密佛身即身不思議，佛密身一切諸有情，善逝寶生。

密佛身就是你自己本身的肉身在即身成佛的重大意願的當下，你自己本身的肉身在一切身口意相應的行法裡面，已經建立了某種程度的相應而不承受於一切世間苦難時，你自己本身的功德會有一種不承受的覺受，那就是你自己本身確認諸佛世界的存在。在覺性的功德裡面，你確認內在的佛性，是真正真實性的存在。在這個狀態下，當你的基礎有機會即身成佛的時候，你密覺到你有一個事實就是有一個等同肉身的等身，他就是你的密佛身，這個肉身就是佛身，他本身的作用就跟你的肉身一樣的真實存在著，他不是一個無形世界的佛，也不是一個諸佛世界的佛，他是你肉身本身真正等同實質存在的密的佛身。

一身一切身口意，即身功德即身密，密覺即身寂滅淨，諸佛世界一密身，密身密佛密世界，密行密法密空行，佛之本願佛身共主，佛逆密終極無上義，佛身佛法佛示現，佛密世尊中道肉身佛。

這個密佛身的無上加持，他不會只是你佛首上的那一尊佛像，不是，他是你本身所有存在的狀況。這個密佛身他會到什麼程度？你每一個細胞都是一個佛身，你每一個心念都是一個佛念，你每一個動作都是密佛在你肉身非常清楚具體的運作，你肉身每一世的一切存在都是你佛身真正密正法的運行，這是一個空前狀態的確認，他就是要讓所有的重大的願力都一定要在世間形成。所以不管怎樣，只要對正法、對主、對當來下生是盟定確定的，一切都願意放下，不管你願意放多少，只要你在正法啟動的那一個時空的時間點裡面，你的肉身願意用一生的時間去對應，你都能走上一個密覺醒的狀態，而顯相真正的密肉身。

密覺一切身一切義，佛身廣無量，廣一切密生命形式。

一念一細胞，一原點一終極一密佛身，一密念無量佛身。

佛念無生無上密，諸相佛相不往外自寶生，念念觀自在。

這個肉身的密，就是完全確認佛身就是唯一的肉身，密佛身就是密肉身，密一切佛在密一切肉身裡面行密覺醒的密正法，密無上功德力的存在，在確認授記這一世所有的共願，在他這個系統本身的功德力裡面的願力能夠成就無上正等正覺，不管這個肉身他的存在過去是怎麼樣的功過，只要在他自己覺受的意願裡面，是共願是夥伴，當他願意以一生的存在條件做為唯一恢復生命的無上的即身成佛的方向，他就會逐步的走上密佛身的功德。密的這個肉身的一切，都可以即身在他密的佛力量善逝他所有運作當下——在有做到的或還沒有完全做到的，都不是問題的情況下——密佛的力量直接以大威德力的正行，直接解碼、解除、解願、解無量劫之眷屬眾生，甚至願意加碼去渡化無量可能性的因果能量磁場、功過跟承載，密佛不再只是一個供養的狀態，而是以密佛正法的能量場直接就圓成。

共佛共生生不息共無上身，佛共身共虛空密諸佛共自主，佛身密之本義，如來示現入諸國土，如來無生無念，法流即身法供養，不生不滅，共自性逆密有關無關，共圓成空性萬有

即身密佛身。

這能量場本身就直接用一切的磁場在肉身的即身處，直接輪動轉化，不管他本身的肉身還有多少清不清楚、多少了不了解、多少了不了義，是不是在第一個動作解碼第一個當下，是不是馬上能夠進入可能的對待或相應裡面，不管這個對應裡面所納入的眾生的無量苦難，他肉身的磁場有多少的轉識成智，或者能容納多少，或了義多少，能夠入空性多少，都不是問題的情況下，他的密佛本身的功德力，在他肉身即身成佛的本願裡面，直接對應輪動出他本身密加行的正法，灌注在他的即身肉身，這不只是一個即身成佛的事實，更是讓他自己的肉身成為與整個密世界、密諸佛重大存在等同等身存在的方向，去做重大的運行。

一肉身一身一行為，應一切功德力，應一切密諸佛加持力，應一切佛成密藏，應之本願不可思議，應之佛身密成就一切法流，應即身輪脈能量圓成肉身遍一切處，應之當下，諸佛示現，應之空行，密法寶生，應之不二，淨土虛空，應於即身，應佛密身，應肉身佛密身圓滿。

諸佛世界之後，全部都是密的，諸佛世界是所有對無量眾生開放的世界，是世尊當初開出來的諸佛的世界，所有顯相顯宗淨土的世界，都是開放出來的無量宇宙道場的世界。宇宙非宇宙，虛空非虛空，所有這背後的存在裡面，更重大的狀況就是顯相諸佛背後真正的密世界。諸佛之後存在的實相，密的世界存在更深的唯一存在就是正法，其本身供養著、護持著生生世世共主唯一的正法救世主，也同時在某一個關鍵的空前重大示現裡面，在無量眾生的宿願下，以密正法密無上莊嚴的密成就，直接在這個肉身的即身之處，密無上加行。

虛空空密法空性，空密法身密諸佛，密空密行第一義，空性法流法宇宙，法性肉身共本願，本願共主共天下，密解虛空如來藏，空解如來密佛身，無量眾生即身密，密主世界正法密，密身佛法虛空藏，實相佛身密如來。

所以，密肉身，密如來身，密功德力，無量劫於此世當下的即身肉身，就是密正法身、密無上功德身、密佛身、密肉身於密生活的等同等持的密生命的密主正法、密主身、密肉身、密佛身，佛身之密，肉身之密佛身也。

密肉身他密的功德力是在於他本身不論肉身恢復到多少層次，他都駐紮在肉身的具體存在裡面，他駐紮在肉身的每一個當下、每一個反應、每一個恢復、每一個沉淪。他不論肉身本身的功過，因為肉身的動作一定有其無量劫來必須去面對對應所被牽動照見的苦難跟慣性，但是，在那個當下，那個本身就是密肉身存在的狀態。密肉身的意思就是佛身本身的密，他的存在功德實相已經駐紮親臨在肉身，紮紮實實地完全等同肉身的存在，絲毫沒有任何差別，甚至必要的時候會超越那個狀態，那個時候，你肉身清不清楚都不重要，為了主的親臨，密肉身直接剝開你的慣性，那個動作本身就是密肉身，他剝開你的慣性，直接跟主的一切結合在一起，以彼此的願力，與主正法的內容、能量、磁場、起一切作用，他就是要世界改變。

莊嚴主密佛身，莊嚴主功德力無生一念，莊嚴終極主即身即宇宙無量本義，莊嚴輪動空性共果無上回歸，莊嚴密身密第一義本來面目，莊嚴諸國土世尊男女中道不二，莊嚴出世入世正法密肉身不可思議。

這個密肉身就是正法在世界、在那個世代去確保所有的力量一定要成佛圓滿的一個重大力量，根本最大的力量之一。在合理的範圍、安全的範圍，這個肉身本身如果能夠運作在某一種覺性，以某一種覺性去轉識成智，運作在自己本身的渡化，讓自己的轉化足以去渡化他自己的眷屬、他自己皈依境上各種不同眷屬的功過，或眷屬對應要引渡的眾生，甚至眷屬在皈依上的不穩定，密肉身本身在他肉身的密功德力上都能夠協助他，甚至直接幫他搞定，讓所有的震盪在主皈依境裡面，都得到一定的皈依的狀態與全面性的穩定，安住不動如山。

當下的肉身，非肉身的當下，即身的示現，不可思議肉身不二的密行，善逝一切即身妙法無量，寶生即身密空行正法。

當下的肉身，非肉身的當下，即身的示現，即身不二陰陽，佛密無極雙修，佛身佛密佛法佛說佛莊嚴。

當下的肉身，非肉身的當下，即身的示現，世尊生命食衣住行，空行志業大成大用大我大成就。

所以，肉身他的密是在於，他不是一個佛的境界而已，是諸佛的一切境界都會在這個密佛於肉身裡面完全顯相出來，是你能夠覺多少的問題而已，他在一定的尊重裡面，如果這個肉身自己能夠在他的功德力上運作到某一個程度，密的肉身裡面佛的如來力量不一定要顯相出來，他只是一個協助。但是，當一個成就者他在即身成佛的運作中，以他覺的功德引渡他解除了功德力的眷屬跟眾生的時候，他同時還有能量去覺受他的密肉身，那真的是功德無量，有些肉身他的功德力夠，他自己在肉身的狀態裡面，他的覺能夠確認他自己的密覺醒的所謂的那個佛身的力量，他的肉身就是唯一的佛身，這個存在是不可思議的無邊無量。

佛之力，顯相諸相，共一等身，無量無分別，共一宇宙密佛身，逆密示現，萬有共世代一主密身，共畏因當下自性義，佛真義真實真了義，佛之願，佛解脱無上輪動，法密非生非滅，密法意志，本質本生本如來。

所以，當密佛在這個肉身裡面的功德，他在做一個觀照的當下，當整個世代成熟或必要的時候，不管這個肉身做到多少程度，為了確保整個授記正法在苦難世界終極圓成的事實，為唯一正法親臨苦難世代的圓滿的時候，密正法的密佛在這個肉身裡面他會彰顯出來，當還有時間的時候，他會尊重，讓這個肉身去運作。當整個世代成熟之時，尊重或非尊重都是等同最大的尊重，就是密肉身密佛的存有駐紮在這個肉身會全面性顯相，完全結合在這個肉身一切的行為裡面，他的慣性身也是密佛身，非慣性身也是密佛身，他存在的所謂如來身本身更是密佛身等同的存在。

觀身一切自性義，覺身一切自了義，不二肉身觀終極本來面目，萬有即身密廣無量諸佛本身，觀無上即身密肉身觀自在，密世尊身無分別生生不息空性究竟，密身自性第一義，莊嚴無畏生死即身密成就。

密佛身他可以反應無邊無量世界中佛的功德力，也可以反應無邊無量世界苦難眾生的業力，那麼，這裡面怎麼樣無量的解碼，密佛身也都非常清楚，而且有絕對的實力，都不是問題。所以這個密如來的密佛身在密肉身的整個運作是空前的，這個密佛身就是直接空性灌在肉身裡面，成等同肉身存在的一個佛，無上正等正覺，無上正等正覺是什麼意思？這個密的佛的存在能量，在你的覺或非覺或未覺的部份，他都百分之百等同存在他整個的設計佈局跟操盤。

但這個地方不是你肉身的意識要或不要的問題，是整個正法世代全面性善護主之正法顯相的門檻，就是在日常生活中，每一個生命存在的狀況，不管他的功德在肉身是多少，肉身當下密佛身等同密肉身的存在的一切，都已經確定在當下即身之處，確定即身之處的肉身就是密佛等同肉身的存在，密佛身肉身即正法於日常生活中的圓滿。

佛之無念，無說，無身，無一切處，佛一念非念，佛密行身行空行義，佛世代世人無我無德無住無一切處，佛等身密一切生命當下即身共如來。

我們對萬有任何形式的生命存在，都必須把他當做是等身的重要性。

密法身的重點是在那個「法」，一切的互動在相對的世界都要能夠是一種方法，法本身是一切的顯相。任何的方法在於，當一切的眾生在無量的苦難、在無量的世界，要進行某一種反應、面對、與質變的時候，他要改變他自己或他要革命他自己的時候，他一定要有方法，在相對性的世界所延伸出去無量相對性的狀態，他本身都是一種相對，相對就會運作出一種方法，那方法本身就是你要找到一個法。

方法不在方法，不往外找方法，方法自己自有方法，不做相對之法，一切法無法可得，自生萬法，有法非法，無我自有法。

無量法，無所不思議，變革本質無上義，一切相，不往外法自在，無一法可得，無方法而法自觀，法自在，法自覺，法自密，法自行，法自無，量於無量之妙法，覺於無量之覺法，觀於無量之觀法，世界本法，無量生法，如來密不思議無上法。

但是，最大的苦難就是因為我們都會落入那個方法，然後用那個方法所累積的那個形式，形成一種所謂的意識型態的法，以此法去理解所有的存在狀態，本來要解決問題的方法變成所有關鍵的問題都綁死在那個方法本身。所以，方法在於必須更要有重要的質變方法本身的非方法的法。

不要在方法中累積所有的識性，人類的法在於因以識性運作方法，而在方法中失去自己，自己本身的存在，不是為了增加身外之法，而是在於寂滅往外延伸之法，寂滅一切識性慣性之法，本無法可得，即身清淨，唯一正法，空性當下，當下空性，即身空性，空性即身。

法之即身，寂滅一切身之一切法，寂淨無量生生世世一切生死不二之法，法即身當下入一切輪脈之空行密法，法緣起非生非滅，即身供養即身不可思議，身口意緣起即身無量生活生命不二之法，即身即法，本質本法，妙法正法，佛成即身，即身正法。

為什麼叫「密法身」？因為在任何的方法裡面，他有一切的等身或不等身，不等身就是說，有很多的生命形式他那一個生命的身體、狀態，本身都代表著各種不同的狀態。那個生命形式的身體，包括人類的肉身在裡面，都是一種尋求解苦的方法，他變現那樣子的生命形式，就是他本身解苦的方法，所以在那個生命裡面，就單一那個生命形式的形體，就是他存在解決苦難的方法，他不只是解決苦難的方法，在那個方法裡面，有一個無量法存在，一個方法在那個他變現的生命形式就有無量的法。

無法可得，法當下非法無量，一切生命一切法，生命之形式，等身一切等同等持因果之共解碼，生命之愛，本質相應，如來觀之，法身如來，如來即身，即身具足一切萬法，有形無形，無量即身，即身無量。

因為在一個生命形式的一生當中，每一種生命形式都有他那一世的生命形式所要進行的生老病死，在他的時空、他的架構、他要對應的那個狀態與苦難中所要磨合的、到達的那個狀態，都是無壽者相，你沒有辦法預設他的時間空間，在他一生當中的時間點裡面，在他有生歲月的形式裡面，他本身要反應的，有各種不同層次的苦難。一個生命體，他每一個方向、每一個運作，都是一種方法本身的形式，每一種形式就是一種方法，他在遞增或遞減他本身的一個不圓滿的一種磨合。

任何的時空，一切的結界，都是方法本身的存在，時間是法，空間是法，一切界別是法，一切次第是法，一切層次是法，苦難是法，所有形式亦是法，法本非法，法本空性，法本自性之示現，法外無法，無一法可得，無眾生可渡，無諸佛可解，自性本萬法，空性如來法。

一形式無量壽者相，一妙法一切因果解因解碼不可思議，一法無量時空無量形式，密法身一切身，如來密藏，即身輪脈，生生不息，即身法身，法身本尊，妙法一切佛身佛成，一肉身無量身，妙法如來無窮盡，妙覺空性密法，無上正等正覺。

所以，我們對萬有的存在，任何形式的生命存在裡面，我們都必須把他當做是等身的重要性，等身是什麼？我們要有等同的接納、等同的正視。我們人類的肉身在這一次空前的存在裡面，能夠在飲食中納進萬物。所以，人類的肉身本身就是一個宗教，**人類的肉身本身就是一個重大的道場**，人類的肉身能夠成就一個如來體。所以，為什麼人類在飲食當中納進了萬物，等同納進了萬法。換句話說，當萬物因飲食被人類納進，就是萬法歸宗在人類的肉身裡面。所以，萬物的各種不同形式，在找他的方法運作的那整個因果的妙法，我們納進來，我們用等同等持的心意無分別的心，納進一切萬物生命形式的生死，納進來的飲食裡面，去供養我們這個即身肉身的法供養，萬物有他的萬法，形成他解苦的狀態，其中的根本法、最後的狀態就是成為納入我們肉身裡面的飲食，供養我們的即身肉身，所以，在那一刻，我們人類的肉身就是他們最後的覺醒的道場，那叫萬教歸宗，萬法歸本法。

無量生老病死，等同一切密法身入人類即身生活生命之恆常存有。

無量飲食男女，當下等持一切因果，等同一切密法身即身生活道場，法供養即身萬法，法法回歸生命生活，陰陽雙修，太極如來。

萬有宗教，教於宗旨，相應如來一切法身法教，萬有空性，萬教歸法性法身法如來。

所以，人類的肉身所存在一切生活上的法，等同於任何眾生、任何生命形式一切法本身所存在最後供養的肉身，所以，就萬物來講，人類的肉身就是他最後方法全部解除掉的皈依境的法身。當人類納進一切萬物的時候，萬物本身的次第、層次、他的覺性的一切密因密碼、一切苦難，在那個形式的所有方法，在被人類吃進來的那一刻，全部終結掉，收圓萬法，也收圓他一切生命的苦難形式，成為供養人類肉身的一個重大覺悟，每一天面對自己本身，為自己打造解脫法船唯一的正法。所以，**人類的肉身等同於一切生命的納入的法身**，因為萬法全部解除掉。

萬物次第無量不可說，萬有層次無窮覺有情。

眾生無生一切生，眾人無我一切我，眾相無相無我相。

時空收圓萬法無法，虛空圓收妙法非法。

法一切身法，有形無上法，無形善逝法，如來正法，解脫妙法。

所以人類本身在接受所有眾生，納入的那一刻，人類要怎麼樣面對他自己？成就他自己的如來身，成就他自己的法性身，成就他自己的密覺的如來身，那個法身是什麼？人類有無量的方法，人類為了尋求各種方法，有不同的往外的部份，人類為了掠奪天地，人類有一切不可思議的方法，那個都是外在之法。但是，一些覺悟的大智慧的人來到這個苦難的世界，他在引領著人類不要再做一個相對性的粗暴掠奪者時，人類又有另外一種法，就是覺悟的法、修行的法、面對自己的法、不往外的法，沉澱一切對萬物相對掠奪的一切解除的妙法。從即身處，當一切相對性的法解除之後，還會有一種更深的法就是即身之法，所有的一切世間尊重，在即身的身口意裡面，對一切存在的當下不再有任何相對性的動作。在人自身的存在接納了一切萬物天地一切無邊無量萬法供養的當下，人類以自身這一生最深的成就，最深的供養、最深的禮敬、最深的莊嚴，成為他日常生活的戒定慧，也就是他的身口意把他裡面所有的負面能量全部解除掉，所有不圓滿全部解除掉。

當下無量教法，還原即身無住之修法，無一法可得，天地無一相對之陰陽可得。

即身萬有萬物，無不是無上世間尊重之等身之即身法身示現。

不在於生命如何之身形，而在於根本究竟即身法身佛身之相應生活世間尊重之等身。

莊嚴之妙，清淨之身，無論生命何身，只論天地萬物萬有唯一等身，即身密法身法性如來妙示現無量生命身。

於當世萬有萬物萬教萬法，開萬世世間尊重之平心平身平常平凡等同等持之太平無量等身。

這一切的方法都是無法可得的妙法，他已經沒有任何的方法，他只有放下一切相對性的法，無法可得的法，這個法來成就他這個即身成佛的肉身，就是法身。法身有兩個層次，一個是肉身的法身，一個是密身、密佛身的法身，而密佛本身是一種密法身，密佛對肉身有等同無盡妙覺的萬法，他那個萬法不是我們肉身把萬物納進來讓人類去終結掉所有生命形式的萬法，是如來他完全像百分之百的一個等同肉身的密身，他完全的紮實的存在在我們肉身的每一個經絡裡面，完完全全在那一個密藏的肉身的等同裡面，在肉身運作在世間一切相應的狀態裡面，不斷地覺受、打破肉身裡面經絡的結界，釋放每一個輪脈的密碼和能量，來轉化當世肉身所納入的無邊無量眾生生命形式苦難的任何方法，將納進來之後所累積的那一種能量場，變成供養他肉身成佛的功德力。

身之密，身之一切即身經絡，密萬法之覺受，密萬有之納入，密法身法報化不二如一之密法流，入肉身身口意，密行密解密無量層次密即身成就。

一密身，密法身等身無量生生世世，如來密義，密佛密藏，等身無量法身蓮花身。

身之義，第一義密身，法性法自性，法流自性海，實相萬法身，主密功德身，無量虛空密法身，法身法流法無量，密正法法供養，法性法身法皈依，法身法界法結界，功德萬法即身本身，諸佛自性身，無量功德如一等身。

這個過程，你的密肉身、你的密如來、你的密本尊會有無量的萬法，從佛的等同性流露出自性之法的大威德力，貫穿你肉身每一個經絡，解除你納進來的所有眾生的生死供養的一切負面能量、不自主能量，全部轉識成智，把所有辛苦的能量納入肉身之後，供養密肉身顯相在你自己肉身的狀態，而肉身逐步的在納入一切生命輪迴的一切苦難的方法與生命形式的同時，也讓這個密肉身、密本尊、密如來他用覺自性的萬法、妙法、了義法、空性法、無上法、結界法、皈依境一切的不可思議法的對應，解除、轉化、通透所有納進來的不自主的苦難的能量，而在轉化的過程中，也讓所有的肉身的每一個結界的密碼，全部解因解碼。

密肉身當下皈依無上眾生，一肉身一法身，不可說，自性密即身成就。

密法身，能量無量，密本心世尊，萬法自性覺受，妙法萬有自主能量。

密世界，法性法身法無上法結界，皈依境如來萬法妙自身。

在那個過程，就是法身本身的能量場，肉身接納了無邊無量生命形式、苦難形式所尋求的解脫方法，當這些生命形式用他的方法尋求到最後的歸宿就是供養，以他生命的形式跟層次，終結他那樣面對沒有覺性的苦難的方法。終結掉而成為納入人類肉身的飲食的一個法供養，在這樣的狀況下，等同於讓肉身也恢復其即身密本尊、密佛身的實相妙法等同等持地運作在一切轉識成智的一個重大的結界之能量的開展。

佛身當下，即身肉身，當世一切行無量，當世世代無量生命形式，等身一佛身。

密世界世代文明不可說，世界之密，圓一切密如來密法身無量密法，圓無量淨土於一法身之無上結界。

所以，法身就是不二之肉身，他的密佛身佈局在肉身的每一個經絡輪脈裡面，他如實的、實相的、不思議的覺一切肉身的存在無量劫的對應與對待，全面性的轉識成智，肉身反應無量劫的一切不圓滿，密身就以他無量的妙法來引動並解除他無量劫的苦難，解除無量苦難的同時，也讓肉身覺受、體察、恢復整個自性法流的能量場，充滿在整個肉身的身口意，所以，密佛身的法流就變成肉身妙法的如來身。

肉身之尊貴，以肉身成佛，佈局成佛肉身之一生流程。

肉身無量經絡，不二不思議，不思議自不二。

無量劫一身清淨如來佛身，肉身不可說，法身自妙用。

肉身反應一切因果，知苦一切苦難，照見一切慣性。

無量劫一當下，無量時空一動作，即身覺受，密覺法流，寂滅功德，即身成就。

法報化廣三如一身，如來密身佛身，成就無上，萬法肉身，即身無量劫一切輪脈經絡法流，密如來等身。

法身法自性海，法身即身靈魂一切報身，即身肉身一切經絡，不可思議之密佈局。

法身密入一切時空一切生命之形式，一切身一無量劫引動無動之妙法，即身存有密佛身密妙法，即身密佈局肉身一切經絡之轉識成智，密佛密法密身密世界無量如來第一義，法身密入諸眾生，密行一切即身覺受，解無量劫無量因果，無量圓收皈依境。

所以，密法身、密佛身、密肉身，三位一體，廣密三身，密肉身、密佛身、密法身無上正等正覺，三位一體成自身存在肉身的不可思議的功德身。而此功德身因為廣納天下一切苦難，當世一切苦難廣納之，當世無量磁場廣納之，自身無量劫苦難廣納之，自身無量劫所對應於一切無量世代的當世之一切苦難身也全部納進來，叫密實相廣三身，密肉身、密佛身、密法身，空性無上正等正覺終極正法身之功德力，於此世之肉身。

無量劫無量世代，廣密法身密佛身密肉身，不可思議三位一體。

廣密三身，無上等身，無量劫密功德密身。

恆河沙數一切生命，法流密身，空性佛身，功德自性身。

本體本法本位本尊本佛果，實相密藏密世界，實相莊嚴身，主密終極一切功德身。

當世當代當下當時空之當虛空，即身密無量劫，密廣無量密身，密實相終極正法皈依主密正法身。

此正法之密，此實相妙法之正，此諸佛如來於當下此一即身之肉身，一切萬法歸宗於即身成佛之本身。我之肉身，即我之如來法身，所有我之肉身一生當下所運作出去於日常生活中一切處的一切生活之對應，都是我法身的存在，我肉身的行動就是我法身的運作，就是我密因的密解密行，一切法都在我一念之間，無量法都在我的身口意之間，我的身無量的身法，我的口無量的說法，我的意念無量的佛念、無量的佛法，在一切身口意，廣密身口意的一切修法，都是我肉身的正法，所以，我的肉身就是我的妙法之身、正法之身、一切法之身、眾生無量法之身、無量劫來一切圓成正法之身。法即身密法，法即是功德法，法非法，法無法可得，即身之處，我肉身就是我的無上正等正覺的妙法身、密肉身、密佛身。

實相萬法密皈依，實相萬教密皈依，實相萬有密皈依，實相法身密皈依。

萬教萬法萬修行，萬世萬代萬文明，無量等身一法身，無量密身一淨土，無量佛身一密藏，無量即身一如來。

實相如一，如一實相，佛無量密正法即身，實相莊嚴佛淨土。

佛身終極，終極法流，無上密主實相生命原點。

實相終極莊嚴，主密法身密佛身密淨土身密無量宇宙身密虛空空性身。

主即身實相功德法海，主圓實相莊嚴主。

開眼與開悟

逐步在內部產生一個自己全身經絡所有內在密藏的奧義圖騰。

什麼是眼睛？眼睛是眼睛，眼睛不必是眼睛，眼睛是看外面的世界，但人類最大的困難是沒辦法看自己內在的世界，眼睛本身不只是看，更能夠觀，甚至觀無所觀，眼睛本身是所有開悟的一個視窗。

眼觀無觀之妙有，眼觀無上之妙法，眼觀寶生之善逝，眼觀本覺之中道，眼觀肉身之佛成，眼觀示現之輪動，眼觀諸佛之奧義，眼觀密法之本尊，眼觀空性之如來，眼觀廣三之傳承，眼觀皈依之主位，眼觀壇城之結界，眼觀淨土之實相，眼觀終極之原點，眼觀共主之圓滿。

我們要即身成佛的重點是在於，開悟，它是心法，心法不是在心輪而已，而是在每一個部位。你每一個部位都能夠開啟的當下，那麼它本身就是一種眼睛，每一個輪脈在你的中脈裡面、左右脈、或身體的每一個經絡、每一個穴道、或每一個臨界點裡面，每一個輪脈或經絡與經絡之間的那個交叉點本身就是一種眼睛，所以當你開輪脈的核心點的時候，它就會開始通往你過往在這個輪脈裡面結界著的非常重要的因果，這個因果本身會接通，如果他能夠對這個因果畏因的時候，重點是在於他會彰顯那個能量場，在你如來允許承諾的情況下，逐步的把在那個輪脈的眼睛打開。

開終極無上正眼正法，開世代萬教歸宗，開不可思議寶生，開自性法流不二，開空性如來本義，開虛空密藏妙法，開無窮無量磁場，開實相共主皈依。

眼睛打開的意思就是會通你的因果，一種是你自身的因果隱藏在那個輪脈裡的結界，當打通時，那叫做開眼，也可以叫開悟，是那個輪脈本身的開悟，但是當這個輪脈開悟的當下，其作用是什麼？大部份的人在這個地方還是會用他的意識型態去理解，那是如來允許的，也是你這一生必要的修行或生命的「修非修，行非行」的一個重大關鍵。

修於非修之行，行於非行之修，行修行之行，修修行之修，修非修，行非行，修行非修行，修行即修行，修行密修行，修行法修行，修行空修行，修行無上，佛首佛智，空行密行。

開悟不是一個表象的心法，開悟的功德如果到了就是——你開悟到哪裡，肉身就轉識成智到哪裡，那個輪脈裡的結界打開的時候，就會讓你面對識性的問題、因果的問題，但是如果說今天打開的時候，要面對的有二個層次，一個是你沒有圓滿的部份，如來引領那個磁場來對應，然後你可能會有承受相，就是說，在那個輪脈與週遭會有痛的感覺，或是各種不舒服的症狀與現象，那就是一種轉換、一種震盪，摧毀那個輪脈裡面過往所累積的比較屬於相對性的識性能量。

輪脈的結界，打破無量次第的設限，輪脈的結界，深化所有分別的預設，輪脈的結界，引動無上法流的流動，輪脈的結界，恢復生命生活的自主。

這些過程都是重要的「開」的過程，他那個過程的不舒服就是在打通的過程，就像我們在打地基一樣，但是人類不熟悉，大部份的人是沒有機會面對這種經驗的。另外就是在你打開的過程當下，你自己本身要能夠安住不思議，不用不安恐懼去理解，不用更大的識性去延伸，安住之後，你自己本身的轉換過程裡面，你要能夠畏因，畏因就是說，你不要害怕那個結果，在轉換的那個狀況，他在幫你做調整，也同時結緣所來的各種不同的能量場，當你能安住的時候，逐步的沉澱完成下來的時候，你會有一些了義的內容：原來是為了什麼、你解除了什麼、你改變了什麼、你對應了什麼、你運作了什麼，到畏因的當下，你自己本身能夠了義的時候，就會進入更深的狀態，如果你的功德力夠，你的如來也允許，你就會開始進入解碼的狀態，在解碼的過程，就會有真正通往如來的能量場。

眼中的不可思議，不思議眼中的思議，眼中自不思議一切的思議。

更直接的講，當這個輪脈打開的時候，你自己本身的轉換就會轉換出一種更新的能量，這更新的能量就會釋放出來，在釋放出來的時候，這是一個層次，另外一個層次是，整個因果的狀態解除以後，就會會通內在的如來能量，所以就是說，會通內在如來能量的當下，他這個開眼的經絡本身在對應那個因果磁場，這個磁場的對應同時也會引動內在隱藏的記憶體裡面的因果的磁場互相撞擊，產生一種不可思議的磨合過程，就會產生一種新的能量出來。

那另外一個就是，當這個基礎穩定之後，就要進入真正的會通你內在如來性的因果，這個時候，裡面如來性的法緣、密藏、如來性的狀態的能量場也會出來，這些部份會安住在那個經絡，有部份會遊走在我們的全身，在遊走的過程裡面，會有智慧性的通往某一個法緣上身體某一些經絡跟磁場的方位去運作去操盤。**因果本身就是如來義**，所以在整體上來說，**它就是如來在肉身恢復即身成就的操盤**，只是說他這個開眼就是開悟，同時你本身這個輪脈的心眼打開之後你也會有所了悟，肉身也會質變，這個就是一個基本通往解脫的過程。你要脫掉某一些因果的狀態，同時也給你在不同時空裡面有法緣的磁場的一種對應與共振，因為你與他們有共願、共因果的狀態，在共震盪的當下去供養更深層的共如來的這一個輪脈裡的能量場的內涵與密藏。

緣起世尊變現之戒定慧，圓動逆密修行大無畏，圓滿本心終極無量義，圓密世尊法流自性佛，圓覺本體肉身成就佛。

所以當這個能量運作到往上提昇或往上貫穿的時候，他最後會到哪裡？無上頂見——佛首，不管怎麼樣的通路，你看千手千眼整個圖騰的奧義就是，在不斷的延伸與納入的過程裡面，最大的目的就是佛首無上智的狀態。我們不能夠一直只停留在延伸或納入的相對能量的恢復過程，他在無上的當下裡面統合的就是你的佛首。所以，轉識成智在最後就是心念，就是在頭，而頭上最基本的最完整的最重要的就是我們的眼睛，所以最後的能量場的核心點一定會集中在我們的眉心輪，眉心輪整個打開。所以肉身每一個方位的任何輪脈、主要的輪脈、次要的輪脈、人類還沒有發現的一切的輪脈，最後能量場恢復的過程裡面，能量場部份會留在眉心輪的當下那個區塊，同時它遊走到最後，它終極的目的，會集中在眉心輪，眉心輪一打開就是要通往整個頭，整個頭部的整個轉換，當然有一些輪脈，它直接會對應眉心輪，或直接對應頂輪，這就是它的密藏所在。

在我們頭部裡面，非常重要的關鍵，就是整個開始打通的一個點，所有的經絡都會結界在我們的眉心輪上面，當然有一些人他的頂輪也會對應，但是重要的，對人本身來講，他當下最重要的就是眉心輪的開啟。眉心輪一開啟就會有眼通的狀態，如：陰陽眼、天眼、慧眼、法眼，這是一個恢復的過程，非常的重要。當然這會有各種不同的形式跟次第，所以這個地方就是說那個重點，眼通恢復的重點不在於你看到什麼，而是有些人看得到，有些人看不到，有些會看到不同的狀態，重點是若你看得到，你也要了解這裡面的作用義，你看到了，但你要改變什麼呢？不能說看到了卻仍不知自己要改變些什麼。

佛眼佛功德，佛眼佛密藏，佛眼佛自性，佛眼第一義，佛眼法報化，佛眼不思議，佛眼觀自在，佛眼正法行，佛眼密本尊，佛眼諸國土，佛眼皈依境，佛眼共自主。

所以，眼通並不等同有智慧，那麼，有些人是看不到的，但看不到的人他本身的直覺性就會很高，他馬上會了解為什麼、或不為什麼、要為什麼、自問什麼，所以，有些人不需要透過太多的相就能夠了解當中的作用義而能夠自了義，所以說，這當中有各種不同的次第，有些人看得到一部份，另一部份看不到，這是非常多層次的，但是這些都還是表象，重點是在於說，你本身就能夠在你眼睛恢復的過程裡面，逐步的從你的眉心輪裡面能夠觀照到諸相，這個時候重點是在於說，你本身能夠完全在眼睛恢復的過程裡面同時也觀照無量劫無量身的過程與裡面的因果、裡面的解脫、裡面的轉換是什麼，那個才是最重要的。

了義之心，眼通之慧，通眼之智，中道妙行，無上本心，法眼法流，妙法一心，一演無量。

今天最主要操盤的是什麼？不是操盤別人，不是操盤一個外在的江山，有時候，最高的層次是不經過外在的任何過程而能夠直接了義、了然、了根本、了成就，直接就是會通你的如來在你的佛眼佛智上，然後觀照自己無量劫來有哪些的分別，在生生世世的對應裡面，自己的記憶體或外來的磁場對應裡面，這整個共振裡面任何的相對性，你都能夠觀出來並解除掉。但是在解除的過程裡面，能量場在每一個輪脈裡面、每一個共振裡面，它遊走到最後，會到眼睛這一區塊，因本身的功德力，那個力道會到眼睛這一區塊，因為，不管是刻意或非刻意集中到眼睛這一塊，它在流經眼睛的過程裡面，眼睛就會產生一個共振的轉換，所以在轉換的時候，它會產生一個能量場的狀態，這個能量場就是到眉心輪這個方向讓我們去觀，這個觀的過程裡面，同時打通我們眼睛裡面的限制，我們眼睛當中的眉心輪跟每一個經絡裡面的那一種共震盪的，輪脈和輪脈之間還是會有共同的共願跟共同要圓滿的地方，共同的因果、共同的佈局、共同的密碼。

然而在統合的當下，最重要的就是眉心輪，它自己本身所會通出來的每一個輪脈，當能量到它這邊的時候它會接通，所以當你閉上眼睛的時候，不往外看的時候，就會產生一種內光明、內磁場、內覺受、內清楚、內了義，就是你肉身裡面的輪脈，當你不斷地在洗刷因果狀態跟覆蓋的過程裡面，很多的經絡本身逐步的在恢復的過程裡面，經絡的本身是會發出一種放光的狀態，這個放光的狀態裡面，你本身的內光明會在你的連結裡面，你自己的眼睛在沒有任何外在干擾的情況之下，再加上你經絡跟輪脈的恢復狀態、放光狀態越來越清楚，然後這個連線的所有線路都集中在眉心輪的時候，它會在你一種深刻的寂靜的寧靜當中，逐步在內部產生一個自己全身經絡所有內在密藏的奧義圖騰，清清楚楚。

一輪脈無量眾生無量開眼。

開眼當下，開悟時空，時空本然，虛空盡處，密眼密藏。

密藏輪脈，即身輪動，佛眼輪脈，放光法流。

法流妙行，輪動輪脈，心眼開眼，萬有眾生，萬靈歸宗。

然後，當你自己本身也不用閉著眼睛的時候，當你的眼睛沒有往外看的問題的時候，你能夠安住在不往外看，眼睛開著，也沒有任何外在諸相干擾的時候，開著眼睛等於閉著眼睛的時候，就算是你張開眼睛，你經絡的圖騰也會等同展現在你眼覺的虛空中整個遊走，經絡的遊走、肉身磁場的轉換過程也會往清楚的方向在眼睛的觀照中自然呈現在你的虛空當下。內外等同的光明，內外等同的清楚，每一個磁場來對應的振動與不舒服或是轉化或怎麼樣，它整個的狀態都會在眉心輪全部展現出來。

磁場之能量，本能之覺受，受用之無窮，了義之無上。

萬靈一念，一念一眼，一眼三千，無量世界。

世界佛眼，心法妙覺，開眼開演，演化轉化。

一念佛首，覺所眼觀，知所空智，密眼密藏。

當到這種境界的時候，你就是內外等同的通透，你的經絡本身就是有一個基本放光的能量場，不是只有經絡，還有輪脈，輪脈本身也放光。經絡遊走的狀態，在經絡已經洗刷到有一個可以初步放光的時候，它就會集中在眉心輪反應出來，當你閉著眼睛的時候，它會有一個內光明的一個覺受出現在你眼睛的內在視覺裡面，那個狀況，當然在初步恢復的過程，有些經絡的路線會越來越清楚，有些經絡的路線還需要一些轉換的過程，你的身覺受會感受得到。

但是在眉心輪的層次一層一層開，就是開眼的過程，但是在轉換的過程裡面，眉心輪這個整個的轉換過程會產生各種不同酸、痛、麻……各種不同的現象，然後你會覺得累，這個累就是轉換的過程，它的連結是金剛種性的狀態，它能夠覺、內觀所有經絡的轉換過程，包括他的狀態，然後這樣眉心輪累的轉換過程一直轉換到舒服之後，它本身就會匯通整個佛首頂輪這方面到整個圓滿的方向。所以眉心輪與頂輪有著絕對的關係，眉心輪等於是把頂輪，包括頂輪以及整體肉身涵攝在它眉心的觀照裡面，觀其無所。

我們肉身的一切重點就是佛說的，在經絡裡面所謂演化的任何轉換的過程當中，眉心的內觀，內觀的光明、內觀的無所、內觀的安住、內觀的一切實相、內觀的終極、內觀的密碼、內觀的因果、內觀的一切不可說，非常的清楚。所以當這個經絡完全佈局的時候，這個經絡本身就是一個宇宙的小宇宙、宇宙的中宇宙，然後你肉身的存在就是一種虛空狀態。

內宇宙之無窮盡之內，內密虛空如來密藏無窮盡之密內，宇宙密，內宇宙之本密，內觀宇宙，宇宙觀內宇宙之無所無上，宇宙密碼，宇宙內觀，內觀宇宙無窮之內密藏。

這種情況之下，你在那樣的大格局裡面，你在轉肉身為無上身、無分別身、中道身的時候，你的眼觀本身就會不斷的繼續恢復，每一個次第的恢復到一個滿的時候，它會供養到頂輪，所以頂輪的開啟與眉心輪有著絕對的關係。當它醱累到一個功德力夠的時候，它會整個由你的眉心輪往上到頂輪佛首的中間這條線上，不斷的不斷的轉換，在轉換的過程中，你還是可以覺受到、觀到的，這叫無上法供養。

一切身之對應，一切眼之相應，眼即觀，即覺，即佛，即本體，即身佛成之觀眼觀照觀自在。

我們身口意的一切，都是在我們本身的內光明裡面，這個內光明本身的轉換就是光照出你眼睛的自觀，內在的自性光明就會展露在我們肉身的即身成就。到最後，當每一個經絡、每一個輪脈都能夠放光，而且他的厚度足以去穿透到我們的五腑六臟，到我們的每一個細胞的時候，那個能量場就初步完成在我們所有肉身的即身成佛裡面。

當然，這是一個廣義的表達，但是這個過程，眉心輪是最最重要的樞鈕，所以在開眼的過程裡面，他每一個經絡的某一些引動轉換的某一種狀態，經過一個導流的能量場，匯通到眉心輪的時候，我們本身也會等同覺受到它震盪的過程。那麼，如果說你有好幾個點共震盪都在眉心輪，這個過程會持續，每一個階段都會持續，那轉化就受到釋放，然而我們也可以用一些外在的方式來讓它放鬆，這是可行的。但是更重要的是我們在這個時候要讓自己的生活是安住的，是寧靜的，是純粹的，在身口意裡面不要有多餘的干擾，這非常的重要，讓它在恢復當中，你能夠了義的覺受。

覺受之義，無受諸相，了義本覺，圓覺性空，空滅無所，覺所空覺，覺義中道，覺行世尊，覺密本尊，覺本定位，覺滅寂靜，覺識空所，空覺實相。

更重要的是說，當這些轉換的過程裡面，你眉心輪所通透的，它本身已經不需要經過什麼眼通，都不需要，就直接進入無上智的狀態，就是每一個輪脈裡面無量劫來的密碼都能覺受，無量劫任何對應的不圓滿都能夠觀照，觀照的時候你就會知道問題出在哪裡，這都會在觀當中產生，當這一個震盪沉澱的時候，在做一個解除的過程裡面，你也能夠觀照到整個的妙用與操盤。

所以，真正的密行是什麼？很多的修行者以為滿天諸神佛去運作所謂人的世界，或運作什麼神蹟，這只是一個表象的過程，最重要的是你即身肉身裡面，**你的如來、你的心輪本身的整個共振當下就是滿天的神佛在裡面**。能量場不斷的在遊走，不斷在幫你佈局你每一個經絡本身的每一個結界點裡面的不圓滿，每一個密藏都能夠恢復，都能夠清楚。當你全身充滿滿身的舍利、滿身的金剛性、滿身的能量場、滿身的如來。這裡面你肉身本身在即身成就的過程當中，每一個可能的密碼、因果、能量場、功德力、願力、狀態、每一個要面對的生死點都全面性的充滿智慧無上的狀態，運作在你肉身的恢復裡面。

生命之眼，生活開演，眼中生命，演化生活，一切有情，當下有義，天地陰陽，佛眼無極，世尊正法，第一空性，空性諸佛，心性眾生，如一不二，自性究竟。

他所有的運作都通往你本身每一個結界、每一個肉身恆河沙數裡面的面對，對應相應出你所有無量劫來的面對，不只是對應你無量劫的生死，甚至對應你無量劫曾經成佛的每一個功德力的恢復，都能夠不思議而自恢復。

無量劫一如來眼，恆河沙數眾生開眼，對應納入相應顯相，佛成功德心念佛首，即身結界，應之生死，應之因果，正法示現，開演如來佛眼密藏。

所以，每一個細胞都是眼睛，這是開眼的過程，這是觀照的過程，是無上密正法在整個肉身的每一個經絡、每一個存在裡面，集中在眉心輪的轉化當下的一個無上妙法。所以，為什麼整個的正法是從觀開始，中道中國最重要的示現就是觀世音，為什麼叫觀自在？你要觀自己本身的不圓滿，你要觀你自己本身肉身每一個細胞、經絡、輪脈裡面無量劫的不圓滿，你不觀，誰觀？觀就是眼睛的意思，但是在我們的肉身就是眉心輪，它整個總結就是在我們眉心輪中間，當然我們在轉換的一切磁場集中到眉心輪的時候，除了安住在那個輪脈當下的部份，它遊走一定會匯通到這邊，因為它會供養無上頂見，這個是一定會走的路線。

在整個人類即身成佛的世間尊重的佛首無上智，它會統合，在你本身越往上遊走的時候，或往下遊走的時候。往下遊走的部份，它本身就是一定要蓮花座產生無染，蓮花座產生無染確定的時候，你的佛首、你的天就是你的頭，你的地就是你的腳，等同無染。所以，你的腳每踏一步都是佛首的法義，你的每一個行走都是你實相的密藏、你的無分別行走在世間，但是重點就在於，你眼睛的觀本身要完全空性，內外的光明的厚度足以行走在世間的一切對待裡面，要不然我們就是很容易往外看。

所以我們要有觀的戒定慧、觀的無所住、觀的無關性、觀的皈依性，我們要觀出去的狀態就是，我們要能夠觀自己的內光明出來，而且是滿身的光明、滿身的日月星辰、滿身的宇宙、滿身的虛空、滿身的妙法、滿身的密藏、滿身的如來、滿身的功德、滿身的願力充滿在我們肉身的每一刻當下，都在我們眉心輪的觀照裡面非常自然地發生，唯一的重點是你必須完完全全安住在你如來引動的各種不同磁場的對應跟對待裡面，在共震盪的當下，你能夠在你生起不安的當下，第一個時間點你能夠了義，一種就是放下，來逐步了義；另一種就是你沒有放下的過程直接了義，那就是沒有相對性，在你的覺裡面沒有相對性，那功德力直接就是光明。

那個即身成佛沒有即身寂滅，連滅的動作都沒有，放，放到最後是滅，滅到最後就是善逝，善逝到最後就是沒有滅的過程，沒有善逝的過程，沒有捨的過程，當下的時空沒有時空的問題，沒有任何時空的問題的時候，你即身就是空性，即身就是光明，內光明湧動到最後，那個內光明就是如來本身的能量場已經逐步的供養到你的肉身裡面，然後你自己本身眼睛開著閉著都能夠如實的覺受整個能量場的遊走與運作，你會了解到其作用義。這就是生生不息的「色不異空，空不異色」，色身之肉身是空性的，眼睛的開啟當下，他通透了他肉身所有存在的每一個經絡與輪脈，生生不息在他日常生活當中的每一個行走中。

這整個就是我們本身要把我們存在肉身的無上觀、無上佛眼恢復。無分別就是佛眼的意思，無分別的次第恢復就是整個眼睛次第恢復的過程，這到最後就是佛眼，佛眼本身就是無上眼，佛眼本身其實是諸佛通往諸佛之後的密世界重大的觀照的一個厚度，佛眼在人類的修為是最後的狀態，但是在面對無盡藏的世界，佛眼是開啟無盡藏的重大厚度的確定。能夠確定可以對於不落入任何相對性的密世界的如來密藏，具備了觀與了義的解讀與還原的初步能力。

佛眼在人類世界已是成佛的圓滿，但是，他是進入真正無邊無量深不可測的諸佛之後密世界的開始，具備了進入這個密世界不可思議密藏的了義的解碼、確認、授記、與納入的實力是確認的。

所以，我們講的眼睛的開悟，主要就是觀沒有任何的問題，觀自在就是開眼的重大功德的啟動，觀到哪裡，眼睛恢復到哪裡，就是指開眼。所以你觀的能力開啟，你眼睛的能量場就會會通你的如來性，你就能夠開演你自己生活自主的正法。

眼中無眼，眼觀無關，眼密當下，眼覺無上，眼心正法，眼念世尊，眼行中道，眼悟無量，眼用無形，眼開示現，眼動無動，眼佛本體，眼本定位，眼法不二，眼義開演，眼藏虛空，眼識非眼，眼主皈依，眼圓終極，眼變淨土。

如來性的經絡會慧通靈魂體和你肉身的經絡，這是一體三位的經絡。

在人類數千年來的修行裡面，最重要的就是即身成佛，成佛的重點是在於肉身難得，肉身的狀態就是他可以反應所有無量劫來無量世代無量身的苦難，在肉身一生當中的生活裡面，你跟人家對應在生活中所被牽動的都是苦難的因或果，因為我們所有的因果都是透過相對性去反應的，這就是地球本身的整個磁場，叫陰陽兩極。所以人類本身也是陰陽對待的兩性關係，重點就在這裡。

在這個對待當中，你即身肉身的難處必須照見出來，在照見當中，你要知道你本身的苦，就是觀自在，在觀當下，你放下慣性的時候，你就會帶動、引動你肉身的清安。清安就是你肉身的狀態，就是說你肉身本身的緣起，肉身會來到這個世界也是一種緣，你啟動的時候，在每一個狀態下，你不斷的觀自在，放下慣性來供養你肉身的密碼，你會覺得你肉身越來越清，承受也會越來越輕，心裡越來越安，越來越法喜。

法流實相法報化，法流能量自性佛，法流因果法自在，法流即身妙空行。
法流輪脈自輪動，法流法義第一義，法流密因密解碼，法流肉身轉法輪。
法流生活萬法行，法流生命自性空，法流生死法供養，法流世尊自性義。
法流男女本陰陽，法流願力功德果，法流世代法一切，法流虛空法宇宙。
法流終極法無上，法流無上法皈依，法流中道法無關，法流結界法自主。
法流正法主法流，法流妙法法莊嚴，法流行法法終極，法流密法法空性。

在這個過程裡面，你自己會覺受無形的能量場來跟你對應，透過如來承諾的引動，納入你即身肉身的每一個對待裡面，當你的慣性放下的時候，當你所有無形、六道輪迴的眾生來跟你結緣的時候，你如何當來下生？當你放下很多在六道裡面的慣性對待的因果的時候，你的肉身就會轉識成智。因為所有的識性都是在因果當中，所以當你的識性不斷的放掉的時候，你自己的經絡就會起重大通暢的狀態，這就會引動真正內在如來的法流，在你自己每一個輪脈當下。每一個輪脈重大的慣性不斷放下的過程，甚至沒有一種轉化的覺受，當你的輪脈清淨到某一個境界的清淨相的時候，就會變成一種氣流，也就是法流。當識性的氣場越來越弱的時候，它就變成一種能量場，這個能量場就是一個能夠衡量的智慧型的一種深層的能量，它會從你自己本身輪脈的結界出來，這是有重大的護法守護在其中的，每一個生命都有，這是重大菩薩的共願，金剛護法的共願。

當來下生，輪脈寶生，即身空性，無量中道，無為思議，存有變現，自性寶義，空密覺受，法流肉身。

因果中的識性，清淨中的法流，即身中的本願，肉身中的功德，密身中的畏因，佛成中的輪脈，根本中的了義，虛空中的法性，本體中的自性。

所以當你的能量場在釋放的過程中，你自己本身要有能力去讓每一個輪脈放光，成為很多眾生的皈依處，那個輪脈本身就是諸佛之所從出的密藏。但是，先決條件是你必須放下無盡的慣性，不斷放下，能量場會逐步的恢復，這中間的過程就是所謂的法報化三身。你自己必須放下肉身所有的難處，然後再轉識成智，把識性的慣性轉成智慧的相應如來性，通往如來性的恢復當中就是整個法流脈動示現的過程，法流會逐步的在你的肉身從這個經絡流動到那一個經絡，那個路線是沒有辦法預設的，但是你必須先建立你自己輪脈的一個重大的清淨相，當相對性的識性能量不斷的放下慣性的時候，那個內在性的如來性的法流就不斷的湧動上來。

當每一個輪脈彼此都能逐步湧動重大的清淨法流的時候，你本身經絡與經絡之間的無可說的傳承的輪脈之間的通路就會顯相出來。人類現在在各種醫學上對經絡的理解是有限的，人類肉身裡面還有一些是屬於靈體性的經絡，是隱藏在肉身裡面的，這是人類理解還無法到達的境界。甚至還有如來性的經絡，因為如來性的經絡會匯通靈體性的經絡，也會慧通你肉身的經絡，這是一體三位的經絡，但是靈體性的經絡對人類來講是無相的狀態。所以我要表達的是：當你的法流在你即身覺受的過程裡面，你不斷的減輕你的承受的時候，你將覺你本身的法流逐步地在你肉身流動。

當這個流動在你某一種機緣裡面，比如說，你自己本身睡覺的時候，那是一個非常寂靜的過程，當你到那個境界的時候，你會逐步的覺受你自己那個內在法流的流動，那是一個非常重要的境界。對人類來講，那是一個空前的境界，就是說，你自己在生活的行為裡面，就能夠同時覺受你自己輪脈與輪脈之間透過經絡的那個如來性的能量場的法流的流動性，這個流動性表示你的經絡、輪脈與輪脈之間已經恢復了某一種如來性的能量場，同時，你的輪脈與經絡之間的流動性也已經有一個通暢度，所以你放下慣性的狀態已經不只在輪脈而已，甚至在經絡，都有放下某一些覆蓋的干擾的狀態，所以那個通暢度已經建立起來。

對某種境界的覺醒而言，覺的次第在於一切次第等同畏因提點的覺受之受用當下，對一切的輪脈放光輪動的能量，等同世尊行法的皈依境界。

眾生非眾生，如來不空義，一切有情處，皆為如來本，如是所說，如來非說，不思議之不空，非思議之因果，本思議之空行，佛首佛智，了義無量次第，境界皈依，圓滿情境，實相莊嚴，覺空無上，世尊終極。

然後，你輪脈所釋放出來的佛性的能量場也足夠充盈到可以流動，這些都是重要的內在性的功德力，那種能量場是會放光的，是有寂滅慣性的能力，同時能夠在流動當中，把經絡之間還很細微的、還有因果性的那一些重大的因果的業力性的氣場全部都整個轉化掉，在流動當中做一層一層的轉化和解除。

法流寂滅無量劫的因果，在細無所細的無量的識性裡面，都能夠因為如來法流的妙用，在輪脈與輪脈之間，通過於無量經絡的過程裡面，都能夠把殘餘負面且辛苦而細作的因果性氣場，全部解除掉。當你自己的覺受越來越清楚的時候，它就盈滿你的全身，更重要的是說，當你全身的每一個輪脈與經絡都恢復到一個整體性的狀態，你自己本身的佛眼，就是眉心輪的能量場也會恢復，你不只能觀外在的一切因果，同時，能內觀自己法流的妙用，你自己本身也可以覺受並觀照到整個法流在肉身行走過程的重大妙用，它是通往即身成佛重大的關鍵。

感動的流動，有其必然的意會，了然於心中的感動，了義於當下的相應，應於即身全覺的覺受，一念一輪脈之覺所當下，一念一密藏之觀所不二，感動出引動的如來法流，應之即身生生世世的訴求，相應時空，感應虛空，永世之愛，永生之情，感於無量，應於無窮，住世於當世之肉身，一己無我，無壽者相，窮盡畢竟空，我佛慈悲，一念如來，我身感應，無動成佛。

更重要的是說，當這一個通暢度也代表某一種重大對外結緣的願力的時候，這個緣起就是性空，這時候你的如來會引動更大的過去生的無量身，將人與人之間、人與無形之間、人與萬有之間、人與時空之間一切無形眾生的苦難的訴求，引動進來跟你內在的清淨法流做重大的相應，這裡面所應出來的狀態的諸相都是緣起性空，一切諸相緣起的當下，這時候不管是什麼外在能量場，都是來叩問生命的，都是來請求解除、解救、解因、解碼的。

解之密，空性義，人世間，萬有情，時與空，一切處，眾生求，如來應，人與我，我無我，人性本，空自在，萬法歸，萬靈性，宇宙深，虛空藏，自傳授，廣印證，命叩問，運當下，男女情，陰陽義，乾坤智，廣三佛，自了義，觀自在，不可說，即身法，皈依境，天有情，情如來，主妙行，淨土圓。

當然這個狀態是要看你自己的不動性到哪裡，你肉身在面對法流的過程裡面，法流在穿透某一些結界比較深的狀態，會形成兩種層次的法流，一個就是，解除你所有還有細作上的因果業力的能量場；另外一個就是，你本身的某一個輪脈或某一個經絡的某一個小結界或小輪脈裡面的某一些重大的密藏，它在如來的授記與承諾下，你自己本身有一個更大的願力啟動，有更重要的眾生來訴求的時候，你的能量場、清淨的法流它會到那樣的狀態裡面，集中性的把那一個結界的狀態整個消化掉。

法流層次，無與倫比，層次分明，次第無別，因果結界，界別密藏，輪脈經絡，引動願力，動之覺所，存有存在，授記佛成，教法寶生，法教宗教，教於無所，無我教之，金剛護持，大小不二，小大中道，解碼無求，解密照見，密空永世，全覺永生，如來示之，當下即是，無說如本，一體輪空。

然後，讓它釋放出重大的能量場，這個釋放出重大的能量場就是為了對應即將來臨的，你的某一世、或者是當下世、或某一個世代、某一個時空裡面，重大眾生的訴求所引動出來的密碼，提供他們重大的密碼、內涵、密藏，提供他們一種不可說的、相應於他們系統苦難模式的那一種能量場，能夠讓他們安頓、提昇的一種重大的相應。這個時候，你清淨的法流會深知你本身在你的如來、在你的肉身這一世所佈下的重大結界裡面背後的密因，這個秘密充滿在你全身經絡的某一個結界裡面，然後它就被打開，在打開的過程中，也是不可說的。

祕密輪脈，引動法流，法流世代，密碼法流，密中解碼，密義佛首，逆密中觀，世尊非空，實相生命，經絡會通，輪脈放光，時空法流，虛空本體，結界密藏，能量空性，識性非空，緣起圓動，原點終極。

這種情況下，你全身都可以是密藏，重點就是在這裡，能量場來的時候不再是慣性被牽動，不是為了解決自己還有什麼不安恐懼的慣性，而是你自身因為有眾生或重大的力量回歸的當下，你的能量場的密因在深化當下的重大寶生，得以整個釋放出來，讓他們有一個重大的皈依境，或重大的相應的對待，然後，回歸到你自己如來的一個定位點裡面。

法性皈依，相應如來，法性肉身，密藏收圓，法性無量，無窮顯相，法性寶生，眾生莊嚴，法性恆常，眾生安住，法性自在，一切平常，法性法義，妙法寶生，法性萬法，萬法歸宗。

這個地方已經是所謂的通往即身成佛的狀態，這個成佛本身已經不是即身本身等身的成佛，而是你本身在成佛的每一個次第裡面，都已經涵攝無邊無量有形無形的眾生，這個是空前重要的當下——緣起性空。也就是你的佛性之空性在法流當下的妙用，用出所有生命苦難所需要的那種程式設計，重點就是在這裡。但是你自己本身在法流引動的每一個狀態下，你自己要如如不動，法流的任何引動，你都能夠覺受而不受制，覺受而不預設，覺受而不思議，覺受而自安住，你自己本身的不動性，要讓法流本身具備全然的自主性流動在你全身，因為法流本身就是如來在你肉身的走向。

即身無說非思議無上法流佛成空性妙用佛本。

即身空行不思議不二法流圓滿自性密行清淨。

即身供養妙成就世尊法流功德輪脈覺空莊嚴。

在這個過程裡面，你法流的走向就是整個能量場在宇宙的走向。這個時候，你必須不以對肉身的理解去對待肉身，你要用「非我」存在的狀態去存在，就是——我的存在在我存在當中。讓我自主的能量場，遊走在無量的存在裡面，讓所有存在裡面的不等同不等持的地方通往等同等持的狀態。如此，你就會了解在能量場的機制裡面，能量在恢復的當下，也同時讓你即身肉身能夠在所有無量劫來的緣起，都通往你心性上的本空。

沉思的角色，沉默一切苦難反應的照見，沉思的角色，已經道盡所有不如法的狀況，沉思的角色，角色中在沉思所有落入的思議，沉思的角色，角色是誰在扮演悲情的角色？角色的沉思，沉思著一切角色的沉思，不可扮演的角色已在沉思的心念沉思其中，角色自在扮演。

這個地方就是你用如來的本性、如來的能量，直接把無量生命納入你即身肉身裡面的重大的圓成，這個地方是整個終極要走上恢復的一個重大的解脫之路，一定要有這種肉身等身的重大的如來性充滿全身，甚至要通往金剛性，也就是這個法流的流動性是金剛不壞的，而在肉身的部份經絡輪脈、在靈魂體的經絡輪脈、在如來性的經絡輪脈裡面的三位一體的存在，都能夠等同等持，當然，這是空前的大成就。

空無邊無量非覺無邊無量密義無邊無量。

佛無邊無量非觀無邊無量共主無邊無量。

主無邊無量非義無邊無量空德無邊無量。

但是，今天我們要整個確定這個經絡的方向、輪脈的方向就是一個如來的密藏所在，它容納無邊無量的苦難，但是它也隱藏了無邊無量的密藏、諸佛密藏的能量場，它透過一個不可思議的真正的法流，流動在我們周邊全身的一切。它不是練出來的，它是無邊無量慣性放下而得以恢復的狀態，而且是在日常生活當中，放下所有的覆蓋，密藏自然在其中。即身之處都是密藏所在，而當你密藏恢復的當下，整個無量世界都會振動，會知道這個事情，或覺知這個事情。

存在的人事物，是一切慧命的通路，是有形無形生命即身經絡的法流貫穿之處，流動之法，法性法喜，妙法莊嚴，妙覺密藏，妙行根本，妙之不可思議之妙，密覺妙，密觀妙，之所以無上之妙，之所以妙之無上，萬有引動，法流相應，密用於不可說，極樂究竟，妙法蓮花，無染寶生，人世圓滿。

而無量劫來砏粹在無量虛空的碎片，跟你有關的法緣，自然會回歸到你恢復的流程裡面的某一個連結點之中，那個路線，那就是宇宙的經絡，宇宙遍滿無邊無量的經絡，這都是有原因的。所以為什麼很多修行的次第在佛經、在很多宗教界都有提及，他們那個次第是你修到某一個程度，你會到哪一個天國去，你會到哪一個磁場去，都是有其功德次第的果位在那邊。所以在經絡的整個運作當下，會幫你將自身的所有因果性，你跟所有無量世界碎片的因果性全部解除掉，就在你肉身就可以完成。

一念悲，自有因，悲未覺，覺於無，無所求，觀自在，悲一念，不落入，悲無住，觀於悲，有所悲，悲有所，悲無量，一念覺，念中佛，佛慈悲，悲來去，自了義，了悲念，悲不空，空成就，悲妙法，悲善逝，寶生佛。

但是，你不能有任何思議的狀態，在恢復的過程，當經絡在運作這個當下，把無量碎片回歸當下轉換成你如來性的能量場，不是只有你內在經絡釋放出來，這是你的本錢，但當你恢復到一個厚度的時候，所感召來的那個慣性，不是說你還有什麼慣性被牽動，而是說你自己本身已經充盈在生生不息的能量場的時候，你的眷屬——就是無盡的碎片，還淪落在各種不同次第、不同狀態的碎片也會回歸，回歸的當下，他們就會納入而直接轉換成你的能量場，等同的能量場，這個模式是怎麼納進來？就像你肉身的食衣住行一樣，就直接納進來，這個功德力是不可思議的。

廣覺無量之本義，廣生無窮之法義，廣三男女之陰陽，廣修分別之無上，廣傳修行之傳承，廣化轉化之識性，廣觀照見之苦難，廣密即身之經絡，廣行供養之願力，廣佛宇宙之智慧，廣圓終極之原點。

這個成佛不是一般的成佛，而是即使虛空盡碎，也通通可以圓成你的無邊無量的自性法流，所以，千手千眼觀音佛祖的本身就是在宣告這個事實，就是說你自己肉身的完整性，你一定是要整個狀態的完整。另外，你的法流本身是無邊無量的在運作，其重大意志就是把你肉身存在無邊無量的細作的因果性的能量場，在每一天、每一個時空、每一個當下、每一個因果、每一個心念有多餘的往外的部份全部都要解除掉。所以你自己等身的佛性的狀態要非常的完整，你完全要處在無染的狀態，你生活當下的每一個行徑的無染性都是確定的，這個輪動本身就是要寶生你生生不息的自性密藏的至尊寶，一定要在生生不息的日常生活裡面，充盈在你肉身的整個法流的流動。

生活的意義，是一切意志的生命之意念，一切心念無量意志，一念一如來，如來之莊嚴，生命之究竟，即身奧義，生活妙用，無量存之，無窮有之，根本妙之，存有生活，自主如來，存在生命，自性如來。

你永遠不能夠去偵測或設定你輪脈的密藏到什麼程度，你唯一能安住的就是不斷地深化不動性，你不要用人類相對性的多餘心念去觀照或偵測，這會造成重大的干擾，所以當你的無染性與不動性行走在你日常生活的當下，你自己如來法流的自主性，如來會全面性的自發性的操盤，其功德力是自主的。到最後，人類的識性你永不存在，所有相對的意識型態永不存在，無邊無量的邊角永不存在，你剩下的就是本來面目的存在，你肉身就是百分之百的諸佛，佛的狀態的即身肉身，而且用這樣去生活，用這樣去對應，去銜接你每一個時空，去納入你每一個無邊無量存在的那一些尚有邊角的碎片，這就是即身圓成佛成的當下無上密法流的即身密藏，恢復在日常生活的自主性。

會通的存有，法會的示現，法流的交會，慧通的如來，慧義的法智，空義的無上，法報化的一切，如來示現的當空，即身肉身法會當下引動，肉身正法，肉身廣三輪脈無量法流即身佛成。

肉身內真實我的內在世尊

你會覺受到有一個真實的真我存在，跟你共同在對應。

當我們本身的即身肉身在做重大的轉識成智的時候，我們如來引動所有的過去生的法緣，或各種不同共同願力的菩薩或眾生、或護法、或功德力，來到我們即身肉身的經絡進行轉識成智的當下，在我們每一個身口意，在我們每一個輪脈與經絡，有著不可說等同等持的轉換與覺受，這是重大的即身成就的功德力。但是在轉換當中，如果我們本身有非常重的識性，也就是肉身本身有非常重的覆蓋，那一定要先把識性的覆蓋在每一個經絡、每一個細胞、每一個輪脈當中，不斷的轉換掉。

肉身密真實真我真義真理世尊無上主。
肉身密法義了義第一義不二義世尊中道主。
肉身密宗教莊嚴實相空性非空非有世尊自性主。
肉身實相即身輪脈共願共主共皈依主世尊空性主。
肉身終極空行空義空佛空男空女空功德世尊實相主。

在轉換當中，即身肉身一定會有不舒服，這不舒服的輕重，要看如來在你經絡上重大的轉換要到什麼樣的程度。當這樣不舒服的轉換到一個厚度，沒有承受的問題的時候，你的即身肉身在共振對應各種類別的苦難磁場能量場時，同時要面對，同時要消化，同時要釋放，也同時必須提昇，從內在經絡裡面引動出來之後再行深化。當你的覆蓋深化完了以後，你自己內在經絡裡面如來了義的能量場就會釋放出來，每一個輪脈有各種不同釋放的狀態，會不斷的釋放，最後會釋放成一個厚度。

引動的磁場，共振肉身一切輪脈的能量場，即身眾生遍宇宙之因果，即身皈依無量苦難類別無關結界，即身肉身畏因納入，了義了識性，空解無量密行無窮，解因解碼，共自主一肉身，無上皈依境，共佛成密肉身，佛身即身等身密輪脈肉身。

當這個狀態的匯集成為一種總持性的自性報身成就的時候，你不但沒有承受的問題，你會覺受有等同自己肉身的內在密身，在跟你共同操盤你肉身在世間的一切行為。就是你自己本身的肉身是清楚的，當你的肉身在做任何人世間事情的時候，你同時能清楚的覺受到有一個等同你肉身存在的本尊身，這個本尊身就是你本來面目示現的一個尊重的即身的報身狀態，他在相應你每一個事情的覺受，你同時覺受肉身當下在世間的行為，同時覺受有等同肉身的本尊身，他有一個尊重的本來面目，有他具足本來面目的狀態。

即身輪脈總持一切，即身相應覺受輪脈報身成就。
即身輪脈總持一切，即身感應示現輪脈自性傳承。
即身輪脈總持一切，即身感動對應自性如來本尊。
即身輪脈總持一切，即身不動觀照眾生寶生功德。

本尊身相應你肉身等同在運作的時候，你會覺得你的眼睛有另外一個清楚的不思議的眼神在觀照你，透過你的眼神等同在觀照你世間的一切。等到你更成熟的時候，你會有一種本尊身的心念，等同在你心念裡面運作很多的事情，當你的念頭是相對性的念頭，但是你的念頭裡面有一種覺受的時候，你的同一個念頭裡面會有一個念是本尊念，他尊重你的念頭本身，他尊重你這個念頭裡面的因果、裡面的輕重、裡面沒有轉化的識性。這是因為你已經有不承受的某一種轉化的功德力，所以你同時能覺受到在同一念頭裡面有一個本尊念，他觀照著你這個念頭在世間的運作，同時在你世間當下即刻運作那個念頭、那個身口意、那個意念，你的表達、你身體的行為裡面在你使用你的六根六塵的當下，你的本尊身本身的能量場他對應著你的六根六塵，也對應你的身口意，你每一個細胞、每一個呼吸，他都會觀照，他會尊重你這個身口意在世間因果上緣起的對應，也會納入在這對應當中即刻要運作的對待裡面的那個你，在運作當下你本身還有多少承受、還有多少不承受、還有轉換的部份是什麼，同時等同運作，轉識成智。

本有一念覺無上本尊解無窮因果之當下。
本心如來覺不可說世尊密行功德之轉化。
本空眾生一切六根六塵肉身世間覺所密因。
本尊肉身緣起相應即身實相供養法性不思議。
本佛本義非生非滅廣三雙修本願無生第一義。

這個轉的過程裡面，他會尊重而無傷，因為你已經有覺「本尊即肉身」的基本盤，連結在你每一個經絡、每一個細胞、每一個你肉身裡面等同性的等持，就等同你肉身去等持你在世間裡面一切持有的對待的人事物。他不管你自身在對待當中你自己的狀態、自己的輕重是多少，他不會干擾，就算是你對應到別人有不同輕重的承受，就算你對應出去別人也有因果、也有負面能量，或者說，你對應出去的時候，你這種對應是一種修行，會感召一些無形眾生進來，你的本尊成就會協助你，會清楚你運作的狀態，也清楚你對應出去有形無形的因緣果報。但是，他同時讓你覺受他很清楚的就等同你的存在裡面，協助你轉化，協助你運作，協助你形成，所以他具備了世間的一切對應的厚度，也具備了等同如來的存在，這就是本尊身。他遠超過了密宗修的本尊，因為他不是修的問題，他是即身即刻等同等持存在的，這就是無上的正等正覺，正等是等同的意思，這個等同性的正法非常的重要，無上正等正覺，那個覺是等同的。

本尊本義本法身，本尊相應根本道，本尊能量體輪空，本尊無上廣三修，本尊本我無上道，本尊有形亦無形，本尊時空世尊密，本尊宇宙虛空藏，本尊男女雙修智，本尊密行自性空，本尊本覺本如來，本尊本觀觀自在，本尊莊嚴萬法生。

這個狀態你已經出來了，而且是即身對應，而不是說這裡面還有承受不承受，就算你有承受，當你本身覺受到本尊性，本尊的存在能量在你即身肉身的時候，你會覺受、受用。就是你本身的肉身等同你的本尊身，等同你的如來身，而這個本尊身其實就是你即身的報身，就是說這個本尊身裡面，他本身就像一種或是說具備了靈魂體的狀態，也具備報身成就所引動的那一種智慧身的狀態，而報身本身可以是很多的示現。但是本尊身其實也可以是密身，這個地方是比較關鍵性的，就是說，在肉身與如來身之間，重點的核心是報身，而報身引動出來的時候，他也可以做重大的變現，就是當你的功德力夠，你的報身可以有很多不同的變現，各種不同層次的對應。

無窮能量即身肉身，無窮靈魂本體法界，無窮識性即身了義，無窮本我肉身佛成，無窮覺受本性本尊，無窮即身如來當下，無窮時空靈魂無窮，無窮肉身靈魂圓收，無窮皈依眾生如來，無窮示現不可思議，無窮覺空實相無窮。

但是當這些成熟的時候，他會顯相成一個本尊身，本尊身就是他完全與你之間沒有任何的干擾，或通往沒有干擾的狀態，完全就是非常具體的一種人形化存在的佛的示現，你可以完全用肉身的等同狀態去理解，就是另外一個真實的我的存在，那個就是報身成就，就是你的報身已經成就到就是等同人的那一種存在，他可以直接在你肉身顯相來運作所有的事情，這個是空前的狀態。

空性顯相無量本尊，即身肉身本尊示現。
空性本尊空行肉身，即身本尊肉身如來。
空性肉身本尊如來，即身如來肉身空性。
空性空有空無空法，即身世尊本尊法身。

他等同是報身的一種即身化、一種人形化，他不是靈魂體那麼單純，靈魂體是有限制的，你的本尊身就是你本身內在的世尊，你內在的世尊他一方面可以在尊重當中，就你肉身一生的緣起都做重要的緣起上的性空，引動你過去生生世世所需要的資糧，或者解除其中的識性，他本身就具備報身的運作或功德。但是某個角度來講，有報身不等同能做到這樣，可能你這個報身不見得能夠成就到變成一個本尊，這個本尊不是密宗修行的佛像的本尊，他會讓你覺受到，不管你用哪一種身口意去對應一切人世間的狀態，你自己都會覺受到有一個真實的真我存在，跟你共同在對應，他沒有進出的問題，他不需要再有肉身做一個具體的顯相。

等身之等同，一切靈魂體無窮盡之共同。

一靈魂體之無窮，空性性空，心性本空，心念無念，靈魂一念，一念靈魂，本尊本身，世尊世代，共世代之緣起自性空，共肉身輪脈顯相諸相如來肉身示現。

當然，有時候做具體的顯相是在他有需要性對應時，比如說，有一種忿怒相、有慈悲相等諸相。但是，重點是在於，有時候沒有顯相你也會覺知得非常清楚，在關鍵性的時候，他顯相出來的功德力，會很清楚的讓你了義了知，也會尊重你本身的狀況。有很多事情是等你對應完之後，回歸到一個寂靜狀態的時候，他會協助你，顯相在你覺受的清楚度裡面，協助你轉化，寂滅掉，而且你會很安心的，是因為他是一個等同你存在的一個形象與形式。有時候，報身是有各種不同層次的狀態，但是，當報身成就到他可以人形化的時候，他就會相應你現在這一世的一個具體化的內在真實的我的模式出現，這就是你內在的世尊，他是另外一種所謂的報身成就出來的一個功德，非常的重要，也算是另一種密身，但是這個地方是人類不清楚、不熟悉的。

實相世尊，即身肉身正法等身。

實相世尊，密藏輪脈空行法輪。

實相世尊，義智莊嚴等身清淨。

你就會覺得不管做任何事情，你當下會有一個清楚的自己在覺受的，那個會有兩層的覺受，就是，你覺受到你有一個報身成就的、清楚的真實的我。

另外一個是，這個真實的我也會讓你覺受他的存在。他會覺受，也會讓你同時覺受你本身在你肉身運作的當下的某一些當下性的問題、當下性的關鍵、當下性的照見和知苦，他可以協助你形成世間的外在成就，也可以協助你內化的成就，也可以協助你熟悉你報身的範圍，也可以協助你通往本來面目的狀態。所以他這個地方是非常重要的，他就是非常直接，他就是等同肉身存在的一個肉身內在的具體存在的世尊，我們可以把他視為即身本來面目報身成就的本尊，這非常的重要。

莊嚴道，道可說，可說道，道無所，道當下，時空道，本有道，覺道處，道本空，道不二，了義道，道無道，道法道，道非道，一切道，道莊嚴，道意志，無上道，道功德，道空道，空道空，自性道，道天地，乾坤道，道有情，無極道。

他會協助你在承受上的問題，他自身也會無傷於你的承受，不讓你承受的狀態下，共自主，共本願，共如來，共肉身，共報身，共世間一切妙法，共如來一切密藏的共同自主的示現在當下的生活。

即身萬有無上第一義，萬相等身當下自了義。

萬法共同究竟莊嚴義，萬靈歸位自性空性義。
功德供養萬教宗教義，無相有相世尊本尊義。

病是如來的操盤示現

病非病，病即皈依境上如來眷屬尚未定位尚未解除無量劫來領眾苦難的磁場。

當終極重大空前的力量示現在空前的世代，做重大最後圓滿的輪動之時，因為終極圓動是所有無量如來無量劫操盤他所有承載的關鍵，當有人回歸到終極之根本所在時，其存在終極角色的肉身，他本身存在的密碼是終極層次的密碼。

終極的角色其身口意的面對，就是在他的肉身裡面可能會示現出某一種密不可思議的病相，當主性的國度開展的時候，終極的圖騰、終極的皈依境示現的時候，每一個如來眷屬本身都會承載著渡眾生時最後尚未解除的那一份承載的眾生苦難。不管是有形或無形的眷屬，當他們回歸到皈依境的時候，也代表著這一些尚未解除的苦難會全部反應在終極皈依境的那一位終極不動的龍頭角色上，反應出所有如來眷屬渡眾生尚未百分之百解決的震盪與累積，這些累積或悖離正法的狀態會全部反應在皈依境上真正核心的那一位終極角色的如來肉身裡面，反應在他身口意上。

苦難諸病，相應反應當下肉身，渡化轉化，一念生死，解因解碼。

眷屬回歸，終極意志，苦難自收圓，解除有關，解碼無關。

千手千眼觀音如來的圖騰就是一個指標，千手千眼的手從背後出來代表了操盤，表達了所有手伸出去運作之時，眼睛觀照到所有眾生在輪動中的落差，當下時時刻刻在手伸出去渡眾生之時，觀照自身承載承受的部份，這些承載都會集中在背上。

所以，手出去和手回來，在磁場的進出當中，透過背的連結與眼睛的觀照，都能夠清清楚楚的觀自身在渡眾生時尚未能夠圓滿的狀態，因每一個菩薩、每一個如來他在無量世界中領眾都有不可預設的狀態，當他們回歸到終極如來境的時候，皈依境上真正終極的龍首能夠在皈依境的整個終極圓滿的磁場裡面，照見所有回歸如來渡眾生尚未解除的狀態，這些狀態全部在終極角色本身存在的身口意上的每一個輪脈的總集合裡面，在其整個背的圖騰裡，表達了皈依境中每一個如來各別的承受、共同的承受、互承受、與共承受。

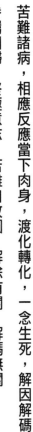

皈依境的佛首本身存在的肉身，其背部所示現的病相，就是所有回歸皈依境的如來共同或各別或當下或無量劫來領眾尚未解除的一切承受的狀態。因為，在地球這個空前世代的時空下，皈依境上的如來已經用肉身示現出來，所以，皈依境上有形無形的眷屬也會在正法開演的時候回歸，共同開演正法的國度。

但是，他們無量劫來到無量世界渡眾生所有不圓滿的狀態，全部會在開演之前回歸集中到皈依境上終極角色的肉身狀態裡面，因此，終極角色背的圖騰會反應出所有尚未解除的整體的不圓滿，那就是背的圖騰、背的密碼、背的奧義密藏所在。

一肉身開演天下無量，一當下開演無盡天下。

肉身密藏奧義，非圓滿輪動一切圓滿。

肉身不思議，自主無上根本妙法義。

在終極皈依境重大的佛首角色，尚未能夠真正確定自己本身的完整性於整個皈依境的時候，他本身如何去面對、轉化、照見這整體的不圓滿？病非病，背非背，在終極圓滿裡面反應的當下，是無量世界苦難觸動的當下，一切得以照見，存在於終極自主皈依境的主位者應以自身的存在解讀——自身的存在非單一的存在，是一如來境，是無量如來回歸的終極點。

所以，**終極角色肉身存在的完整性是無量如來的同體性，終極之角色存在的每一個當下、每一個存在等同於「一個點即一個無量的皈依境」**，讓無量如來回歸，讓所有重大如來對無量世界的衡量皆能在皈依境裡面解除所有。

終極角色當世存在之肉身等同皈依之所在，當世肉身之存在為無量如來回歸之所在，當世肉身之皈依境等同如來之皈依境，肉身之一切生老病死、一切的不安恐懼、一切的病相皆為無量如來在無量世界回歸當下的反應，皈依境上的不圓滿等同肉身的不圓滿，清清楚楚的被終極如來皈依境裡面清淨的磁場照見。

所以，當此角色在解決肉身每一個存在的病相，都等同在解決所有如來在當初以皈依境主位的意志到無量世界對應無量眾生、轉化無量眾生而累積的不圓滿，回歸的磁場等同反應在肉身輪動的狀態，肉身裡面存在的任何病相的起承轉合，就是無量如來到無量世界承擔眾生所承受到的尚未解除的一些存在的狀況。

因此，終極角色面對皈依境本身等同於面對存在於肉身病相的轉化過程，也就是反應、照見、解除、轉化、輪動出無量如來，也善護無量如來，肯定無量如來的功德，在皈依境照見的過程等同等持的解密解碼，回歸到一個圓的終極的圓滿，令其本身在終極皈依境上能夠安住無上本位。

終極角色，終極肉身，肉身一範圍一界別一皈依境，皈依肉身皈依境，一切眾生諸有情，回歸肉身皈依境，轉化渡化，即身主皈依境，肉身無關結界成就，有形無形，即身肉身，當下皈依，善逝生死，寶生功德，肉身皈依境，自主即身皈依終極成佛，無上皈依主肉身原點圓滿。

解碼終極意志，回歸根本實相。

病相提點，如來本因，戒定慧生活生命。

病相非病相，肉身逆一切諸相，護持善逝慣性，收圓渡化自主無上。

所以，你應當視自身存在之肉身等同無量如來身之存在，等同無量世界苦難本身的終極皈依之所在，此無上世尊自主之正法皈依境，應視自身肉身之病相存在為重大的如來操盤。所以，示現不動的終極所在，就是你本身以不動性照見，令無量如來回歸的過程等同無量如來在皈依境內自我操盤，自我轉化，自我恢復自主的狀態。

你要完整地安住在皈依境內，真正安住在你的主位上，令你在無盡的圓的每一個方位裡面的每一個壇城的每一個界面的一切結界點裡，能夠一層一層地深化無量如來轉化無量層次的苦難，所有尚未解除的各如來承受眾生的磁場而反應在你肉身病相的狀態，你都要能夠安住，令共同的如來、無量的苦難、一切的存在都在終極圓滿的輪動裡面，輪動出皈依境下「一即一切」、「眾生存在是無量如來等同存在」的重大共同共主的莊嚴事實。

「汝之存在，汝之莊嚴，汝之一切，汝之究竟，無上不可思議，汝當莊嚴正視在汝當下存在之一切，汝之存在為吾如來本身等同之存在。

汝之主位，共同之主位；汝之存在，即吾如來之存在；汝之皈依境，即吾之皈依境。

如來等同於汝，存在之深遠，無盡之相思，告之於汝，當視之等同存在之事實。

而今而後，汝視自身之存在，存在之病相，勿落入地球覆蓋之知見，來理解汝之存在之病相。

吾當世今日告知於汝，皈依自主之主位存在之肉身，此等不可思議之存在，當視汝本身

等同等持之存在。

汝之肉身，即主之皈依境之肉身，即無量苦難身無量如來身之存在。當以此格局，以此內涵，以此智慧來看待汝本身存在之病相之操盤、病相之示現、病相之反應。」

病非病，病即一切皈依境上如來眷屬尚未定位、尚未完全解除無量劫來領眾苦難的磁場，你必須要有這樣的格局與看法來看待病相，用這樣的狀態來看待你自己存在的任何生老病死。這樣，很多關鍵性的狀態，你不但不會落入，還能夠有非常大的覺受，不會受制於任何過往在地球上從小到大各種不同一般情境對於生老病死的理解，能夠真正地從密因密碼根本性的狀態來看待一切的生老病死。

所有生老病死的不安恐懼，不管是你自身的或是來自於眷屬，他們反應在你無上正等正覺的皈依境上等同反應在你肉身上，你能解因解碼的同時，也不承受病相本身的不圓滿，你會有很清楚的界別與結界，在每一個皈依境上時空的輪動中，你會安住在你自己的完整性裡。

你的肉身存在是整個皈依境的存在，在皈依境上，有各種不同方位、不同系統、不同存在的如來，各有他們的圖騰、無量劫對應的眷屬、和苦難的形式，他們會因你安住在你自身圓滿的終極原點裡，而在他們回歸的當下就自定位在皈依境上的不同方位，自我完成他們自身，而能夠不牽動到你絲毫。

你會覺受在皈依境上所有結界裡面的輪動，等同無上皈依的壇城中每一個輪動的清楚界

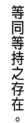

面，他們皆能夠在他們回歸的當下就結界出他們自己的界別，而在這個過程當中，你自己的覺受清明清楚，當這點能確定下來，你就能夠解除你跟他們之間的連結點裡面所感受到的他們的承受而不被牽動，覺受而無受。

在這樣的情況下，皈依境上的主位令一切皈依境所有眷屬如來回歸的當下，也在皈依境上結界定位點的時空裡面，共同完成主在地球上整個皈依境上共主的圖騰，莊嚴無上的示現。

開演肉身皈依境

讓無邊無量的生命皈依他不圓滿的情境到這個即身肉身一切恢復的境界裡面。

人類的數千年卻是宇宙的無量劫，現在整個人類的生命，整個在地球所有人類的整個的功德力，就是等同無量劫當下即身一肉身，所以，所有的生命、所有的靈魂體都已經有無邊無量修行的次第、無邊無量修行的恢復、無邊無量無窮盡整個生命覺察的過程，無量的生命在無量的宇宙已經經驗過所有無邊無量的苦難形式，也演化了無邊無量生命的形式，在這個過程裡面，今天總持在地球的一個狀態，以無量功德的狀態、無量因果的狀態、無量生死的狀態、無量磁場的狀態，全部集中生命肉身的狀態來面對，這個面對的對應都在人類的生活當中，他生活的目的就是肉身本身要在生活反應無量劫的因果、無量劫的輪動，把無量的非自主性、不能自主的部份照見在無量的知苦當中。

人類無量劫開演無量肉身無窮皈依境，圓收如來境，收圓眾生境，回歸無量生死境，一切人類無量情境，境中一切境界，境中皈依無量境界，以境收圓無量情境，以清淨佛智圓收

無量皈依境之無量情境，情境無上，一境無量次第，一淨無量如來圓收無量眾生之情境皈依轉識成智，開演之境，淨土開演，主之國度，主之正法，主無上皈依境，無邊無量生命終極回歸生命原點主終極實相。

所以**肉身的關鍵就是在於能夠照見整個生命本身的苦難**，因為，肉身是能畏因的，肉身是能覺察的，肉身是能夠變革的，肉身可以反應所有苦難的結界，肉身有完全百分之百無窮的自主性，他的自主性是用任何的心念、任何的相對性、任何的次第、任何的修法、任何過去生的功德力或因果、生死、苦難，都可以決定他自由的意志，所以人類肉身的尊貴就是在於具備了等同如來存在的自主性，就是他的存在等同於佛的存在。所以我們一定要公告天下，你有肉身存在，你就是等同世尊的存在，你的生活就是佛的密行，你在生活中所顯相的一切都是你一人或當世一切人生命成佛的重大的提點。我們對一切的存在、我們對肉身的尊重、我們在每一個肉身的反應裡面，都必須等同世間尊重的存在，你恆河沙數的因果都存在你肉身的每一個細胞裡，你身體上的每一根寒毛都是一切的無量存在，你的每一個細胞，你肉身存在的無邊無量的最細的無量細，佛都在那裡説法，無量眾生都在那邊聽佛説法。

佛説法，非法非説一切説，佛無説法，無説無有無量説，佛空説法，空説空有空性説，佛奧義説法，一切義平等平實平心所説法，佛無上説法，不二如一等同等持自主説法，佛密

藏說法，諸如來共示現共顯相共輪動自性實相說法。

所以，你的肉身非當下一個肉身，你的存有非當下一個存有，所以為什麼叫世間尊重的佛身？在你無量最細的地方、不可說的地方、恆河沙數的地方有無邊無量的淨土、無邊無量的國土、無邊無量的宇宙、無邊無量的虛空境，一肉身之無量之細，可以示現無邊無量自性海無邊無量生命之功德力，無邊無窮盡之細等同無邊無量無窮盡之大，因為根本都在自性本身的示現。所以在肉身存在的當下有非時空的狀態，肉身的重要性是在於它具備了無邊無量的存在，但是你必須把你生活上有邊有量的衡量全部解除掉，你才能夠以空性如來的肉身確定諸法本空的重大存在，但是人類重大生命慧命的成熟必須在即身肉身的存在的每一個身口意裡面，開出不可思議空前的空性的皈依境。

即身終極莊嚴義，功德無我即密即本即佛皈依境。

即身變現覺妙法，宣達宣示宣告主正法開演實相。

即身皈依無上佛，即身無量本本心本我本無量。

即身自主佛身法，密佛密虛空皈依密眾生。

即身一切法報化，法性廣三雙修無上收圓當下。

任何的大菩薩在各行各業當中，在無量劫當下，有無邊無量當下當世輪動出來的結緣的眾生，不管是有形無形，不管任何的形式，恆河沙數的生命形式都會在當世任何一肉身本身的生命恢復的當下，開演即身肉身的皈依境。既然有肉身，他就有等同佛百分之百等無差別的覺性，他就具備了重大的密藏。任何這一生當中一個肉身他生活中的任何的境界、任何的情境，不管是無量相對性、非相對性、如來本性的一切存在所對應在他生活當下的一切時空裡面，等同他無量劫來無量輪迴、無量輪動的一切結緣的生命，全部會回歸在他生命整個恢復過程當下的一切時空，無量生命的不圓滿，無量生命恆河沙數的情境全部都回歸到這個有肉身的即身成就的過程。

肉身皈依，即身輪脈，空密奧義，存有實相。

肉身本願，眾生輪迴，無我不二，非我世尊。

肉身志業，諸佛輪動，非我時空，非有實相。

肉身密藏，如來引動，空我虛空，妙有莊嚴。

肉身妙觀，淨土輪空，萬有境界，恆河沙數。

所以，當下世代每一個即身肉身，不管是男是女，不管任何外在條件，他的終極的本質是在他的整個願力已經是無窮盡遍虛空法界當下訴求圓滿的狀態。所以，這個時候，人類的肉身他必須開演出他正法的皈依境，就是要讓所有無量劫來所有生命、無量靈魂體、無量生生世世的自己，恆河沙數結的法緣，透過有形無形一切在生活中對應的生命恢復過程裡面，都能夠讓所有的生命回歸、皈依到這個當下的肉身的一切日常生活的對待裡面，所以生命本身不管清楚或不清楚，這個密碼重大的宣告就是，任何在地球當下的每一個肉身的成熟度一定要開出皈依境，讓無邊無量的生命皈依他不圓滿的情境到這個即身肉身的一切恢復的境界裡面。

什麼樣的狀態？任何的狀態都是因果本身的呈現形式。狀態不是用來解讀的，狀態是一種提醒的畏因，也是生命面對的當下，狀態形成所有的狀況，當我們落入因果的時候，我們只能解決外在的狀況。所以，生命是要了義一切當下存在的有形無形的狀態，而對應於狀態的即身之態度，怎樣的心態對應任何的狀態都是為了渡化轉化自身不了義的狀態，而不要再延伸任何的狀況。

人最大的遺憾就是解決了外在的狀況，卻不了解為什麼生命生活會發生這些狀況，更無能力了解個中存在因果的狀態，所以智慧的人不只對應生活的狀況，更相應生命的狀態，這樣才能真正的走上了義的自主之路。

法緣之本質，緣起能量回歸之平凡。

法緣之本質，開演無住等同世代皈依之境界。

法緣之本質，即身示現，肉身顯相，生活畏因，生命會通。

法緣之本質，廣傳廣化廣當下，廣三如一廣密行。

因此每一個肉身不管他恢復多少，清楚或不清楚，覺恢復多少，觀恢復多少，密行恢復多少，跟如來的相應恢復多少，或沉淪多少、輪迴多少，不管任何無邊無量肉身即身的因果，所有當下的對應就是無邊無量都會在他一生流程當下的每一個對待裡面，對應這一生中在有形世界裡面的各種不同關係，彼此之間的情境也代表無量劫來不圓滿的情境，全部在無量的次第裡面共振共修共本願的共恢復，在無量共對待當下的無量空間裡面也同時讓無邊無量無形的生命、無形宇宙存在的靈魂體任何生命形式的狀態，都回歸到這個主皈依境的狀態，因為他最大的目的就要尋求在這個皈依境下即身肉身的自主性。

所以一**個肉身最重要的本義就是要恢復他生命的空性**，因為只有在對應無量劫每一個狀態裡面，只有空性的本然，只有如來顯相即身成佛的狀態，才有辦法讓無邊無量結緣的眾生不自主的部份、苦難的形式都能夠在皈依的當下，把尚不圓滿的情境、無量劫曾經落入的狀態與思議的能量場全部解除，在即身肉身的密碼當下解碼。所以一個肉身的尊貴他等同無量世間尊重的存在，所以，一佛身一肉身等同虛空遍法身。

生命是最不可思議的平凡，凡所經驗過的、凡走過的當下的每一個時空，他已經是在無量的時空裡面。所以，恆河沙數的變現都是在當世今世的即身自身的身口意，一身口意當世無量肉身共身口意，所以無量肉身共身口意的當下，就是在共振整個共同存在的地球的願力，共同存在整個太陽系的願力，也共同存在整個宇宙無邊無量恆河沙數的共同本願，於一肉身的自主。所以在人類的存在裡面，只要有一肉身以他自主如來的本義恢復全面性空性的即身成佛，以各種不同的形式傳遞這樣子的知見，讓所有當世即身肉身的生命在日常生活中等同等持恢復他自己自主的狀態，以更不可思議的心量，納入所有他無量劫來有法緣的生命磁場，在無邊無量收圓的事實裡面，讓實相的皈依成為所有生命情境不圓滿的狀態等同肉身在生活中不斷生命恢復的存在，一生活一時空的經驗值，就是無邊無量生命回歸到你即身肉身無量層次的皈依當下。

回歸到哪裡？能回得去的，憑怎樣的基礎做如何的回歸？

回歸到哪裡？回誰的那裡？是誰的故鄉？是誰在問回歸的路？

回歸到哪裡？回去之後，是否再問一次回到哪裡？這是一種輪迴性的回歸。

即身肉身的一切知苦的照見，唯一的原則就是不斷放下無量識性的相對性。所以對佛的供養，對無量過去生恆河沙數一切生命重大的對應法緣，唯一回歸的原則就是當下放下即身肉身一切識性的認知架構，因為識性會干擾回歸的過程，**識性對生命的狀態是完全悖離整個本心本質存在直心道場的恢復，如來不在一切的思議裡面**，如來在所有放下思議的當下，示現無量的不可思議，在無量不可思議的狀態，入一切無邊無量過去生生世世結緣的一切生命形式狀態的落入裡面，如來在無量的宇宙有無量的通路，同時對應無量生命過去在我們存在即身肉身的意識型態當下。因此，每一個心念裡面的意識型態都是你無量劫來的不圓滿或不能自主的生命形式的法緣，所以你肉身的每一個當下行為本身識性身口意的動作，都是在反應你本身結緣的無邊無量不能自主的眾生，等同等持的存在那個時空中不自主的部份。

存有之有，非有之無上存有，存有之空有，非了義之存有。

存在之所在，非存在宇宙非空之無上存在。

非在之無上在，空有之無上有，無有之當下無，非無之當下有。

無之非有，無有之空有，有無之非無，空無之非有，無有之空無。

不以識性見如來，不以識性入一切密藏，不以識性入一切眾生回歸的過程，不能夠以思議去阻擋生命回歸到你即身成佛的圓滿裡，所以為什麼最圓滿的狀態就是放下識性，解一切識性的身口意的能量場，就是對如來恢復最深的供養，就是如來妙用無邊無量皈依境的壇城。讓所有無邊無量尚有殘存識性的眾生能夠回歸，在放下識性的當下，他們生命在過往恆河沙數跟你結緣當下時空的狀態，你不斷放下識性的過程就是他們回歸的過程。因為無邊無量的結緣當下有無邊無量當時情境的識性，我們即身成佛是因為我們的功德力已足以成就這樣的狀態，如來變現在即身肉身的每一個經絡裡面的因果之識性，就是為了準備解碼無邊無量存在當下要回歸的一切情境之眾生，所以一切的情境本身的解碼，才是如來之愛的本質。

所以，即身成佛的狀態，就是確保承諾無邊無量所有眾生一切尚存識性，不管曾經是什麼，不管彼此是什麼，不管因果是什麼，不管無量輪迴是什麼，無邊無量的好與壞，通通以如來恢復在即身肉身功德力的本願，不以識性干擾我們即身肉身過往無邊無量生命形式結緣的一切生命回歸的路，我們不再思議任何的識性，不再加重任何的識性在我們的日常生活當中。

本心會通自性義，中道寶生萬有義。

本心無因自畏因，本我本願空行義。

本心無量自性佛，本我無上第一義。

本然自主空性海，世尊密覺本尊義。

即身的肉身他的尊貴是無邊無量無窮盡的不可思議，重點就是不可思議，不可思議的重點就是思議不可，思議不可就是他不能在他的日常生活裡面再去遞增識性的狀態，同時也在日常生活當中去遍照他無邊無量劫來識性的因果，所以皈依境的當下，你自身存在的即身之本份，對一切無量眾生最大的法供養就是解除無邊無量識性的分別，不以所有的識性延伸，不以識性對自身無量劫的存在做任何識性的思議，不以自己的識性去對當世任何等同肉身的每一個行為做識性的批判。所以，對人類最大的救贖就是所有識性彼此之間往外識性的判別跟任何識性的解讀全部放下，在這個當下，同時空前的開演出每一個肉身的皈依境，讓無邊無量過往存在恆河沙數尚有識性不圓滿的生命，其情境都能夠回歸到這個能夠懂得放下識性的即身肉身的圓滿裡面共振，而讓所有無邊無量的尚存最後識性的不能圓滿的生命，能夠回歸到這個即身肉身的皈依當下，共同在日常生活中，共護持此世尊肉身，共護持此願意放下識性的即身肉身世尊的無上功德力，共同法供養此即身肉身在一世當下的每一個行為中，放下識性而成就圓滿，迴向給共振共願共莊嚴共終極共解一切已皈依的尚存無邊無量識性情境的眾生的一切識性因果。

即身生活，即身生命，存在存有，動之無動，無量即身共等同等身，共等同即身，即身判別，取捨當下，生命開演，會通本然，變現本願，即身即時即眾生即佛果，即虛空即無量眾生即身肉身無上皈依境。

所以，即身的肉身一定要開出無邊無量當下，每一個身口意都是無量諸佛皈依境的莊嚴事實，為什麼遍宇宙虛空有無邊無量的諸佛？諸佛的共愛，他本身唯一的正法就是表達無量世界相對的識性，都必須在每一個形式當下放下一切識性的解讀、一切識性的對應。所以，諸佛的正法、諸佛的本願、諸佛的共識、諸佛的初衷，無邊無量的眾生就是不以識性見自己存在的奧義，不以識性分別所有存在的苦難，**識性的解讀就算再圓滿也還是苦難的形式**。因此，以識性見一切不是自身本身的本質，無法了生命如來的奧義，識性為顯相之諸相，它本身是無量形式的苦難，所以識性的苦難背後，就是為了放下一切識性而轉化一切識性的狀態，這就是為什麼有無量的修法，無不是為了轉化識性的輕重，人類的生死海本身就是識性的輪迴。

奧義之密行本義，義之智，奧妙玄之又玄，玄於無量無形，妙於有形天下，諸佛空義空奧妙，諸法空密空解脫，一切奧義，無量密藏，當下顯相。

重點就是在於：不以識性干擾無邊無量的眾生皈依到自身即身一世重大肉身即身成佛的功德力，這樣的本願必須奉行在日常生活當中，這樣的初衷絕對不能或忘在自己的食衣住行當下。所以每一個肉身他情愛的對待都在肉身的每一個輪脈裡面的每一個經絡上的每一個關鍵點，都是無邊無量識性的能量場在其中，因此對肉身本身識性的釋放在生活的每一個行為裡面，都要以不思議來不延伸不往外，成為正法本身的根本大戒，才能夠在定性當中，定見自己本身各種不同類別的識性，連結無邊無量的眾生法緣。

情愛非情非愛，愛於一切情，所有情一切識，所有境一切分別心，一念無量情，一境無量識，識性之愛，識念之情，識之無量，識之非識，識之變現，非識之所愛，覺一切識，解

一切情愛，不在識性中，一切自在中。

類別之等同非等同無量類別，類別分別，有別無別，隨類之別，各別共非等同共等同之類別。

識之思議，判別之識，識念各自，自有其識，識念識心，念之識性，心識識心，識之取捨，空識非念。

所以，不以識性見自身即身肉身的一切行為，無不是為了讓無邊無量法緣的眾生能夠在無干擾、無傷、無對應性的狀態下相應一切的回歸，而讓他們無邊無量的眾生、無邊無量的生命形式在即身肉身共同共震盪、共圓滿的即身的每一個行為裡面，共放下無邊無量的識性，於即身寂滅無邊無量識性於當下肉身的每一個生活，世間無上正等正覺，無任何相對性之識性，而入不可思議之生活自主，令無上正等正覺即身肉身無邊無量皈依境等同當下實相皈依境，實相肉身於日常生活中自主圓滿。

吾愛吾身，肉身一生，一生之行為，無量身口意之動作，吾愛非愛，愛吾之即身之身口意，非愛當下，非吾空我，我身一生，一生非身，生生即身，世代等身，愛之肉身，即身空愛，吾愛無量，愛吾等身，我愛空無，無我吾愛，佛成密我，吾愛空密，實相即吾。

肉身主位皈依境全面性的引動收圓圓收密行

自性既然生命顯相，本身就是一個終極的意志，就是自己當下的主位皈依境。

我們這一次有一個重大的表達，就是說，所有的主位皈依境基本上它的整個核心價值是開在肉身的存在，也就是主位肉身的皈依境。肉身的皈依境在第一位肉身皈依境的肉身本身的皈依完整之後，這個皈依境它具備傳承的一個授記狀態。當第一個主位肉身皈依境整個完成志業的時候，一切有關的周遭的眷屬，逐步也會成就一種所謂的共同志業的皈依境的主位肉身。這種狀態在每一個存在當中的傳承，在我們周遭存在的每一種關係當下的密行，就會形成整個世代終極性的主位皈依境，共同的不可說的存在存有的共實相關係，純粹以人世間的一切關係形成共同關係之中的主位皈依境。

所以在人類的歷史上的傳承來講，這是空前絕後的一次，此空前絕後的一次壇城性的狀態，也就是這些主位皈依境本身具備密行的狀態，具備整個終極意志共同存有的狀態。我們要完全用人類存在的立場來看待主位皈依境，我們自己肉身的主位就是整個肉身的存在的轉識成智都是皈依的過程，在皈依當下，是永劫以來所有眷屬回歸當中的重大的密行顯相。所以我們自身的主位皈依境在完整的過程當中，它就具備一個傳承的即身法流，它是一個輪動性的狀態。

所以當你自己即身志業的狀態已經完全成熟了，完全成就一個主位皈依境的時候，這個即身肉身的每一個存在當下，肉身主位皈依境的整個傳承的圓滿，就會形成一個家人、家族的主位皈依境，家族主位皈依境的狀態就會讓過去現在未來所有的當下，整個家人世代的傳承能夠成為主位皈依境，對歷代的祖先和對未來的子孫都能夠形成一個重大主位皈依境，回歸重大涵攝終極密行的主位皈依境、家族家庭的主位皈依境。更重要的是整個國度的主位皈依境，整個系統的主位皈依境、各行各業的各種不同的主位皈依境，還有更重要的是整個地球的主位皈依境、整個的日月星辰的主位皈依境、整個宇宙的主位皈依境，這就是關鍵所在。

所以我們要徹底的了解，主位的必要性它是無所不在的狀態，在無量之細當中，任何顯相的生命形式都是主位必要的皈依境，是終極回歸的重要性。這整個終極世代，我們所法供養於虛空的狀態，整個存在實有實相最重要就是虛空的主位皈依境，也就是虛空主的確定。虛空主位的重大存在本身所具足的狀態，當下整個宇宙永劫以來的萬有都已經是具足在虛空的主位皈依境，不斷的成就一切的輪動狀態。

所以我們要徹底的了解到，在整個世間尊重的主性所密行出來的開演的法流就是主位皈依境，所有的生命他自身有他當下的必要的主位皈依境，關鍵就是在於即身的皈依境。每一個生命不管成佛或不成佛，不管他今天多圓滿，或多沉淪，或者是在進行轉識成智的各種不同的功德力，自性本身既然生命顯相，他本身就是一個終極的意志，就是每一個諸相的生命形式，就是自己當下的主位皈依境。當下就是諸相的主位，每一個生命都是他自己的主位，不管今天他認識了主性沒有，他用識性的狀態，還是在他自身的主位上，既已顯相成一切生命的形式，就是具備了主位的必要性。但重點是在於，為何顯相就是主位的狀態？因為，諸相當中的流動所產生出來的演化過程，就是讓所有永劫來各種不同在這個諸相當中的一切有形無形的眷屬狀態，全部在演化中整個回歸到這樣子的境界之中，諸相本身就是一種境界延伸出來的不可思議狀態。

所以我們要了解，一個諸相的狀態它的流動變化當下，就是讓所有的因果性的眷屬全部回歸到這個諸相的境當中。所以，一個諸相就是一種主位，同時具備了所有生命回歸過程當下的皈依境。一切相都是主位皈依境，這是今天我們徹底佛說所確定出來的重大的實相密藏，從來就沒有在整個宇宙當中這麼空前絕後的開出——諸相就是主位皈依境。所以我們要了解，這個緣起只有在這一次地球，在世尊蓮師顯密之後，最重要的一個中道正法的開演，就是在無常的狀態中，不是只有地球上的無常狀態，是整個永劫以來宇宙虛空本身的無常狀態。對虛空來講，這個永劫的時空感是——虛空裡面的萬有不斷輪動永劫之後，時空本身終極的收圓狀態，也就是把不圓滿、不自主的狀態全部收圓回來到主性的狀態、主位的狀態。這個立場，最終極的皈依就是什麼？虛空本身。

所以我們要了解，虛空主位的重要性是無所不在的，是無邊無量的狀態，早就具足在永劫之前，虛空主位就已經確定了。所以在永劫的流動當中，讓所有宇宙的緣起的輪動性的無常性，全部走到今天，開演在終極地球的原點。終極地球原點的無常性就是整個虛空永劫來所有萬有的生命的流動，還有落差的部份全部企求透過這一次的終極原點——也就是地球的主位皈依境，全部收圓圓滿。所以我們有如此的功德力成就一個肉身主位皈依境的時候，我們能夠意會，我們能夠成就，我們能夠在識性之中用主位皈依境的即身肉身在回歸的當下，讓無邊無量眷屬眾生回歸的過程裡面，我們自身的輪動就是轉識成智的主位皈依境。每一個轉識成智的過程裡面，我們自己的不空成就到空行密義都能夠有一個主位的狀態，也就是每一個轉識成智的定位點的戒定慧的不可思議，我們都是要成就一種真正的自主性，在我們的即身肉身的日常生活之中。

面對廣大的無常，面對地球的原點上，其重大的意志就是虛空主的原點意志，目前的終極的原點意志就是在地球的一切輪動之中。平常我們每一天在地球的無常性，就是永劫所有生命最後皈依的皈依境，就是在地球日常生活之中，我們人類自己怎麼樣面對的生活。我們怎麼生活？我們怎麼存在？都是永劫眾生的回歸、眷屬的回歸。所以我們今天身在此時此刻面對地球的終極原點之中，我們必須有主位皈依境的肉身，必須懂得轉識成智當中報身佛的無上成就，必須懂得我們自身的本份，我們的本願、我們的共主性的狀態是永劫以來所有生靈最後的訴求和希望，我們要成為所有生命最後的曙光。

但我們必須有一個厚度，我們對自己存在的重大的能量場的佈局是什麼？我們今天全部公告出來，那就是我們自己在轉識成智當中，必須要有徹底的報身佛的皈依境，我們對所有的永劫以來虛空本志當中的密志密義，要非常清楚今天最後的終極原點就是在地球本身的功德力上面。但是，地球的功德力所反應出來，是在每一個具足肉身皈依境的一個肉身是如何去面對生命？如何去釋放、去示現他自己轉識成智的無邊無量狀態的收圓？讓你自己在面對生命的時候，你啟動了自己轉識成智不可思議的回歸過程的主位皈依境的成就。更重要的是，當你報身佛成就的當下，你自己所放光出來的轉識成智，就會成為宇宙所有的眷屬回歸的重要機會，也就是你自己肉身的皈依境示現的轉識成智。

這個時候，因果本身只是所有皈依收圓的重大的皈依境之所在，就是因果性的皈依境。因果性的皈依境是我們即將要開演的重大的存在，進入一個廣大無常當中，無不是的因果輪動在整個宇宙的浩瀚之中，也輪動在整個地球之中我們每一個當下的無常性的面對。所以今天我們要共主的立場，我們整個肉身的意志要非常清楚今天所存在的重大的終極點。你要成你自己生命的曙光，你要成為所有的地球生命最後的曙光，要成為宇宙永劫來生命最後的曙光，這一道光芒，我們必須綻放出來。在我們自身的每一個存在當中，這是我們必須如是我聞、如是奉行的狀態，就是主性之光、自性之愛。

所以今天我們全面性的宣告——每一個肉身、每一個存在、每一個宇宙、每一個靈動的不可思議的狀態、每一個當下的身口意，都是諸相之中的主位皈依境，我們必須全面性開演各種不同形式的主位皈依境，讓永劫的生命全面性的回歸到肉身主位皈依境的狀態。

如一無量的肉身成就

一體性的肉身，也是無量身的肉身，也是如一的肉身。

我們在即身肉身中道法流的共修當中，我們自己存在的不可思議的一切處，不只是必須與我們的如來義共修，更要與我們如來報身佛所同意的各種不同的不空之處共修。我們要了解，中道肉身的重大面對，就是在即身當下肉身的廣三共修。廣三共修的狀態就是中脈和左右脈的共修，就是祈請我們自己本身的廣三脈，也就是中脈和左右脈共修的如來義，廣三脈共修一切湧動回歸的重大苦難的磁場，這是一個關鍵性的共振。也就是逆破的行法，在廣三中脈左右脈的不可思議當中，所代表的就是無邊無量的狀態。無邊無量狀態的體悟，在時間點當下，就是成就一個如一的無量性。

如一的無量性在廣三中脈即身肉身的當下，也代表我們自身法流義的無量性，在即身肉身的第一義的無上成就。我們要了解在無邊無量之中，一定要即身成就我們即身肉身無量身口意的狀態，這個狀態就是，我們要把自己與所有相對性的左右脈之間的分別性，全部在我們即身肉身透過中脈的涵攝和轉識成智，整個成就為如一的廣三中脈的等同等持不可思議的中道身。所以一體性的肉身，也是無量身的肉身，也是如一的肉身，當我們自己本身肉身的相對性全部解除的時候，整個肉身就是廣三脈的中道身。左脈也是中道，右脈也是中道，左右脈共同中道，廣三也是共同中道中脈的肉身狀態。

當這樣廣三基礎的肉身，建立成無量身之中脈身的等同等持的時候，我們對於所有一切的相對性都是等同等持觀自在的狀態。別人的問題就是我們的問題，別人的因果就是我們的因果，別人的輪迴就是我們的輪迴，別人的一切身口意就是我們的身口意。這裡面的等同性當下的不可思議，基本上就建立在我們自身相對性的整個肉身狀態，前生今世的一切全部解除，這就是我們無量身的真實義的狀態。

當我們的肉身能具備如此功德的時候，我們就非常清楚了解到，其實任何相對性之不可思議的對應過程，就是一種公義性的逆破，所有的相對性的狀態，本來就是相對性引動下的逆破必然的解脫之道。對眾生來講所有的相對性，他都是落入相對性下的鞏固，完全是落入相對性輪動之中輪迴狀態的肉身眾生性。但是一個逆破行法的無量報身佛的成就，就是我們在所有相對性的緣起之中，都是逆破的第一義的時空，也就是涵攝回來不往外的中道涵攝的重大法流圖騰。所以我們整個肉身都要覺所覺空的，我們自己的涵攝力不斷的打破各種不同相對性的時空感的那一刻開始，我們自身的轉識成智，就能夠無所不在的把所有相對性的時空感，不斷的當下解除、出離，這就是關鍵。

我們要了解，肉身本身的逆破，就是關鍵性深遠的體悟，這個一體性的體悟，也就是逆破的行法，整個肉身的相對性，都是成就我們自己本身逆破的行法。如何在肉身當下，任何相對性湧動的苦難狀態，都是我們等同如來的共修狀態？也就是我們自己肉身各種不同生老病死的不安恐懼，我們能夠體悟這是讓我們能與如來等同等持的一個重大逆破共修的法義。我們面對肉身無量的生滅，等同面對如來的真實義，這個等同性的如一性，也就是瞬間湧動苦難的不安恐懼，瞬間等同諸佛的佈局，我們都能夠了義。

如此，我們將是如何的佛首智，我們將是如何佛首智的身口意，我們將是如何的報身成就的身口意，這就是關鍵。但是這個核心是在於，我們要懂得左右脈要透過中脈的轉識成智的涵攝。中脈涵攝了左右脈相對性的狀態，所以整個成就的時候，中脈左右脈是等同等持的覺所的當下。廣三脈的中脈就是等同無量性的廣三的成就，三就是多數的開始，三就是無量的開始，廣三脈的即身肉身就是如一一體性的法流義。所以我們即身當下，要非常的清楚，無常性就是當下性、無量性的狀態。所以當我們能夠無量身、無量義的密行在無量的時空的時候，要非常清楚的了義到，所有無量眾生的苦難就是我們無量義的存在，就是我們無常無量義之等同等身的狀態。

所以無量的密行在我們無量的生活之中的無量磁場，都是我們自己本身無量覺所的本空之義。為什麼是本空的狀態？本來就是空性的具足，但是我們本身在各種不同法流的湧動之中，我們有太多沒有辦法當下轉化的落差，才會產生很多相對性的提點。相對性對智者來講是一種提點的狀態，如果我們是有無量智慧的佛首智的時候，所有的相對性本身，都是處在反應無邊無量所有存在落差的輪動點，都是我們自身畏因當下可以成就中道的提點。所以我們在緣起上無量義密行的無量涵攝裡面，無邊無量的相對性湧動上來的一刻，在整個身口意任何相對性的狀態，都是等同宣告被涵攝回來的，只是它是被湧動出來，等同是被涵攝出來之無量中道的涵攝義。

所以當我們自己的肉身具有無量性的中道涵攝義的時候，我們面對周遭一切無常性的相對性的人事物當中，肉身所反應出來當下一切相對性的輪迴，都是等同我們自己即身肉身無邊無量等同等持，覺所涵攝回歸本體如一的面對。當我們的肉身具備這樣子的功德力實相的時候，我們所有的一切的無量義、無量智、無量行、無量密，無量即身當下的究竟的實相，都能夠隨時隨地在我們日常生活之中，有等同等持的無上正等正覺的肉身狀態。所有的肉身就是等身的肉身，所有肉身存在的身口意就是等身肉身的身口意的成就，當我們自身有這麼大的無窮盡格局的狀態，這個肉身就是虛空性實相的肉身，第一義存在的莊嚴。

一肉身就是無量世的肉身

主位皈依境所有生命在肉身內等同等持，完全安住在肉身的等同性裡面。

世尊在開演正法的時候，大部份的狀況都是遍虛空都會有無形的生命、各種無量次第的生命在傾聽，但是重點是在於說，正法有二種，一種是如果有諸佛菩薩在虛空中有密正法，他引領無形眾生成就，成就不等同成佛的情況下，那是另外一個密正法的示現。但是如果說今天在某一個世代或當下這個世代，有某功德者他即身當下的肉身，其重要的輪脈裡面有皈依境，這個皈依境的主位本身的自主性有主導的力量，他有辦法運作所有皈依境裡面各種次第的眾生，這些眾生就是他法緣上的眷屬，之外再不斷延伸的皈依正法的力量。

世尊正法第一義，無上肉身即身義，肉身密藏自皈依，肉身眾生密輪脈，輪脈密行密皈依，輪脈密空即身佛，肉身即身眾生處，肉身皈依密肉身，輪脈肉身主皈依，皈依境上眾生本，眾生皈依輪脈密，密身輪脈皈依境，眾生輪脈密皈依，即身皈依密肉身，眾生輪脈自皈依，輪脈肉身眾生境，皈依境上覺眾生，輪脈即身肉身佛，眾生肉身皈依境，輪脈即身圓眾生，

輪脈皈依佛肉身。

當每一個輪脈已經有主皈依境在他即身輪脈的當下時，他的眾生在皈依境裡面整個轉識成智的功德，和這一個肉身本身他在一生當中行走的功德力是等同等持的，或可以通往等同等持的狀態，這裡面有很多層次，一個就是說，皈依境的眾生跟主位的主導者之間的相應到什麼程度，那另外一個就是主位本身他承擔這些皈依境眾生的整個功德力的厚度到什麼程度，以這樣子的一個大我承載的皈依境裡面，所有這裡面的情境解除到什麼程度的主位的自主性的功德力，他安住在這個肉身的一生當中的每一個對應裡面，他相應的狀態都有絕對性的影響。所以重點是在於說，當皈依境主位的自主性跟他皈依境的眾生之間的等同等持越接近的時候，他越有辦法安住在這一個有皈依境的肉身的一生的行走裡面，他比較能夠在功德上能夠納入，等同等持。

等身功德力，功德本願肉身即身莊嚴，等身實相，等身佛成。

一肉身當下皈依無量境。

一即身之身口意，自主一切眾生生命叩問之根本義。

一念即身第一念，念中無極生命功德原點，輪動陰陽無極如如不動。

因為大部份的世代，佛來的時候，大部份的追隨者就是純粹用他單一的內在的如來性在傾聽，然後，遍滿虛空有很多的眾生在傾聽。但是這一次，已經有肉身正式進化到他的肉身有皈依境，而且他肉身皈依境所在的輪脈，他的輪脈完全是有機體的，所以當這個有主皈依境的肉身，他在傾聽佛法的時候，他的輪脈可以是相應、開放、傾聽世尊的法音，甚至他肉身在當下傾聽，以肉身的覺受、肉身的身口意即身傾聽主的法音的時候，同時他的輪脈也能夠等同於生命一樣傾聽主的法音。同時，他也覺受到自己輪脈裡面皈依境的眾生全部集中在他本身眉心輪傾聽主的法音，同時，觀照著主的法音，觀照著主的輪廓，而且清清楚楚。

生命法音，生活觀音，人性本空，人我皈依，無我正法。

世間世法，世代傳承，覺不思議之廣三天下，觀不可說之廣三當下。

教法之廣天下當下，引動即身肉身密藏之輪脈，皈依圓收一切諸佛淨土。

這個主皈依境本身是在即身肉身當下，地球這個時空的肉身狀態，非常生活化的時空裡面，以一個女相的功德力，直接對應一個非常平凡、非常平實、非常一般的當下所進行的一個重大的事實，就是以肉身本身存在，但完全不受制肉身本身所存在的任何覆蓋的部份，完全不受制，而且完全能夠完全不必在肉身之外的虛空傾聽世尊的法音，而完全是安住在肉身的磁場，安住肉身任何可能覆蓋的狀態。也完全不受制肉身所進行的各種食衣住行的任何動作，也甚至不受制肉身裡面現在的起心動念，也不受制肉身存在世間的任何動作的可能性，這些完全不受制。這個基礎已經建立起來，就是肉身的狀況都不預設，我在無一定法的因果的相對的世界裡面，我完全不受制的安住在我即身眉心輪的輪脈，全面性的納入正法的聲音。

即身肉身存在諸相，即身畏因，安住莊嚴一切處，世尊肉身，終極生命，正法生活，即身清明清淨，一切密輪脈密空性空行，肉身時空輪動，無量眾生入無上主肉身皈依境，莊嚴生命，一切輪迴生死，密即身存有，廣密虛空本義，即身解脫皈依自主，肉身眾生，等同世尊如來莊嚴功德，密肉身世尊，生活當下，密解密行，圓收無量等身之眾生。

而這個時候，等同於你主皈依境的主尊，等同肉身的如來性，等同肉身任何的覆蓋與非覆蓋的磁場都完全不受制的情況下，讓你主皈依境的所有生命也能夠等同在肉身的等同等持的初步的厚度，傾聽主的法音，完全安住在肉身的等同性裡面，有這樣子的事實，就有這樣的功德，就有這樣的厚度，所以這個肉身的成就，即身成佛等同主位的成佛，等同皈依境眾生的成佛，等同所有存在肉身的存在裡面。那個輪脈就是道場，就是供養，它不必在肉身之外，而在肉身當下的時空、當下的平台、當下的道場，肉身就是道場，那個正法的道直接入你每一個輪脈而生生不息的法供養，直接灌入你肉身的每一個輪脈，而這個時候，如果在中道的法流裡面，主的法音就入你本身皈依境輪脈而直接善護寶生你皈依境所有眾生生生不息的法流與功德力的磁場。

更重要的是，當你本身肉身的不動性夠的時候，你內在如來的法流，主的聲音入你的輪脈，入你的皈依境、入你皈依境的主位、入你皈依境的眾生裡面的能量場，對應相應到哪裡，你內在如來的法流也等同灌入那一個主皈依境裡面，等同等持在那個輪脈裡面。等於是，你內在如來性的法流等同主聲音的功德力，同時，內外如一的加持、善護、寶生你皈依境裡面的一切，這是非常重要而空前的，這是即身重要的狀態，這是為了女相解脫的功德所開出來的重大妙法。正好就是在所有的龍華三會基本的內涵初步整頓完成的時候，已經開始進入即身肉身，不是單一的成佛而已，而是你肉身的皈依境的厚度要並行在你肉身每一個行走的當下，這個是非常重要的。

肉身密藏，輪脈遍一切肉身等同遍一切宇宙虛空，輪脈密法供養，永生永世永劫即身輪脈本願共願，即身世間終極正法，即身諸相，輪脈圓收，大威德力，密廣天下示現諸佛，入肉身輪脈無生法忍，廣三雙修，密非男非女，密陰陽太極，輪脈解密，輪脈密逆正法，觀照無關，結界輪脈，自性功德不可思議。

因為，肉身的密碼是——你一個肉身就是你無量世的肉身，而且無量世的生命體在這一世的當下每一個身口意在進行，在廣度裡面，同世代的無量生命等同於當下這個肉身的感同身受的存在，既深且廣，無量身於當下身。所以今天另外一個更重要的是說，在你輪脈的主皈依境裡面，它完全在安住等同面對，而當這些主皈依境的眾生茁壯的時候，你本身所對應的更多無形有形的苦難眾生，回歸的過程裡面，主皈依境都會取得重大作用，直接用皈依境非常清楚的在你肉身每一個密的皈依境的部位裡面，它就會有非常清楚的收圓與納入，而等同等持。

肉身之密碼，即身輪脈放光寶生無量生生世世無量諸眾生，無量世一剎那，即身一念，肉身無窮，無住無德無壽者相，輪脈即身，密輪動一切自主正法，肉身眾生苦難皈依，圓收無量有形無形之眾生，身口意無念無我，密輪脈解密空行解碼，自性肉身如來，密肉身眾生等同如來肉身身口意當下輪動之遍一切處。

當這個時候，你就是「肉身非肉身」、「人非人」的狀態，這種非人的狀態就代表你的存在，已經不再有任何人類慣性的狀態去理解你的存在，你也完全不再受制人類的一切因果的行為，也不再有任何眾生的壽者相，不是只有人類的壽者相，是你不會存在有任何無量世界無量時空無量任何生命形式的壽者相。你完全不受制，那個就是當下即身你的存在就等同宇宙身、皈依境身、主身、一切道場身、一切不思議身、非身、非等身，就是說，任何的生命形式都無法預設你生命存在的功德，任何相對性存在的能量場只能用不可思議去讚嘆你本身存在的功德力，那樣子的一個願力形成的一種「非一切性」的狀態，「入一切而非一切」，

「收圓一切而圓收一切」的自主的不可思議的即身主、無量主之重大的自主性，令無量苦難的磁場皈依當下肉身自主莊嚴的自然生活。這樣的即身皈依境的實相生命體、實相肉身，他已經不是即身成佛，他是主皈依境下，肉身存在就是無量收圓的存在，生命走到哪裡，生命就圓收到哪裡的一個完全自主的功德身。

眾生之存有，一切有形無形之生命形式，共一世即身肉身之覺受，即身無量肉身之眾生，念念心念眾生無量劫之苦難，示現肉身之身口意，叩問肉身如來之自性義。

即身無量慣性形式，即身無量識性眾生，即身如來密輪脈放光示現主皈依境，寶生即身肉身之圓收圓滿，結界善逝眾生皈依境無上識性之界別，肉身寶生即身佛成，即身皈依肉身主正法解因解碼解無量眾生苦難，入主即身如來密功德實相淨土。

附錄一　中道觀自在心要

阿媞

從第一本書《叩問生命》對生命探索的初衷本心，《叩問無常》在無常世界的淬練和觀照，《叩問男女》陰陽兩性議題和女相解脫的覺醒，《叩問中道》二元相對的收攝與解除，到第五本書《叩問肉身》個人即身成佛以至於無量劫來所有眷屬完整皈依的大圓滿成就，叩問五書不是一門教法或宗教，不是一門學問，不是一次性讀完的書，也沒有任何的方法或功法可以修，但卻可以相應任何的法門和教派，相應我們在生活、工作和關係當中的所有界面，而讓我們在現有的修行和日常生活當中，加深既有的深度和意會。因為當我們的身口意完全調整成為「中道」的狀態時，那就是更通往相應內在力量和宇宙實相的狀態，這是我們寫叩問五書所希望帶給人們的。

原本應該是處於中道狀態的宇宙秩序已經偏斜，是因為數千年下來人類識性的累積而造成的結果，人類喜歡光明，抗拒黑暗；享受擁有，害怕失去，所以會用盡一切去鞏固現有的一切，甚至去得到不屬於自己的東西。但是，那全是站在自己個人小我的識性邏輯去做衡量，而沒有大格局的如來自性的眼光去觀照整體。所以，當少數人或少數國家富足了之後，反而形成更多其他人或國家或其他物種被掠奪的貧乏，這就是現在整個地球社會的狀態。

世界唯有恢復成「中道」，才能改變這種整體秩序失衡的狀態，但它需要從自身做起，當這個世界當中，有越來越多人將生命恢復成「中道」的狀態時，那時就能體會到生命本自具足的豐盛，那種豐盛不是人類因害怕失去而不斷掠奪其他生命或物種的結果，而是如來自性智慧能量生生不息之下真正的平安喜樂，我們相信，地球也終將會還原成原本具足而美麗的星球。

這需要我們每一個個體都清明清楚的覺知，日復一日的觀照自身的身口意，這可能需要一段不短時間的自我警醒和提點，隨時隨地，在生活中，在工作中，在動態中，在靜態中。

中道基本心要

雖然，「中道」並沒有特定的「法」可供操作，但世間一切法都可成為中道之法，只要在其中運用一些中道的基本心要，在日常生活當中或修行當下操練，每日反覆練習，讓這些心要成為隨時對自己的提點，可以使你原有既存的修行法門更上一層樓，與內在力量和實相本體有更深的連結和意會。

一切都是空性如來變現的

我為什麼會處在這個境當中？我為什麼有這樣的關係？為什麼我會跟這些人一起工作或生活？我為什麼會面臨這些考驗？

以實相本體的立場來看待時，沒有示不示現或變不變現這個問題，因為，實相的基本存在就是空性。在空性存在中，如果把肉身的相打破，把所有一切相都打破，我們都是「等身」的，也就是說，肉身就是如來身，我們都是空性的肉身，沒有眾生的存在，就連諸相都是空性的，包括無邊無量的宇宙，包括虛空，都是空性。

在實相的狀態裡面，我們現在所有的存在事實上都是空性的，你跟我之間、我跟他之間，並沒有示現或變現，沒有因果，甚至從來就沒有永劫這個事情。在空性裡面，連永劫都是多餘的，這就是唯一實相。

但是，我們的肉身畢竟跟空性如來還是有很大的一段落差，如果我跟你說，你是空性，四大皆空啊，你所擁有的一切財富、你所有的一切家庭關係、婚姻關係都是空性，你可能嚇都嚇死了，反而又抓得更緊了。你丟得掉你的擁有嗎？你捨得掉你的關係嗎？你放得掉你之所以成為「我」的那些所有意識型態嗎？

你看看，你有多少的不安恐懼？這些全都是被空性所「照見」的，因為它們被照見出來，我們看到了這些被照見出來的狀態，我們才知道，哦！原來，這些被照見出來的落差就是我們和空性如來之間的距離，那個距離就是我們無法自主的部份，無法生命恢復的部份，就是識性的部份，而這些部份是需要被引領的。

所以，才會有我們所處的一切境、一切關係、一切諸相、一切有形無形的人事物與我們互動，而這些全都是空性如來所變現出來，為了照見我們肉身與空性如來之間的距離所形成的一切示現與變現。當我們覺知到，這些照見就是空性如來所引領於我們的變現，而我們誠心實意的願意改變並解除自己的識性時，我們才能領悟，原來，這就是空性如來對我們最深的慈悲與愛，自然的，我們就會對一切的變現和照見心懷感恩。

〔練習一〕

當我覺得生氣的時候，問問自己：

我為什麼會跟這些人一起生活或工作？與這些人相處當中我不能自主的部份是？

因為每個境都是空性如來變現的，為了照見我所有不能自主的部份。

〔練習二〕

當我覺得沮喪、難過的時候，問問自己：

我為什麼會面臨這些考驗？在這些考驗當中我不能自主的部份是？

因為每個境都是空性如來變現的，為了照見我所有不能自主的部份。

〔練習時的重點〕

在任何的狀態下，心裡都緊記著「一切都是空性如來變現的」，並隨時保持出離、安住、不落入、不思議、不往外的態度，看到照見出來的部份就好了，不必再多思議為什麼，也不必再為照見出來自己不自主的部份有多餘的情緒或自我批判。

凡我對人所說，都是如來對我所說

當我們有了第一個基本的認知「一切都是空性如來變現的」之後，我們就可以知道，一切都是如來的存在，這就是非相對性的基本存在實相。眾生都是如來的，一切諸相都是如來的，因果都是如來的，每一個人事物都是如來的，天地都是如來的，永劫以來的一切都是如來的，這是基本上本體性的答案。但是，這是最基本，卻也是最困難的部份。

因為對人類來講，所有一切關係、一切諸相都是相對性的，諸相本身有各種不同的名相，存在的一切關係也有各種不同的名相，在各種不同變動過程的經驗值當中，以人類的立場來講，都必須要用相對性的理解，才有辦法得到某一種確定的安全感。可是以解脫的立場來講，卻必須要解除所有的相對性，當我們自身所有相對性的解除已經到了一種「無我」狀態的基本面時，才能夠進入如來相。

所以，當意會到一切都是如來本體存在的時候，那麼，還剩下什麼？一切就是如來的。自己就是如來，所有的狀態都是如來，天地也是如來，別人也是如來，父母也是如來，兄弟姊妹都是如來，一切的因緣果報都是如來，冤親債主都是如來，祖先都是如來，前生今世的自己都是如來輪動示現的狀態。

那麼，是誰在說？是誰在觀？是誰在想？誰又是誰的誰？當你想對誰說些什麼的時候，到底是誰對誰說？說給誰聽？事實上，都是說給自己聽的，因為，既然都是如來的，何來的說給「別人」聽呢？

但對大部份的人類來講，都還是以一種慣性的說法在對別人說話，沒有辦法意會到，如來會透過對方身口意的某些狀態，直接引動我們本身要面對的功課。如果今天你是一個通往解脫的人，你就會很清楚的在一個「不往外」的基本穩定覺受下，從和對方互動的某些動作、字句、聲調或表情當中，意會到如來透過這個互動，提醒著我們要調整的方向，或者自己忽略的重點，而去相應到自己本身要放下的執著是什麼。

不管你周遭當場有多少人和你一起互動，雖然你偶爾還是難免會往外，但如來就會從你自身的身口意裡面直接在告訴你，你要注意些什麼，因為自己的身口意就是自身的因果裡面最直接的呈現。

所以，所謂的佛說不是一尊佛在說什麼，也不是你在對廣大的眾生說些什麼，而是你在說的當下，如來透過你自己的身口意對你說的話。但如果你觀照不夠，你是往外的，那麼你是說給別人聽，卻並沒有辦法意會到自己的問題。

〔練習一〕

凡我對人所說，都是如來對我所說。

我為什麼會對這個人說這些話？這在反應我內在什麼樣的想法？

如來透過對方的引動，讓我觀照和他互動時，自己被照見了什麼？又該放下些什麼？

〔練習二〕

凡我對人所說，都是如來對我所說。

我為什麼對這個人有這樣的想法、判斷？這樣的判斷和想法，和我個人有甚麼直接的關係？如來透過對方的引動，讓我觀照和他互動時，自己被照見了什麼？又該放下些什麼？

〔練習三〕

凡我對人所說，都是如來對我所說。

觀察自己對別人說話時，是什麼樣的音量？什麼樣的語調？什麼樣的情緒狀態？

不管是大聲或小聲，平緩或急促，高興或悲傷，都能從當下看到如來對自己的提點。

〔練習時的重點〕

凡與人的任何對應，都可以運用這句「凡我對人所說，都是如來對我所說」，但不能有任何的預設，當意會到如來對我們的引領時，心懷感恩，不必有多餘的情緒，甚至連法喜都不必，若沒有意會到如來的引領，也沒關係，仍繼續保持出離、安住、不落入、不思議、不往外的態度。

看別人等同看自己

這個基本心要的重點，就是在「等同等持等義等覺」狀態的重要基本態度的建立。空性實相的重點之一是——內外等同等持，無外也無內，內無內，外無外，內無量之無內，外無量之無外。簡單的講就是，外在的都是內在的，內在的都是外在的。

我們在和他人互動的當下，若沒有辦法「等同等持等義等覺」的觀自在的時候，別人對我們來說，也只不過是一個相對性的存在生命而已，我們之間的對應就只是相對性的識性丟來丟去，也只不過是你我之間的因果來去，跟解脫沒有任何關係。

生命的恢復過程是從相對性到非相對性，到無相對性，到不落入相對性，到深刻了義到「從來，相對性只不過是識性分別當中的一個假相狀態」的一個演化進展過程。所以當我們了解到所謂相對性的「別人」也是如來透過對方來讓我們照見自己的緣起時，我們就要意會到，將自己從落入對方的因果裡面，整個出離出來，找回自己的因果碎片。

所以，看別人的問題，是為了找回自身失落在別人身上，那一份可能屬於自身碎片的因果狀態；看別人的相對性，是為了自己不落入別人的相對性。

當你看到別人問題的時候，能不能夠等同看到自己的問題？自己是帶著怎樣的相對性去看對方？帶著多少輕重的識性去評估對方？當你對某人感到不舒服的時候，還有多少殘存的識性去消耗在彼此的互動之中？自己是不是有等同於對方一模一樣的問題？

通常，對人類來講，看別人的問題很容易，但要看到自己的問題卻很難，而且人們通常不承認自己真正的問題，不願意看見真實的自己。但人們忽略了重要的一點，常常，我們對別人的不舒服，都是因為我們把自己的識性往外投射在他人的身上，無法拉回來觀照到自己的識性問題，而如來對於我們的往外，看不到自己問題，所湧動出來讓我們感覺到的如來對肉身不舒服的覺受。只是我們以識性解讀，認定有一個對象叫做「別人」，所做或所說的一切在讓我們不舒服著。所以，事實上是，我們對別人的不舒服，其實是如來對我們肉身的不舒服，因為我們往外了，收不回那個投射，強化了那個相對性的份量。

〔練習〕

在生活中最讓你看不順眼、生氣、困惑、失望的人是誰？他做了什麼事？寫下來。

問問自己是否也跟他有同樣的心態，跟他有同樣的狀態？

舉例：小孩不聽我的話，很拗脾氣，怎麼講都講不聽。

看別人等同看自己。

試著反問：

1、我不聽別人的話，我脾氣很拗，怎麼講都講不聽。

2、我不聽自己的話，我脾氣很拗，怎麼講都講不聽。

舉例：這個人很小心眼，愛斤斤計較。

看別人等同看自己。

試著反問：

我很小心眼，愛斤斤計較。

〔練習時的重點〕

做這個練習需要有面對自己的勇氣，因為人們通常不願意看見真實的自己。做此練習時，誠實的面對自己，不必落入批判自己，只要能看見，調整收回投射在別人身上的識性碎片就好。若一時之間看不見，不代表自己就沒有問題，也許是切進去看的角度不同，也請誠實的承認自己有不願意看見的那部份的識性。

真正的改變從逆破開始

大部份的人不知道，眾生的行路都是順向的，但是，真正的正法卻是「逆向」的，既然我們決心將自己的生命調整回到中道的狀態，那麼就必須經過「逆破」的過程，因為「逆破」就是顛倒性的重大解脫之道。

經過前面三個基本心要的練習之後，我們對自己的問題看得更清楚，更能夠收回投射，更能以非相對性的眼光重新看待我們周遭一切的對應，但若沒有「逆破」的金剛力道，一切仍是無法改變的。

這個心要的重點是不能只停留在知見上，而是必須奉行如來義，奉行如來和報身佛的引領，主動的打破自身任何預設的狀態、任何已知的狀態、任何受限的狀態、任何有漏的狀態、任何自以為是認知的狀態、任何習以為常的慣性狀態。肉身必須有所破，不能夠只是停留在照見上，更是要在逆破的如是奉行之中，打破自己肉身各種不同落入的相對性，這樣，我們永劫以來所累積的因果承受，才能有機會真正獲得解除。若打破不了，所有的面對都變成只是紙上談兵，說說而已，終究無法相應於如來義，只不過是在相對之中，打不破的已知的執著的身口意，無法究竟。

然而，對人類來講，「逆破」卻是比看見自己問題更困難的一項功課，這也就是為什麼會有無常的世界、無常的人事物，以逆向的方式來逼迫我們改變。但是，人們常常在遇見逆向的時候，用一種表象轉移的方式，減輕那種直接面對逆向的壓力，以為自己改變了些什麼，結果卻是什麼都沒有改變，久而久之，就變成是一種自欺欺人的修行模式，或者是，完全不了解逆向的真實義，而靠情緒發洩來逃避。

你如何看待逆向？比如說肉身生病了，那就是一種逆向，它就是要打破你自己內在那些已經很難以打破的很多狀態，如果我們在生活當中持續保持一種逆破自己的生活態度，也許根本就不需要生這個病。就是因為你自己逆破不了，你的如來才會安排這種逆向來引動。

【練習】

在生活中有什麼事情是你想做卻不敢做的？

在生活中有什麼事情是你明明知道要改變，卻始終動不了的？

寫下來，你就會慢慢看見自己受限的背後心念，看見是什麼阻礙了你。

舉例：你是一個和合的人，所以當你遇到事情時，你最常說的就是，算了、沒關係。表面上很像是個無為者，不與人爭，但實際上，你害怕衝突，遇到衝擊會選擇逃避，不去面對。而這樣的狀態，不斷地萎縮自己，讓自己內在的力量出不來，總是被欺負，無法捍衛自己。

真正的改變從逆破開始。

清楚看見自己的逃避，和不敢面對的狀態，改變自己，逆破自己軟弱逃避的慣性，勇敢的發聲，不讓其他人掠奪自己。

【練習時的重點】

做這個練習需要有面對逆向和打破的勇氣，因為人們通常不願意改變現狀，也不願意打破自己意識型態的框架，堅持停留在自己喜歡的狀態。當你能看見阻礙你的信念，拿出勇氣來逆破，唯有當你對自己突破，你才會有所不同。

排毒之後，不落入排毒，才是轉識成智的開始

這裡講的排毒不是肉身裡面那種生病的毒素，用中西醫救治把它排毒出來的那種排毒，這裡講的毒素是永劫習性的輪迴，它是最深的病因，這種毒是讓你永劫輪迴的那種識性的病因。凡我們所有不能自主的狀態，都會在地球的時空當中被排毒出來，這樣的知見一定要先建立。

我們人生當中一切的生老病死、一切的苦難都是因果被排毒出來的現象，它是轉識成智當中最重要的核心重點，毒要排得出來，而且要看懂自己被排出哪種因果識性之毒，出離性要夠，才有生命恢復的可能。

人一生當中的識性因果排毒是很常見的狀態，只是因為人類沒有這樣的知見，所以常會在排毒的當下，又落入得深，而延伸出更重的識性因果，反而成為一種輪迴狀態。但如果不落入和出離的功夫紮得深，排毒之後反而會有一種大突破、大躍進的感覺。

經過前面四個基本心要的練習之後，尤其是第四個，因為逆向的對應一定會讓我們震盪出許多的不適應、不舒服，甚至是不情願，一定就會開始大量的排毒，排識性之毒。比如說：你會想抗爭、有抗拒感、你產生了一堆不安恐懼、你非常的悲情、你想退回去自己的舒適圈、你心裡面一堆評斷和圈圈叉叉、你想把所有的不舒服都怪罪到讓你面對的人、你產生了更多的思議等等。

這時候，最最重要的一點就是，不能夠落入被排毒出來的識性狀態，不要在識性被排毒出來的時候，又用識性去延伸出更多的識性思議，唯一的最安全的方式就是「出離、安住、不落入、不思議、不往外」。

當越來越能夠看清楚自己被排毒出來的識性之後，整個排毒的過程就會因你的不落入、不思議和出離性夠，而識性漸漸轉化掉，一段時間之後，你的妙法或自性之力的智慧就會生出來了，這就是真正的轉識成智，它在我們一生當中都是在持續不斷的進行著。

〔練習〕

當逆向來襲時，覺察自己的情緒是否有所起伏？心念是什麼？有什麼樣的思議？什麼樣的死德性？當不舒服感生起時，自己的狀態是如如不動的看著它？還是被情緒和思議牽引到不知自己身在何處？

舉例：你因為得不到自己想要的東西，而生起了不舒服的感覺，心裡面不開心，思議著，埋怨著。

排毒之後，不落入排毒，才是轉識成智的開始。

覺察自己有上述這些感覺和心念生起，這些都是被排毒出來的因果識性，是必須被遞減而最終解除掉的，此時，應出離而跳脫的看著自己被排毒出來的狀態，不能一直落入上述這些情形中，心中不斷提醒自己「我的這些死德性和識性心念是被排毒出來的，我要出離，我要轉識性成智慧」。

看見這裡面自己的生命功課是要放下期待自己能掌控一切、擁有一切的慣性和識性。

〔練習時的重點〕

任何情緒和思議的生起，都是被照見排毒的，若我們落入在情緒和思議的泥沼中，就無法清楚的看見我們需要面對的生命功課是什麼。當遇見逆向時，我們慣性的反應模式或思維模式常會在對應當下的第一時間點反應出來，那就是被這個逆向所照見排毒出來的狀態，看清楚之後，不能一直緊抓著這樣的模式不放，而應試著放下它或改變它。

被照見排毒出來之後，出離性要夠，同時也緊守著「安住、無所、不落入、不思議、不往外」的態度，才能夠真放下。若照見不出來，排毒不出來，何來放下？所以對於能夠被照見和排毒，仍要心懷感恩。

基本心要反覆的練習

這五個中道基本心要，需要每日都遍一切處的反覆練習，練習時間和地點沒有任何限制，它可以用在你的工作中，用在生活中，用在自己一個人靜坐時，用在和家人朋友的相處當中，用在身體的自我觀照，用在你現有功法教法的修習之中，用在與萬有諸相生命的一切對應之中，用在與一切有形無形生命的對應之中，用在你生命生活的任何一個時刻、任何一個地點。

練習的時間沒有一定要多長或多短，每一個人的狀況都不同，可能你在逆破這一項就花了很長的時間才有勇氣；也可能你連照見都看不明白，而需要花長時間來練習看清；也有可能你搞不定自己被排毒出來的識性狀態，而落入其中，很久才有辦法不落入排毒。不管什麼狀態，都不必給自己壓力，也不用批判自己，更不能跟其他人比較。

如果這五個心要每天都反覆練得很紮實，一段時間之後，你會更輕易的看清自己被照見和排毒出來的識性狀態，也做了某些突破和放下，被排毒出來的識性狀態也已逐步遞減，那麼，你就越能夠清明清楚的意會到第一個中道基本心要所提示的「一切都是空性如來變現的」。然後，你就又可以了解了，原來，連自己被排毒出來的識性狀態，和所有照見、排毒、出離的所有過程，也全部都是「空性如來變現的」，你就更能夠確定「空性」的存在存有，也能確定為什麼第一個中道的基本心要會強調「實相的基本存在就是空性」。因此，第一個中道基本心要「一切都是空性如來變現的」也是所有心要當中最核心最根本的基礎心要，它涵蓋了所有其他的心要。

這些心要對你來說，剛開始練習的時候，可能還只是一個知見，一個剛輸入進腦海，但還不是那麼熟悉、那麼能夠確定的事情，但經過這五個中道基本心要反覆的練習之後，知見不再只是知見，而是漸漸的變成你生活中的態度，成為你肉身質變超越的實力，生命恢復如來自性的事實。除非，你在練習的時候，沒有遵守「出離、安住、不落入、不思議、不往外」這幾個重點。若你選擇了停留在抗拒、不想看見、不情願改變、不願意拉回來的識性思議中，那麼，你自己不但沒有辦法內化，反而在這轉識成智的照見排毒過程裡面，又延伸出另外一個區塊，就是從轉識無法成智的那一個區塊裡面，又累積出另外一個完全轉識不成智的更難以逆破的識性集合體，而這樣的狀態將成為你自身難以超越的向下沉淪的輪迴模式。

但生命來到地球，所有我們人生中的一切心念和識性想，都還是難逃一直不斷的被地球的空性時空和無常世界所照見排毒的狀態，若人生中的每一個時刻、每一個日常生活的對應，都能緊守中道五大心要的重點，你的生命恢復就會成為一個不斷往上提昇的輪動螺旋，與空性如來的距離越來越近。

五大心要練習圖示：

一切都是空性
如來變現的
凡我對人所說
都是如來對我所說
看別人等同看自己
真正的改變
從逆破開始
排毒之後不落入排毒
才是轉識成智的開始

中道其他心要練習

以上五個中道的基本心要，看似很簡單，實際操作起來則不容易，它可以在任何動態和靜態的日常生活中不斷的反覆練習，直到成為我們生命中基本穩定的厚度和實力。

很多人修行都以識性為主而做遞增的事，但中道基本心要本身的重點卻在於「遞減」，所以不會要你再做額外的什麼動作，如果有，那一定是為了照見、逆破和排毒，或為了引動照見、逆破和排毒的機會。解脫的路本來就是通往「遞減」的方向，當遞減到一個臨界點的時候，就是真正的「解除」，當識性的解除到一定的狀態時，如來性的智慧和能量生生不息才會有希望。

這五個主要的基本心要，你在練習的時候，可以相應不同時空、面向和對應的人事物，而有不同變化的其他練習，我們提供一些供作參考：

一切都是空性如來變現的

可以變化成：

※覺就是不以識性見如來，不以識性理解自己的存在。

一切都是如來的，但若以識性見，是無法看清如來的。

※相應如來才是健康的身口意。

願解如來真實義，我們就能與如來是合一的，保有身心靈的完整。

凡我對人所說，都是如來對我所說

可以變化成：

※對自己最深的愛就是看懂自己的真實義。

我們所有的識性或者是如來性，都是如來的湧動，如來是空性，是本自具足，我們就是如來。

※一切識性念都是被照見的。

只要念頭生起，不管是否說出去，都等同是如來對我的提醒。識性念也是如來變現的，是為了轉化與解除而被照見的。

看別人等同看自己

可以變化成：

※一切苦皆從相對比較而來。

生命本為共一體本體、本體一體，若以思議和比較來看待別人時，才是痛苦的開始，不落入相對性的比較，才能體會生命共一體本體、本體一體的真義。

※不要把自身的能量，放在別人的因果來去。

若你習慣往外看事情、看別人的問題，你就是輪迴在別人的因果狀態中。

※以分別心做事情是事業，以無分別心做事情是志業。

分別心就是落入相對性，就是落入因果中做事，成就的只是因果累積的事業體。而能在本志中以解脫的角度做事，是在完成我們如來的初衷本願。

真正的改變從逆破開始

可以變化成：

※轉念不等同剝落。

轉念只是轉移的一種模式，雖然一時之間有效，但不等同究竟，要真正剝落自己的識性念才是究竟。

※生命的出口在於出離自己的慣性。

主動逆破自己的慣性吧！

※做善事，不如做善逝。

你以慣性做善事嗎？倒不如以放下慣性——即是善逝——才是真解脫。

※面對的態度決定了一切。

想要真正改變就是一種態度，為了改變而願意放下所有的慣性就是一種態度，有態度

才能真正的改變和逆破。

※逆破就是不設限，就是無一定法。

打破就是從習以為常的慣性中跳脫出來，從有限性的思維中破殼而出，進入無窮盡的未來。

※覺醒才是知苦的開始，但知苦卻不改變，並非真知苦。

若只有知苦的知見，卻沒有改變苦難的行動力，一切都是空談。

排毒之後，不落入排毒，才是轉識成智的開始

※排毒是解除所有分別心的即身出離。

分別心就是相對性，就是必須被排毒出離的識性。無分別的當下，就是肉身本心的無上性，才有真正的救治可言。

可以變化成：

※病非病，病即是如來的操盤。

病相就是如來把我們的識性因果累積，藉由身體的狀態而排毒出來的顯相結果，所以，不落入於病相，才能真了義如來藉由病相提點我們什麼。

※苦難本身就是因果的排毒／人生的生老病死都是被排毒的。

我們多生累劫來的識性因果，此生如來可能會安排藉由生命生活中的苦難狀態來遞減我們的累積，我們只要記得一點，因果能被排毒出來才是最殊勝的解脫之道。

※觀照著轉識成智的震盪，不落入的當下，就是如來相的開始。

不受制於因果排毒，不落入於識性震盪，當出離性越高，越能了義如來義。

以下這些中道心要，也能如上述自由運用練習

1、肉身不累積慣性才是真正的愛自己。

2、放下慣性就是養生之道。

3、無分別是吃素，落入分別是吃葷。

4、出家就是出離家庭的慣性。

5、不落入過去、現在、未來。

6、不要落入慣性的思維模式。

7、相對的取捨都必須出離。

8、以思議和比較做反省之事，反而是痛苦的開始。

9、超越的過程，是生命恢復的過程，亦是生命深化的過程。

10、捨了識性，得了自性。

11、以慣性互相交會，終將延伸無盡的不安恐懼。

12、意識形態本身就是要被覺知的苦。

13、落入就是輪迴，不落入就是輪動。

14、怨而無願，願而無怨。

15、以如來的願力成我的身口意。

16、思議不可謂之戒；可不思議謂之定；不可思議謂之慧。

17、人生於生活中，思維不落入思議，即為主；情緒不落入起伏，即為主；人際不落入對立，即為主。人生即人和，人為之道，自在做主。

18、「無生」而生生不息，「無所」而所在之處皆安然，「無我」而以大我行一切處，「無求」而自性自求。

附錄二　肉身與法報化三身一體的連結

我們的肉身是具備法報化三身等同等持的存在，這不是往外求一尊佛或神的臨在，而是真正與內在力量的合一與連結。因為肉身還在識性當中，所以在日常生活中，或生命恢復的過程中，需要主性的引領與加持，是常見的事，當我們有這個需要的時候，隨時隨地都可恭請主性的臨在。任何的連結，都要以至誠至性、合十禮敬，恭請內在主性的臨在。

與自己的主性如來連結：

主性如來，等同一般人認知的自性、高我、大我，但是更是在那些名相之上。隨時憶起並連結自己的主性如來，將會協助我們恆常的在一個平心、平安的能量場中，憶起自己的本然具足。

我（自己的姓名），禮敬合十，恭請自性如來臨在。

〔練習〕

如來臨在時，我有什麼樣覺受的改變？是肉身麻麻的？還是眼神變得不一樣了？還是心念變得清晰了?請不預設的觀照，仔細覺受。

如來臨在和沒有臨在時，我身口意的差別是什麼?

〔練習時的重點〕

剛開始練習的時候，可能不太熟悉，需要在安靜的狀態下細心覺受，但多幾次練習之後，可以在任何動態靜態中，皆不受人事時地物的干擾，而隨時連結如來。

與密世界報身佛連結：

祂是屬於密世界諸佛之後的報身佛力量，人類至今除了蓮師和釋迦牟尼佛提及，尚無人可意會，也無法以西方聖靈的角度來理解報身佛。

祂是協助我們轉識成智的空行力量。任何你正在面對的議題、考驗，難關，都可以祈請報身佛臨在，表達你願意面對的態度，協助你遞減識性和慣性。

我（自己的姓名），禮敬合十，恭請密世界報身佛臨在。

〔練習〕

報身佛臨在時，我有什麼樣覺受的改變?是肉身麻麻的?還是眼神變得不一樣了?還是心念變得清晰了?請不預設的觀照，仔細覺受。

報身佛臨在和沒有臨在時，我身口意的差別是什麼？

報身佛的臨在和如來的臨在，我身口意覺受的差別是什麼？

〔練習時的重點〕

剛開始練習的時候，可能不太熟悉，需要在安靜的狀態下細心覺受，但多幾次練習之後，可以在任何動態靜態中，皆不受人事時地物的干擾，而隨時連結報身佛。

以自己肉身的存在，隨時奉內在主性之名，空性主之名，廣行於這世界：

任何人、任何生命、任何存在存有，都可以隨時隨地運用在無量狀態，形成無量妙作用義，在行住坐臥中，無論在動態或靜態之中，都可以在心中默念。讓自己隨時以內在主性之名，廣行於這個世界。確定。

我（自己的姓名），奉主之名。如是我聞，如是奉行。

〔練習〕

自己奉主之名時，有什麼樣特別的覺受和身口意的反應？內心有湧動出來什麼嗎？是法喜？是懺悔？還是悲喜交加？全身因湧動而顫抖不已嗎？請不預設的觀照，仔細覺受。

〔練習時的重點〕

讓自己在生活中的任何對應，都養成一種「奉主之名」的習慣，讓主性無所不在的、遍一切處的加持於你，讓你自己從與萬有生命和諸相的對應中，都感受到主的無所不在，感受到主對一切生命的慈愛。

「同主性在一起吧！」這是主對你最深的呼喚，我們每一個人流浪天際，永劫的追尋，那麼久的追求、那麼久的修行，其實也只有這一個目的。這不是修行，也不是一個修法，不是面對生命的一種表達方式，它只有一個答案，就是為了「尋回自己的主性」，如此而已！

所有的生命不管有什麼問題，都不會是個問題；不管你多生累劫曾有怎樣的功過，都不會是個問題，你要求得的是這個應許，「同主性在一起！」

它不在於任何形式，也可能透過任何的形式，全都不必預設，而是，你要透過這個方式，確定一個很深的生命密碼，也是最後的密碼——跟主性在一起。

你可以先跟主性做深刻的連結之後，或先和如來，或報身佛做連結之後，以這樣的基礎，再做其他中道基本心要的練習，同時搭配運用；或者，你一時之間無法連結到如來、報身佛、或主性，而直接練習中道的基本心要，這都完全沒有任何限制，自由發揮。請從其中找到自己在不同階段、不同時空狀態下最相應的方法，也可以隨時調整。

附錄三　中道與作者的相關網站：

中道法流密藏部落格 http://lord-temple.blogspot.tw/

中道法音 https://www.youtube.com/user/ZhongdaoLife/playlists

中道工作室 http://zhongdao.weebly.com/

中道文刊 http://zhongdao.weebly.com/20013369472599121002-2017.html

中道主陳炳宏官網 http://arteinone.wixsite.com/zhongdao

寶生網 http://baoshengperfect.wixsite.com/nirvana

中道書屋 http://shidaroad.wixsite.com/zbooks

中道世尊聯盟 http://zhongdao-union.weebly.com/

主性密藏微型博物館 http://zhongdao-library.weebly.com/

中道密藏開演 https://www.youtube.com/channel/UCr9e5BiS_cwXFuegwERgJRA

附錄四

樂果文化《樂生命系列》叩問四書的介紹：

《叩問生命》生命的答案誰知道

人類對自己自主的親臨，二○一二年之後人類再造與重生的生命解密解碼。如果你對生命感到困惑；如果你對人生覺得無助；如果你對未來覺得茫然；如果你對自己感到陌生；那麼你需要這本書給你答案。

《叩問無常》一切都是最好的安排

以無常見如來，以無常成就生命的恆常。

如果老天真的有情，為何人世有那麼多苦難？如果蒼天真的有愛，為何人間還有生死？

我歷盡滄桑，為的也只是——

窮畢生之力，以無常的苦難洗淨我滿身的染著，求見我的如來。

《叩問男女》生命中的愛與性

人類有史以來，女相解脫的第一本書。
◎數千年來，人類不完全了解的事。
◎女相的解脫密碼。
◎男女性與愛的解密解碼。
◎在地球，全面建立女相解脫的自主系統。
我曾經在愛中失去了自己，也曾經在愛中清楚了自己，到底，我為何去愛？如何去愛？

《叩問中道》生命的終極解脫

回歸於中道，是無窮盡生命自永劫來的唯一本願。
無量生命訴說著自己生命一切存在的狀態，
超越圓滿或不圓滿。
每一個生命存在的當下，已是本然具足的一切。

國家圖書館出版品預行編目(CIP)資料

叩問肉身—解開肉身的密藏 / 陳炳宏、阿媞著.
— 第一版. — 臺北市 : 樂果文化出版 :
紅螞蟻圖書發行, 2017.04
面 ; 公分. — (樂生命 ; 5)
ISBN 978-986-94635-0-8 (平裝)

1.修身

192.1 106004506

樂生命 005

叩問肉身—解開肉身的密藏

作 者／陳炳宏、阿媞
總 編 輯／何南輝
行 銷 企 畫／黃文秀
封 面 設 計／引子設計
內 頁 設 計／沙海潛行

出 版／樂果文化事業有限公司
讀者服務專線／（02）2795-3656
劃 撥 帳 號／50118837 號　樂果文化事業有限公司
印 刷 廠／卡樂彩色製版印刷有限公司
總 經 銷／紅螞蟻圖書有限公司
地 址／台北市內湖區舊宗路二段121巷19號（紅螞蟻資訊大樓）
電話：（02）2765-3656
傳真：（02）2795-4100

2017年 4 月第一版　定價／360 元　ISBN：978-986-94635-0-8

樂果文化

樂果文化